本书出版受四川大学研究阐释党的二十大精神专项课题
"全面推进乡村振兴背景下发展新型农村集体经济的学理阐释与实现形式研究"
（esdzx07）资助

中国农村集体经济实现形式研究

卢 洋　蒋永穆　著

RESEARCH ON
THE REALIZATION FORMS OF
CHINESE RURAL COLLECTIVE ECONOMY

社会科学文献出版社
SOCIAL SCIENCES ACADEMIC PRESS (CHINA)

前　言

农村集体经济是社会主义公有制经济在农村的重要体现。党的十九大报告首次提出实施乡村振兴战略，强调"壮大集体经济"。党的二十大报告明确提出"发展新型农村集体经济"。在推进城乡融合发展过程中，党和国家提出"创新农村集体经济运行机制，探索混合经营等多种实现形式"。在具有巨大市场潜力的农村积极探索多种集体经济实现形式，既能促进社会主义公有制实现形式的多样化，又能推动农村"二次飞跃"和乡村全面振兴。

中国农村集体经济及其实现形式的发展，是一个长期的过程。近年来，在以家庭承包经营为基础、统分结合的双层经营体制中，农村小规模经营主体仍然占多数，农村集体经济"统"的形式仍然不够丰富，集体经营收益仍然不高。在农村集体经济发展过程中，集体经济整体实力仍然不强，集体经济组织联合功能相对薄弱，"空壳村"仍占据较大比重。故在坚持和完善农村集体所有制的基础上，如何从"统"的角度，利用和经营农村集体资产，优化农村集体经营方式，拓展农村集体组织形式，进而丰富农村集体经济实现形式，是本书研究的核心问题。

本书按照"问题剖析—框架设计—实现形式多样化研究"的思路，分三个板块对中国农村集体经济实现形式展开探讨。第一个板块，针对为什么要探索中国农村集体经济实现形式这一问题，本书从理论、历史和现实三个维度进行了剖析。在理论维度，本书从马克思主义经济学和西方经济学两个层面，梳理了国内外经济学理论中关于农村集体经济及其实现形式发展的思想。在历史维度，本书根据不同经济体制下农村集体所有制的演变以及农村集体经营方式与组织形式的变化，将中国农村集体经济的发展历程划分为萌芽（1949—1956 年）、形成（1956—1978

年)、突破(1978—1993年)、拓展(1993年至今)四个时期,分别阐述了各个时期实现形式的历史演进。在现实维度,本书从产权、经营、组织、要素四个方面,分别分析了中国农村集体经济实现形式发展面临的现实困境,说明了在新发展阶段探索多种农村集体经济实现形式的必然性。研究发现,现实实践中农村集体所有权落实存在障碍,集体经营收益较少且负担较重,农村集体经济组织主体地位亟待强化,要素利用效率不高且流动较难,制约了农村集体经济的进一步发展。

第二个板块,针对如何系统分析中国农村集体经济实现形式这一问题,本书构建了中国农村集体经济实现形式的分析框架,包括农村集体经济实现形式的构成要件、影响因素、目标、原则、路径五个方面,涵盖探索农村集体经济实现形式的依据是什么、探索什么样的农村集体经济实现形式、探索农村集体经济多种实现形式要达到什么效果、怎样探索农村集体经济多种实现形式等具体内容。本书研究发现,首先,作为农村集体经济发展中形成的生产关系,农村集体经济实现形式有其自身的内在规定性,包含一个基础、两个要件,一个基础即农村集体所有制,两个要件即集体经营方式和集体组织形式,这也是探索多种实现形式的基本依据。其次,农村集体经济实现形式的多样化,是在规范清晰的产权制度下,通过要素的多样化利用和产业的多样化发展来实现的,这三类因素深刻影响着实现形式的发展。再次,立足新发展阶段,坚持农业农村优先发展,探索多种有效的实现形式,目标在于发展壮大新型农村集体经济,促进公有制实现形式多样化,推动乡村振兴和农民农村共同富裕。最后,在探索农村集体经济多种实现形式的过程中,须坚持统分结合、农民自愿、政府与市场结合、因地因时制宜的原则。进一步地,可从农村集体资产这一维度出发,根据资源性资产和经营性资产等不同的集体资产类型,分类探究新型农村集体经济具体的实现形式及其发展路径。

第三个板块,针对怎样探索中国新型农村集体经济多种实现形式这一问题,本书根据农村集体资产的不同类型分类进行了研究。首先,从农村集体资源性资产保护利用的视角,本书将农村集体资源性资产分为土地资源和生态资源,结合农村土地"三权分置"改革等新变化,根据新型农村集体经济发展中土地资源的不同用途和保护利用情况，依托典型案例，分类探究了土地股份合作型、生产服务型和存量盘活型三种实现形式；结合生态资源产权体系优化等新变化，根据生态资源的经营方式和保护利用情况，分类阐释了资源开发型和混合经营型实现形式。同时，详细分析了各种实现形式中的具体经营方式、组织形式及其积极作用、适用范围和约束条件。其次，从农村集体经营性资产经营管理的视角，本书主要选取了固定资产和流动资产两类占比较大的资产，立足农村集体产权制度改革中的农村集体经营性资产股份合作制改革和资产股份量化等新情况，联系代表性案例，深入分析了两类集体经营性资产经营管理中的具体经营方式、组织形式及其积极作用、适用范围和约束条件。其中，根据农村集体经营性固定资产的区位分布和经营管理状况，集中研究了物业经营型和异地置业型两种代表性实现形式；根据农村集体经营性流动资产的来源渠道和经营管理状况，分别研究了资产开发型和资本运营型两种代表性实现形式。最后，从促进新型农村集体经济实现形式多样化的视角，针对多种实现形式发展中的制约因素，本书提出了具体的政策建议，包括探索建立新型农村集体经济实现形式评价机制、坚持和完善农村集体所有制、优化农村集体经营方式、拓展农村集体组织形式、强化农村集体资产管理五个方面。

本书受到了四川大学研究阐释党的二十大精神专项课题"全面推进乡村振兴背景下发展新型农村集体经济的学理阐释与实现形式研究"（编号：esdzx07）、四川大学社会科学研究处和四川大学经济学院的资助与支持。卢洋负责书稿的写作和协调工作，蒋永穆负责书稿的修改和审定工作。同时，本书在出版过程中得到了社会科学文献出版社的帮助，在此致以最诚挚的谢意。

中国农村集体经济实现形式是一个研究价值与研究难度均较大的命题，本书的研究难免存在一些疏漏和不足，恳请专家学者们批评指正。

目录 CONTENTS

第八章
促进中国新型农村集体经济实现形式多样化的
政策建议

第九章
结论与展望

第一章　导　论

第一节　农村集体经济实现形式是一个
有价值的主题

一　研究背景

农村集体经济是社会主义公有制经济在农村的重要体现。新中国成立以来，党和国家带领全国人民，建立和坚持了农村集体所有制，探索和发展了多种形式的农村集体经济。农村集体经济在农村经济社会发展中发挥着不可或缺的作用。其既能组织联合农民，带动农民开展生产经营活动，促进农村产业发展和农民增收，又能增加集体积累，改善农村生产生活条件，维系农村社会和谐稳定。

农村集体经济的发展是一个长期的过程。邓小平同志在"两个飞跃"的论断中明确指出了第二个飞跃，即发展集体经济，是很长的过程。[①] 伴随农村集体产权制度改革的深入推进，农村集体经济发展迅速，但农村小规模经营主体仍然占多数，"统"的形式仍然不够丰富、程度仍然不够深入。根据农业农村部的数据，2019 年全国纳入统计的经营耕地中，经营 10 亩以下的农户有 2.4 亿户，占比达到 85.2%。[②] 较为分散的经营难以在短期内转化为集体统一经营等形式。在农村集体经济发展过程中，集体经济实力仍然不强，组织联合功能相对薄弱。2019 年全国

---

① 《邓小平文选》第 3 卷，人民出版社，1993，第 355 页。

② 农业农村部政策与改革司编《中国农村政策与改革统计年报（2019 年）》，中国农业出版社，2020，第 4 页。

1

纳入统计的55.4万个村中，无经营收益和经营收益在5万元以下的集体经济"空壳村"有32.0万个，占比达57.7%；仍有接近30%的村未建立农村集体经济组织。① 较为单薄的物质基础和组织力量难以支撑农村集体经济的发展壮大。

为适应农村集体经济发展需要，在坚持农村集体所有制的基础上产生了多种集体经营方式和组织形式，即农村集体经济实现形式。对于农村集体经济实现形式，早在党的十七大报告中就明确指出，"探索集体经济有效实现形式"②。近年来，随着工业化城镇化的快速推进，我国城乡发展不平衡和农村发展不充分的问题日益凸显。为解决这些突出问题，党的十九大报告首次提出了实施乡村振兴战略，强调"壮大集体经济"③。党的二十大报告明确提出"发展新型农村集体经济"④。与此同时，各界对农村集体经济实现形式越发关注。2018年中央一号文件指出"探索农村集体经济新的实现形式和运行机制"⑤。2021年中央一号文件提出"发展壮大新型农村集体经济"⑥。无论是有效实现形式还是新的实现形式，都是在新发展阶段进一步发展新型农村集体经济、破解其发展困境、促进集体资产保值增值中不可或缺的。

因此，发展壮大新型农村集体经济需要从集体经济自身着手，结合农业农村发展实际，研究农村集体经济及其实现形式，积极探索农村集体经济的有效实现形式以及新的实现形式。本书以此为切入点，将农村集体经济实现形式作为研究主题，系统梳理新中国70余年来农村集体经济实现形式的演进历程，深入分析农村集体经济实现形式的现实困境，

---

① 笔者计算而得。数据参见农业农村部政策与改革司编《中国农村政策与改革统计年报（2019年）》，中国农业出版社，2020，第3、33页。

② 中共中央文献研究室编《十七大以来重要文献选编》上，中央文献出版社，2009，第542页。

③ 习近平：《决胜全面建成小康社会　夺取新时代中国特色社会主义伟大胜利》，《人民日报》2017年10月28日，第3版。

④ 习近平：《高举中国特色社会主义伟大旗帜　为全面建设社会主义现代化国家而团结奋斗》，《人民日报》2022年10月26日，第3版。

⑤ 《中共中央　国务院关于实施乡村振兴战略的意见》，《中华人民共和国国务院公报》2018年第5号，第4~16页。

⑥ 《中共中央　国务院关于全面推进乡村振兴加快农业农村现代化的意见》，《中华人民共和国国务院公报》2021年第7号，第14~21页。

力图构建农村集体经济实现形式的分析框架，提出促进新型农村集体经济及其实现形式多样化发展的具体实现形式和对策措施。

二　研究意义

社会主义公有制经济的发展及其实现，是学术界研究中的热点和重点问题。尤其是作为社会主义公有制的重要组成部分，农村集体所有制如何在坚持和完善的过程中，探索出多种农村集体经济实现形式，发展壮大新型农村集体经济，进而一方面促进社会主义公有制实现形式的多样化，另一方面推动农村"二次飞跃"和乡村全面振兴，在理论上和实践中均需要深入研究。

深入研究农村集体经济实现形式，具有一定的理论意义。第一，将农村集体经济实现形式的研究重心放在集体经营方式和组织形式等层面，有助于详细分析和区分不同的实现形式，丰富社会主义公有制在农村具体发展和实现的相关理论。第二，构建农村集体经济实现形式的统一分析框架和评价指标体系，用统一的分析范式和评价标准研究多种实现形式，为系统阐释农村集体经济及其实现形式提供可行依据和理论参考。第三，基于不同类型的农村集体资产保护利用和经营管理，探究新型农村集体经济的多种可行实现形式，有助于拓展中国特色农业农村现代化相关理论，创新和发展乡村振兴与农民农村共同富裕的中国模式。

深入研究农村集体经济实现形式，也具有一定的现实意义。第一，系统总结新中国 70 余年来农村集体经济实现形式的发展历程和演进特征，史论结合分析从单一实现形式向多种实现形式拓展的过程，有助于为新型农村集体经济及其实现形式的发展提供经验借鉴。第二，结合现实实践，剖析农村集体经济及其实现形式发展中存在的突出问题，为有针对性地制定和完善"三农"发展特别是农村集体经济发展政策、深化农村集体产权制度改革和土地制度改革等提供现实参考。第三，挖掘和提炼当前及今后一段时期农村集体经济可推广、可应用的实现形式，为各地因地制宜丰富和拓展实现形式、壮大新型农村集体经济提供路径参考。

第二节　农村集体经济实现形式的
相关概念需厘清

厘清相关概念是开展研究的基础。与本书研究直接相关的概念包括集体经济、农村集体经济和农村集体经济实现形式三组。

一　集体经济

集体经济是公有制经济的重要组成部分，是社会主义社会的一种典型经济形式。集体经济的概念，可以从生产资料所有制和空间范围两个层面进行阐释。

在生产资料所有制层面，集体经济的基础是生产资料集体所有制。国家在划分经济类型时，明确了集体经济中"生产资料归公民集体所有"[①]。《现代汉语词典》中提到集体经济是"以生产资料集体所有制和共同劳动为基础的经济形式"[②]。《辞海》中提到集体经济是"以生产资料集体所有制为基础的经济"[③]。但是，集体经济的范畴是在变化着的。这种变化，是与不同时期的经济体制密切相关的。在社会主义计划经济体制时期和计划经济向市场经济过渡时期，集体经济是以劳动联合为主的。1980 年版的《辞海》中提到"中国的手工业生产合作社、高级农业生产合作社和现阶段的农村人民公社都是集体经济"[④]。在社会主义市场经济时期，集体经济的范畴不断拓宽。1997 年，党的十五大报告在阐释集体经济时，不仅说明了劳动者的劳动联合，而且提出了资本联合。[⑤]2010 年版的《辞海》中延续了这一提法，并提及集体经济包括股份合作

---

① 《国家统计局　国家工商行政管理局关于经济类型划分的暂行规定》，《财会通讯》1993 年第 7 期，第 60~62 页。
② 中国社会科学院语言研究所词典编辑室编《现代汉语词典》第 7 版，商务印书馆，2017，第 611 页。
③ 夏征农、陈至立主编《辞海》第六版缩印本，上海辞书出版社，2010，第 846 页。
④ 《辞海　经济分册》，上海辞书出版社，1980，第 55 页。
⑤ 中共中央文献研究室编《十五大以来重要文献选编》上，中央文献出版社，2000，第 19 页。

制经济。[1] 故集体经济是在坚持生产资料集体所有制的基础上，包括劳动联合和资本联合等多种方式，并且不断延伸和发展的一种社会主义经济形式。

在空间范围层面，按照城镇与农村的区域分异，集体经济可以分为城镇集体经济和农村集体经济。在《政治经济学大辞典》中，分别提及了集体经济在城镇和农村的发展。[2]《中华人民共和国宪法》明确了"鼓励、指导和帮助集体经济的发展"[3]，并对农村和城镇进行了区分。本书所研究的，则是聚焦和带动农业、农村、农民发展的集体经济。

二 农村集体经济

农村集体经济在我国农村广泛存在。对于其内涵，党和国家的重要文献中进行了说明。1962 年在巩固生产队集体经济问题的座谈会上，中央提出农村集体经济包括主要生产资料集体所有、集体劳动等方面。[4] 2016 年在提出稳步推进农村集体产权制度改革时，中央明确"农村集体经济是集体成员利用集体所有的资源要素，通过合作与联合实现共同发展的一种经济形态，是社会主义公有制经济的重要形式"[5]。

农村集体经济的特征，可以归纳为三个方面。一是集体所有性。始终坚持集体所有，是农村集体经济的典型特征。生产资料是否属于集体所有，也是农村集体经济与合作经济的重要区别。对于二者的关系，存在两种典型观点。一种是等同论。持这种观点的学者认为，党和政府的文件和法规中是将两者等同的。[6] 另一种是差异论。程恩富、龚云认为，集体经济与合作经济分别是从所有制层面与经济运行体制层面上而言的

---

① 夏征农、陈至立主编《辞海》第六版缩印本，上海辞书出版社，2010，第846页。
② 张卓元主编《政治经济学大辞典》，经济科学出版社，1998，第54～56页。
③ 《中华人民共和国宪法》（最新修正版），法律出版社，2018，第62页。
④ 中共中央文献研究室编《建国以来重要文献选编》第15册，中央文献出版社，2011，第460页。
⑤ 《中共中央 国务院关于稳步推进农村集体产权制度改革的意见》，《中华人民共和国国务院公报》2017年第3号，第9页。
⑥ 朱有志、肖卫：《发展农村集体经济要深化"五个认识"》，《毛泽东邓小平理论研究》2013年第2期，第33～37、91页。

经济组织形式，二者的本质区别在于是否承认私人产权。① 之后，程恩富、张杨提出，把农民以各种形式自愿联合的合作经济作为集体经济的重要实现形式。② 本书的观点与之类似，尽管农村集体经济与合作经济在经营方式和组织形式等方面有所重合，但只有在生产资料集体所有制基础上发展起来的、资产由农民集体所有的合作经济，才属于农村集体经济。

二是主体联合性。集体成员之间的合作与联合以及共同发展，是农村集体经济的又一典型特征，这也是其与个体经济的根本区别。而合作与联合的内容是不断扩展的，从最初的仅有劳动联合到后来的增加了资本联合，再到近年来发展的多种联合。需要说明的是，有学者提出，家庭承包经营属于集体经济。如谭秋成从土地属于集体所有的角度进行了说明，指出家庭经营是集体经济的基础③；徐勇、赵德健从承包经营权属于集体所有权延伸的角度进行了阐述，并进一步论证家庭承包经营是集体经济的一种实现形式④。本书认为，从广义上说，家庭承包经营坚持了农村集体所有制，属于统分结合的集体所有制经济中"分"的部分，这在生产资料所有制层面是明确的。但从狭义上说，农村集体经济应体现集体内各个主体的合作与联合，这在具体的运行层面与家庭承包经营是有较大差别的。本书所研究的是狭义的农村集体经济，仅涉及"统"的部分，家庭承包经营不在研究范围之内。

三是形式多样性。在农村集体经济发展的不同历史时期，其具体形式和范围是在发展变化着的。新中国成立以来，伴随农村经济社会的不断发展，农村集体经济的内容和形式也愈加丰富，并不局限于一种形式，而是包含多种生产、经营、组织和分配等形式。本书所研究的，则是根

---

① 程恩富、龚云：《大力发展多样化模式的集体经济和合作经济》，《中国集体经济》2012 年第 31 期，第 3～9 页。

② 程恩富、张杨：《论新时代社会主义农业发展的若干问题——以马克思主义及其中国化理论为指引》，《内蒙古社会科学》（汉文版）2019 年第 5 期，第 2、15～22 页。

③ 谭秋成：《农村集体经济的特征、存在的问题及改革》，《北京大学学报》（哲学社会科学版）2018 年第 3 期，第 94～103 页。

④ 徐勇、赵德健：《创新集体：对集体经济有效实现形式的探索》，《华中师范大学学报》（人文社会科学版）2015 年第 1 期，第 1～8 页。

据新中国成立以来各个发展阶段的不同情况，动态发展着的农村集体经济。

三 农村集体经济实现形式

一种生产资料所有制建立之后，其生产关系通过什么样的具体形式体现出来并发挥作用，如何推动和组织实际的生产、分配和交换活动，这就是所有制的实现形式问题。[①] 以生产资料集体所有制为基础的农村集体经济，其实现形式问题亦是如此。对于实现形式一词的具体范畴，党的十五大报告在论述公有制实现形式时进行了说明，指出其"可以而且应当多样化"，同时明确提出了"一切反映社会化生产规律的经营方式和组织形式都可以大胆利用"。[②] 故农村集体经济实现形式可概括为能够适应农村集体经济发展需要的经营方式和组织形式。

关于农村集体经济实现形式，有三个方面需要进一步说明。一是其与农村集体经济的辩证统一。农村集体经济与农村集体经济实现形式，二者是内容与形式的关系。农村集体经济的内容决定着农村集体经济的实现形式。探索农村集体经济实现形式，是为了发展农村集体经济。本书所研究的农村集体经济实现形式，既是与农村集体经济本身紧密联系的，又是与农村集体经济中的生产、分配和交换等活动密不可分的。

二是在不同时期和地区的发展变化。与农村集体经济在不同历史时期的发展变化一致，农村集体经济实现形式也是在发展变化着的。同时，由于农村地域范围广阔，地理区位和资源禀赋等条件各不相同，农村集体经济实现形式亦存在差别。本书在研究农村集体经济实现形式时，将根据历史阶段和村庄差异等对其进行梳理。

三是包含多种有效的实现形式。同一种所有制可以有不同的实现形式。[③] 农村集体经济实现形式也不止一种，而是随着农村集体经济发展

[①] 张宇等主编《中国特色社会主义政治经济学：制度·运行·发展·开放》，高等教育出版社，2018，第44页。

[②] 中共中央文献研究室编《十五大以来重要文献选编》上，中央文献出版社，2000，第21页。

[③] 张宇等主编《中国特色社会主义政治经济学：制度·运行·发展·开放》，高等教育出版社，2018，第44页。

主客观条件的变化不断丰富和拓展的。而哪种实现形式是有效的，则取决于该实现形式是否促进了农村生产力的发展和生产关系的优化。如党的十五届三中全会在论及有效实现形式时指出，"理顺了农村最基本的生产关系"，"能够极大地促进农村生产力发展"。[①] 本书在研究农村集体经济实现形式尤其是新型农村集体经济实现形式时，将力图从多种实现形式中挖掘出有效的实现形式。

第三节 农村集体经济实现形式的相关研究

一 国外相关研究

国外学者对农村集体经济实现形式的直接研究相对较少，大多是与其相关的农村合作经济、农村集体行动、农村集体产权等研究，本书将对相关文献中的相关内容进行梳理。

（一）有关农村合作经济的研究

国外学者关于农村合作经济的研究，主要是从合作社这一载体入手，分析了合作社和合作经济在农村发展中的作用，发展中面临的困难以及进一步发展的措施。

1. 农村合作社和合作经济的重要作用

合作社和合作经济在农村、农业、农民发展中均能起到重要作用，国外学者的研究也集中在这三个角度。一是合作社在农村发展中的重要作用。Fonte、Cucco 通过对意大利合作经济的研究，分析了多功能和多利益攸关方的合作社在农村发展中的作用。[②] Ovchintseva 通过对俄罗斯合作经济的研究，认为国家对合作社和小企业的支持是农村发展的优先事项之一。[③]

---

① 中共中央文献研究室编《十五大以来重要文献选编》上，中央文献出版社，2000，第528页。
② Maria Fonte and Ivan Cucco, "Cooperatives and Alternative Food Networks in Italy. The Long Road Towards a Social Economy in Agriculture," *Journal of Rural Studies* 53（2017）：291 – 302.
③ L. A. Ovchintseva, "Case – Study Method in the Studies of the Russian Rural Cooperation," *Rudn Journal of Sociology-Vestnik Rossiiskogo Universiteta Druzhby Narodov Seriya Sotsiologiya* 20（2020）：669 – 680.

二是合作社在农业发展中的重要作用。Nowak 等通过分析波兰的合作社发展，提出合作社能够推动农业变革，尤其是反对粮食经济中的新自由主义倾向。[①] Lucas 等以法国农业机械合作社为例，指出地方农场间合作有助于使农业系统更加生态化。[②] 三是合作社在农民发展中的重要作用。Ajates 指出，农业合作社是欧洲农业的主要参与者，在支持农民方面发挥了重要作用。[③] Gezahegn 等指出，在埃塞俄比亚，人们认为农业合作社是改善小农福利的体制工具，通过调查发现，如果农民加入相对较大而非较小的合作社，农业生产成本将下降78% ~ 181%。[④]

2. 农村合作社和合作经济发展面临的困难

对于农村合作社和合作经济发展中所面临的困难、问题和挑战，国外学者结合各国的农村经济实际进行了研究。Ozalp 认为农业发展合作社的重要问题之一是融资，他们选取了 2016 年土耳其西地中海地区 70 个农业合作社的损益表和资产负债表中的数据，通过分析发现所研究的合作社资金不足，从长远来看，合作社可能面临财务问题。[⑤] Sobolev 等分析了俄罗斯合作经济的发展历史，认为当代俄罗斯的农业合作仍需克服许多实质性困难，包括苏联遗留问题、缺乏自下而上的举措、大规模农业在意识形态和经济上的主导地位、合作研究领域缺乏特色等。[⑥]

3. 农村合作经济和合作社进一步发展的措施

学者们认为，应采取措施，进一步促进农村合作经济和合作社的长

① Piotr Nowak, Anna Jastrzębiec-Witowska and Krzysztof Gorlach, "Cooperative Movements in Rural Areas in Contemporary Poland: A Brief Comparison of Farmers' Attitudes of Members and Non-Memebrs of Coooperatives," *Eastern European Countryside* 22 (2016): 151 – 164.

② Veronique Lucas, Pierre Gasselin and Jan Douwe Van der Ploeg, "Local Inter-Farm Cooperation: A Hidden Potential for the Agroecological Transition in Northern Agricultures," *Agroecology and Sustainable Food Systems* 43 (2019): 145 – 179.

③ Raquel Ajates, "An Integrated Conceptual Framework for The Study of Agricultural Cooperatives: From Repolitisation to Cooperative Sustainability," *Journal of Rural Studies* 78 (2020): 467 – 479.

④ Tafesse W. Gezahegn et al., "Big Is Efficient: Evidence from Agricultural Cooperatives in Ethiopia," *Agricultural Economics* 50 (2019): 555 – 566.

⑤ Asaf Ozalp, "Financial Analysis of Agricultural Development Cooperatives: A Case of Western Mediterranean Region, Turkey," *New Medit* 8 (2019): 119 – 132.

⑥ A. Sobolev et al., "Cooperation in Rural Russia: Past, Present and Future," *Mir Rossii-Universe of Russia* 27 (2018): 65 – 89.

效发展。一是注重整体性和系统性发展。Shpykuliak、Sakovska 认为农业部门经济主体互动的合作社系统应包括关于合作的体制调整的全国性方案措施,以此作为市场自我监管机制,一种特殊的整合形式,监管创业的体制机制以及合作、规则、传统、组织和机构的基础,其任务是确定经济实体的行为,以实现商品和服务生产与交换系统中的个人和社会目标。① 二是充分发挥合作社的优势。Debela 等认为合作社对小农户的收入和生产力有积极影响,故应对存量组织进行扩充,特别是组建新的农村组织,以达到增收和发展生产力的目的。② Meador 等通过研究发现,在竞争日益激烈的环境中小农户合作社能否维持可持续发展取决于管理人员是否有能力制定与合作社的环境限制相适应的商业战略,同时激励成员赞助合作社,故应在其进一步发展中发挥这些方面的作用。③ 三是着力降低合作社的成本。Pokharel、Featherstone 的研究表明,扩大规模和产品多样化可以降低农业合作社的成本,故较小的合作社可以通过扩大经营规模而不仅是提高成本效率来降低更高比例的成本。④

(二) 有关农村集体行动的研究

对于农村集体行动,国外学者进行了研究,主要集中在农村集体行动的重要作用和进一步加强农村集体行动的措施两个方面。

1. 农村集体行动的重要作用

在农村经济社会发展中,集体行动能够发挥重要作用。国外学者主要从农业和农民两个角度阐释了这些作用。一方面,集体行动能够

---

① Oleksandr Shpykuliak and Olena Sakovska, "Agricultural Cooperation as Aninnovation for Rural Development," *Baltic Journal of Economic Studies* 6 (2020): 183 – 189.

② Megersa Debela, Sisay Diriba and Hailemichael Bekele, "Impact of Cooperatives Membership on Economy in Eastern Oromia: The Case Haramaya Agricultural Farmers' Cooperative Union (HAFCU)," *Annals of Public and Cooperative Economics* 89 (2018): 361 – 375.

③ John E. Meador et al., "Building Sustainable Smallholder Cooperatives in Emerging Market Economies: Findings from a Five-Year Project in Kenya," *Sustainability* 8 (2016): 656.

④ Krishna P. Pokharel and A. M. Featherstone, "Estimating Multiproduct and Product-Specific Scale Economies for Agricultural Cooperatives," *Agricultural Economics* 50 (2019): 279 – 289.

促进农村产业发展。Schmidt 等指出，集体行动对于可持续乡村旅游的
发展至关重要。[①] Takahashi 等指出促进集体行动增加了社会资本水平
高的农村社区协调耕地使用、将耕地集中在大规模耕种者手中以及防
止耕地被放弃的可能性。[②] 另一方面，集体行动能够促进农民增收。
Mutonyi 的研究表明，集体行动显著提高了小农户的家庭总收入和资
产持有量，并减少了贫困；与贫穷的小规模和大规模农民相比，这
种影响对参与集体行动的中等规模农民来说意义重大。[③] Sinyolo、
Mudhara 的研究显示，农民团体的集体行动和群体的参与对家庭收入
有显著的积极影响，将小农户组织起来可以在农村减贫中发挥积极
作用。[④]

2. 进一步加强农村集体行动的措施

学者们认为，应充分发挥农村集体行动的重要作用，主要可以从三
个层面进一步加强农村集体行动。一是在组织层面，Sinyolo、Mudhara 以
南非为例，指出将小农组织成小组已成为政府和其他农村发展机构寻求
解决农村贫困和家庭粮食安全问题的首选机制，为了产生更大的影响，
政策制定者应促进小农群体的形成和参与，并引入成人扫盲班以提高教
育水平。[⑤] 二是在协调层面，应在利益相关者共同价值观的基础上，创
造新的对话和交流空间，加强集体行动。[⑥] 三是在参与层面，通过适当
设置最小参与规则，可以抵消集体资源获取不对称的分布效应，解决集

① Carla M. Schmidt et al. , "Collective Actions in Sustainable Rural Tourism: A Case Study of the Western Region of Parana," *Systems Research and Behavioral Science* 33 (2016): 249 – 258.

② Daisuke Takahashi, Tsaiyu Chang and Mikitaro Shobayashi, "The Role of Formal and Informal Institutions in Farmland Consolidation: The Case of Shiga Prefecture, Japan," *International Journal of the Commons* 12 (2018): 80 – 107.

③ Sarah Mutonyi, "The Effect of Collective Action on Smallholder Income and Asset Holdings in Kenya," *World Development Perspectives* 14 (2019): 9 – 23.

④ Sikhulumile Sinyolo and Maxwell Mudhara, "Collective Action and Rural Poverty Reduction: Empirical Evidence from Kwazulu-Natal, South Africa," *Agrekon* 57 (2018): 78 – 90.

⑤ Sikhulumile Sinyolo and Maxwell Mudhara, "Collective Action and Rural Poverty Reduction: Empirical Evidence from Kwazulu-Natal, South Africa," *Agrekon* 57 (2018): 78 – 90.

⑥ Claire Cerdan et al. , "Agricultural Research, a Key Factor in Promoting Collective Dynamics in Rural Area: The 'Vales da Uva Goethe' Geographical Indication (IG) in Brazil," *Cahiers Agricultures* 27 (2018): APR 24.

体行动在农业政策方面遇到的潜在困难。[①]

（三）有关农村集体产权的研究

对于农村集体产权，国外学者主要从其重要性以及如何改革和完善两个方面进行了研究。

1. 农村集体产权的重要性

学者们通过对中国等国家的深入研究，论证了农村集体产权的重要性。关于中国农村集体产权，Kan 将中国农村视为一个从社会主义集体化中产生的历史实体，考察了社会主义集体财产制度和再分配机制是如何在改革时代的农村持续存在的，指出通过股权改革，村庄作为一个集体通过体制安排的更新和振兴得到了保护和巩固。[②] Sargeson 选取了中国的数据，指出集体土地所有权有利于民主参与。[③] 关于其他国家的农村集体产权，Pena 等以非洲为例，认为集体所有权进程带来家庭人均收入的增加、极端贫困的减少，集体土地所有权为集体领地上的家庭创造了更安全的自然资源基础和更长的使用时间。[④] Hall 以秘鲁为例，指出土地的共同管理是农村地区主要特征之一，从这个角度来看，1969年的土地改革是一个非常重要的事件，因为该地区获得了对其土地的集体产权。[⑤]

2. 改革和完善农村集体产权

对于农村集体产权，学者们认为，重点是通过改革等手段来进一步完善。Sin 指出，就中国而言，加强农业用地的产权并允许其自由贸易对

---

① Matteo Zavalloni, Meri Ragg and Davide Viaggi, "Socio-Ecological Systems and the Distributional Effect of Collective Conditionality Constraints in Rural Policies: A Case Study in Emilia-Romagna," *International Journal of the Commons* 12 (2018): 460 – 484.

② Karita Kan, "The Transformation of the Village Collective in Urbanising China: A Historical Institutional Analysis," *Journal of Rural Studies* 47 (2016): 588 – 600.

③ Sally Sargeson, "Grounds for Self-Government? Changes in Land Ownership and Democratic Participation in Chinese Communities," *Journal of Peasant Studies* 45 (2018): 321 – 346.

④ Ximena Pena et al., "Collective Property leads to Household Investments: Lessons from Land Titling in Afro-Colombian Communities," *World Development* 97 (2017): 27 – 48.

⑤ Ingrid Hall, "From Collectivity to Community. Reflections on the Property Rights in Llanchu, Peru," *Revista de Antropologia Social* 2 (2017): 379 – 398.

未来发展非常重要。[①] Kim、Lee 研究了中国的土地改革和产权改革，认为应改革农村土地的自由分配制度，给予农村土地和城市土地平等权利，从根本上解决农村可持续发展问题。[②] Anik 等研究了南亚的农业发展，指出通过土地和土地保有制度改革，旨在巩固农场经营规模和土地租赁市场的平稳运行。[③]

二　国内相关研究

国内学者关于农村集体经济实现形式的相关研究颇丰，主要集中在农村集体经济本身和农村集体经济实现形式两个层面。

（一）有关农村集体经济的研究

相较于农村集体经济实现形式，国内学者对农村集体经济本身的研究更为丰富，主要集中在农村集体经济的形成和发展、发展壮大农村集体经济的必要性、农村集体经济发展中的突出问题及解决路径三个方面。

1. 农村集体经济的形成和发展

农村集体经济形成于新中国成立之后，国内学者对其发展阶段的研究，主要以新中国成立和改革开放两个重要的时间节点为划分依据。一种是梳理了新中国成立以来农村集体经济的发展，将其发展过程分为四个阶段（见表 1 - 1）。高鸣、芦千文依据农村集体经济的内涵和特点，[④] 赵意焕根据农村集体经济形态的发展变化，[⑤] 将其发展过程分为四个阶段。另一种是梳理了改革开放以来农村集体经济的发展，将其发展过程分

---

① Alexandru Sin, "Aspects of Agricultural Reforms in China and Romania," *Scientific Papers-Series Management Economic Engineering in Agriculture and Rural Development* 16 (2016): 277 - 282.

② KyungHwan Kim and Jeongpyo Lee, "A Study on the Treatment of Property Rights of SPRs constructed in Rural Land of China Focused on Shenzhen and Beijing," *The Journal of Asian Studies* 20 (2017): 89 - 115.

③ Asif Reza Anik, Sanzidur Rahman and Jaba Rani Sarker, "Agricultural Productivity Growth and the Role of Capital in South Asia (1980 - 2013)," *Sustainability* 9 (2017): 470.

④ 高鸣、芦千文：《中国农村集体经济：70 年发展历程与启示》，《中国农村经济》2019 年第 10 期，第 19 ~ 39 页。

⑤ 赵意焕：《中国农村集体经济 70 年的成就与经验》，《毛泽东邓小平理论研究》2019 年第 7 期，第 53 ~ 60、108 ~ 109 页。

为三个阶段或四个阶段。孔祥智、高强依据集体经济中"资产—土地"的制度变迁，将改革开放以来农村集体经济的发展过程分为三个阶段。[①] 仝志辉、陈淑龙根据农村土地政策和城乡关系的演变，将改革开放以来农村集体经济的发展过程分为四个阶段。[②]

表 1-1　国内学者关于农村集体经济发展阶段的研究

起始时期	划分阶段	划分依据	阶段特征	代表学者
1949 年	四个阶段	以农村集体经济的内涵和特点为基础	新中国成立到农村改革前：从形成到主导农村经济发展的构建期；农村改革启动到 20 世纪 90 年代末：努力适应市场化改革的调整期；21 世纪初到 2012 年：探索多元化实现形式的转型期；党的十八大以来：推进农村集体产权制度改革的激活期	高鸣、芦千文
		农村集体经济形态	1949—1958 年：初步发展阶段；1958—1983 年：进一步发展阶段；1983—2004 年：联产承包阶段；2004 年至今：土地流转以来的农村集体经济阶段	赵意焕
1978 年	三个阶段	"资产　土地"的制度变迁	1978—1993 年：只有部分村集体还保留少量机动地；1993—2008 年：开启了第二轮农村土地承包的进程；2008 年以来：进一步推动了土地承包经营权的流转	孔祥智、高强
	四个阶段	农村土地政策和城乡关系的演变	1978—1984 年：逐步明确双层经营体制；1984—2001 年：农村集体经济衰落；2001—2012 年：集体经济市场化、多元化全面发展；2012 年至今：依托三权分置改革全面探索集体经济实现方式	仝志辉、陈淑龙

资料来源：高鸣、芦千文：《中国农村集体经济：70 年发展历程与启示》，《中国农村经济》2019 年第 10 期，第 19～39 页；赵意焕：《中国农村集体经济 70 年的成就与经验》，《毛泽东邓小平理论研究》2019 年第 7 期，第 53～60、108～109 页；孔祥智、高强：《改革开放以来我国农村集体经济的变迁与当前亟需解决的问题》，《理论探索》2017 年第 1 期，第 116～122 页；仝志辉、陈淑龙：《改革开放 40 年来农村集体经济的变迁和未来发展》，《中国农业大学学报》（社会科学版）2018 年第 6 期，第 15～23 页。笔者整理而得。

2. 发展壮大农村集体经济的必要性

进入新阶段，不仅不能限制农村集体经济发展，而应进一步使其发展壮大。学者们从不同的角度论证了这一观点。

---

① 孔祥智、高强：《改革开放以来我国农村集体经济的变迁与当前亟需解决的问题》，《理论探索》2017 年第 1 期，第 116～122 页。

② 仝志辉、陈淑龙：《改革开放 40 年来农村集体经济的变迁和未来发展》，《中国农业大学学报》（社会科学版）2018 年第 6 期，第 15～23 页。

一是从农村基本经营制度的角度，说明了"统分结合"、发展壮大集体经济的必要性。许经勇认为在实践中存在着忽视发展集体统一经营与集体经济的倾向，故很有必要完善集体统一经营模式。[①] 叶翔凤、易国棚指出，农村集体经济是双层经营体制的有机构成部分，发展壮大农村集体经济是新时代创新农村基本经营制度的要求。[②]

二是结合乡村振兴的背景，阐释了发展壮大农村集体经济的必要性。一方面，壮大集体经济是实施乡村振兴战略的重要内容和关键环节；[③] 另一方面，发展农村新型集体经济能从多个方面推动这一战略实施，推进农业农村现代化进程。[④]

三是从农村经济"二次飞跃"的角度，论述了发展壮大农村集体经济的必要性。杜奋根指出，这是"第二次飞跃"的现实要求。[⑤] 程恩富、张杨认为实现这种飞跃的时代条件已经具备，部分发展模式已经初具规模。[⑥]

四是结合集体经济的特点和优势，说明了需要进一步发展农村集体经济。关于其特点，葛扬提出其在生产资料和经营管理等方面体现了共有性和自主性等特点；[⑦] 吕德文认为其是农村市场经济体系的支柱以及解决公平与效率问题的有效形式等，[⑧] 故应进一步发展。关于集体经济的优势，简新华、李楠认为其能有效解决数亿农民就业问题，[⑨] 龚云提

---

① 许经勇：《农村新旧体制裂变与新型集体经济重建》，《学习论坛》2017年第9期，第31～35页。

② 叶翔凤、易国棚：《创新集体经济实现形式赋予农村双层经营体制以新内涵——70年农村集体经济的发展探索与经验总结》，《决策与信息》2019年第11期，第28～34页。

③ 戴双兴：《实施乡村振兴战略壮大农村集体经济》，《思想理论教育导刊》2018年第8期，第13～16页。

④ 王立胜、张弛：《不断完善农村基本经营制度：乡村振兴战略的制度基础》，《理论学刊》2020年第2期，第53～59页。

⑤ 杜奋根：《乡村振兴战略视域下"落实农地集体所有权"探析》，《学术研究》2018年第12期，第83～89、177～178页。

⑥ 程恩富、张杨：《新形势下土地流转促进"第二次飞跃"的有效路径研究》，《当代经济研究》2017年第10期，第55～61、97页。

⑦ 葛扬：《新时代中国社会主要矛盾转化后对基本经济制度的新认识》，《经济纵横》2018年第1期，第25～27页。

⑧ 吕德文：《农村改革40年：社会主义制度实践及其启示》，《中国农业大学学报》（社会科学版）2018年第6期，第5～14页。

⑨ 简新华、李楠：《中国农业实现"第二个飞跃"的路径新探——贵州省塘约村新型集体经营方式的调查思考》，《社会科学战线》2017年第12期，第79～90页。

出农村集体经济具有独特的制度优越性。① 故进一步壮大农村集体经济、发展新型农村集体经济是刻不容缓的。

3. 农村集体经济发展中的突出问题及解决路径

学者们普遍认为，当前农村集体经济发展中出现了一些问题甚至困境，并提出了一些解决方案。

对于农村集体经济发展中的突出问题，学者们从不同的视角进行了研究。从集体经济运行的视角，刘义圣等指出，农村集体经济发展水平低、不平衡现象突出，运行机制不完善。② 从集体资源资产利用的视角，周立认为，在中西部地区，缺乏资源资产的现象较为普遍。③ 从农村集体产权制度改革的视角，魏后凯、刘长全指出，改革滞后导致产权不清等问题依然存在。④ 从"统分结合"的视角，张旭、隋筱童认为，农村集体经济"统"的作用发挥不足。⑤

对于如何促进农村集体经济发展，学者们的研究主要集中在三个方面（见表1-2）。一是在坚持农村集体所有制的基础上发展集体经济。李天姿、王宏波、张晓山等持这一观点。二是通过集体资源价值活化和资本化来发展农村集体经济。温铁军、周立等持这一观点。三是通过深化农村集体产权制度改革来促进集体经济发展。何自力和黄祖辉等持这一观点。

表1-2 国内学者关于农村集体经济发展路径的研究

发展路径	具体路径	代表学者
在坚持农村集体所有制的基础上发展	坚持集体所有，保证集体收益	李天姿、王宏波
	需要从理论、法律、政策与实践层面对中国农村的集体所有制进行探讨	张晓山

① 赵智奎等：《实施乡村振兴战略，壮大集体经济（笔谈）》，《河南社会科学》2020年第5期，第1~15页。
② 刘义圣、陈昌健、张梦玉：《我国农村集体经济未来发展的隐忧和改革路径》，《经济问题》2019年第11期，第81~88页。
③ 周立：《以资源资本化发展壮大乡村集体经济》，《国家治理》2019年第34期，第41~48页。
④ 魏后凯、刘长全：《中国农村改革的基本脉络、经验与展望》，《中国农村经济》2019年第2期，第2~18页。
⑤ 张旭、隋筱童：《我国农村集体经济发展的理论逻辑、历史脉络与改革方向》，《当代经济研究》2018年第2期，第26~36页。

发展路径	具体路径	代表学者
通过集体资源价值活化和资本化来发展	促进农村生态资源价值实现的"三级市场"制度体系建设	温铁军等
	资源资本化是有效途径	周立
通过深化农村集体产权制度改革来发展	要深化这一改革，丰富农村经营主体	何自力
	推进股份合作改革，促进市场化交易	黄祖辉

资料来源：李天姿、王宏波：《农村新型集体经济：现实旨趣、核心特征与实践模式》，《马克思主义与现实》2019 年第 2 期，第 166～171 页；张晓山：《我国农村集体所有制的理论探讨》，《中南大学学报》（社会科学版）2019 年第 1 期，第 1～10 页；温铁军：《乡村振兴背景下生态资源价值实现形式的创新》，《中国软科学》2018 年第 12 期，第 1～7 页；周立：《以资源资本化发展壮大乡村集体经济》，《国家治理》2019 年第 34 期，第 41～48 页；何自力：《社会主义基本经济制度是一个伟大创造》，《政治经济学评论》2020 年第 1 期，第 89～95 页；黄祖辉：《农业农村优先发展的制度体系建构》，《中国农村经济》2020 年第 6 期，第 8～12 页。笔者整理而得。

（二）有关农村集体经济实现形式的研究

对于农村集体经济实现形式，近年来国内学者的研究日益增多，主要集中在探索农村集体经济实现形式的重要性、农村集体经济的多种实现形式、影响其发展的因素、对农村集体经济实现形式的评价、探索农村集体经济实现形式的对策等五个方面。

1. 探索农村集体经济实现形式的重要性

在发展壮大农村集体经济的过程中，探索多样化的实现形式是非常重要的。国内学者从三个角度阐释了这一重要性。一是从农村基本经济制度和经营制度的角度进行了诠释。张红宇指出，有效实现形式关系到农村基本经济制度、基本经营制度的发展方向和农村社会治理体系的完善。[1] 二是从乡村振兴的角度进行了诠释。温铁军等提出，只有以集体经济为载体创新生态资源价值化实现形式，才能实现产业兴旺。[2] 三是从农村集体经济新发展的角度进行了诠释。张晖认为，科学的实现形式

---

[1] 张红宇：《积极探索农村集体经济的有效实现形式》，《农村经营管理》2015 年第 3 期，第 1 页。

[2] 温铁军、杨洲、张俊娜：《乡村振兴战略中产业兴旺的实现方式》，《行政管理改革》2018 年第 8 期，第 26～32 页。

体现了农村集体经济在实践中的生命力。① 杨承训指出，目前的实现形式正迈向新集体经济形式。②

2. 农村集体经济的多种实现形式

国内学者的研究显示，我国农村集体经济的实现形式并不局限于一种，而是随时代和实践的发展不断产生多种实现形式。

从纵向来看，学者们根据农村集体经济实现形式的发展，将其划分为几个阶段。一种将其划分为三个阶段。徐勇、赵德健认为，实现形式的发展可分为统一劳动经营和政社合一的集体经济、家庭经营基础上统分结合的集体经济、以家庭承包权为基础的合作经营的集体经济三个阶段。③ 刘冠军、惠建国指出，三个阶段实现形式的发展分别为合作社（1949—1978 年）、统分结合的双层经营体制（1978—2012 年）和"三权分置"下的新双层经营体制（2012 年至今）。④ 另一种将其划分为四个阶段。王景新根据农村集体经济发展的四个历史阶段，认为实现形式经历了互助组、农业合作社、人民公社和统分结合的双层经营体制等发展。⑤

从横向来看，学者们对农村集体经济实现形式的研究，主要集中在三种视角（见表 1 - 3）。第一种视角是单一视角，侧重于研究一种至两种典型的实现形式。学者们在研究农村集体经济实现形式时，阐明了具有代表性的有效实现形式，包括合作制经济、股份合作制经济、混合所有制经济、合作社等。第二种视角是区域视角，侧重于研究典型区域的实现形式。学者们结合农村集体产权制度改革和农村集体经济发展情况，选择了国内的不同区域，分区域研究了多种代表性实现形式。这些区域包括东部地区的大兴、闵行、南海、苏南等，西部地区的腾冲、湄潭、

---

① 张晖：《城乡一体化背景下农村集体经济的演进与反思》，《中州学刊》2015 年第 5 期，第 54 ~ 59 页。
② 杨承训：《公有制实现形式的实践和理论创新》，《马克思主义研究》2021 年第 2 期，第 72 ~ 80、152 页。
③ 徐勇、赵德健：《创新集体：对集体经济有效实现形式的探索》，《华中师范大学学报》（人文社会科学版）2015 年第 1 期，第 1 ~ 8 页。
④ 刘冠军、惠建国：《中国农村集体经济的实现形式与创新发展》，《甘肃社会科学》2021 年第 3 期，第 189 ~ 196 页。
⑤ 王景新：《农村集体所有制有效实现形式：理论与现状》，《光明日报》2015 年 1 月 17 日，第 11 版。

崇州等；相应的实现形式包括产业带动型、资产营运型、集体带头型、土地流转型等。第三种视角是现实视角，侧重于研究新型实现形式。学者们注重挖掘新型农村集体经济的实现形式，主要阐释了在新的发展背景和时代条件下的多种实现形式，包括股份合作制、入股分红型、生产服务型等。这些实现形式是在不断扩充和发展的。

表 1-3 国内学者关于农村集体经济实现形式的研究

研究视角	实现形式		代表学者
	典型实现形式	典型特征/区域	
单一视角	合作制、股份合作制经济	建立在产权清晰基础上	黄延信
	合作社	作为集体经济进行管理，农民充分行使自己的权利	谢地、李雪松
	混合所有制经济	发挥多种所有制资本优势，弥补农村集体经济发展要素短板	张义博
区域视角	土地流转型、产业带动型、资源开发型、物业服务型、合作服务型、资产营运型	大兴、闵行、南海等	钟桂荔
	股份合作社是主要实现形式	苏南	沈于、陈柳
	产业带动型、集体带头型、政府主导型	腾冲、湄潭、崇州	张应良、杨芳
现实视角	土地股份合作制、成员股份合作制、联合社会资本的混合所有制	集体成员边界清晰、集体产权关系明确	陆雷、崔红志
	合作经营、股份制经营、公司化经营	资源变资产等	冯敬鸿
	统一经营型、产业主导型、入股分红型、生产服务型	农村集体经济组织功能提升	崔超

资料来源：黄延信：《发展农村集体经济的几个问题》，《农业经济问题》2015 年第 7 期，第 4~8 页；谢地、李雪松：《新中国 70 年农村集体经济存在形式、载体形式、实现形式研究》，《当代经济研究》2019 年第 12 期，第 32~41、113 页；张义博：《农村混合所有制经济的实现路径》，《中国发展观察》2020 年第 Z5 期，第 78~81 页；钟桂荔：《我国农村集体产权制度改革研究——以大兴、闵行、南海等 12 个改革试点县（市、区）为例》，博士学位论文，中国农业科学院，2018，第 44~47 页；沈于、陈柳：《正外部性：理解农村集体经济的一个视角——以苏南地区为例》，《南京社会科学》2018 年第 3 期，第 38~43 页；张应良、杨芳：《农村集体产权制度改革的实践例证与理论逻辑》，《改革》2017 年第 3 期，第 119~129 页；陆雷、崔红志：《农村集体经济发展的现状、问题与政策建议》，《中国发展观察》2018 年第 11 期，第 36~38 页；冯敬鸿：《壮大新时代集体经济的理论和实践研究》，《改革与战略》2018 年第 11 期，第 65~70 页；崔超：《发展新型集体经济：全面推进乡村振兴的路径选择》，《马克思主义研究》2021 年第 2 期，第 89~98 页。笔者整理而得。

3. 影响农村集体经济实现形式发展的因素

农村集体经济实现形式发展会受到多种因素的影响。学者们从不同的方面深入研究了各种因素对农村集体经济实现形式发展具体的影响。一是内部影响因素。产权改革是集体经济有效实现形式的内生动力，土地权能流转决定实现形式。[①] 在市场经济环境下，所有实现形式都要面对市场性与社区性的新平衡这一基本问题。[②] 二是经济发展条件。对于其经济基础，胡平江认为是公平利益和增量利益的不同组合。[③] 高强认为资源禀赋、产业基础等主客观条件，会使农村集体经济实现形式多样化。[④] 三是重要影响因素。能人带动是重要条件，其对集体经济的带动效能取决于其带动潜能与道德感。[⑤] 管理引领是运行基础，管理理念、管理方式的组合程度决定着集体经济能否有效实现。[⑥] 四是外部影响因素。政府扶持和政府引导是农村集体经济有效实现的外部推力和外部条件。[⑦]

4. 对农村集体经济实现形式的评价

目前，学术界关于农村集体实现形式的评价尤其是定量评价相对较少，现有评价和衡量方式主要有两种。一种是对农村集体经济实现形式的整体评价。冯道杰从效率与公平两个维度，以及乡村振兴的五个方面，列出了若干个衡量集体经济实现形式的有效性指标和标准。[⑧] 赵

---

① 陈军亚：《产权改革：集体经济有效实现形式的内生动力》，《华中师范大学学报》（人文社会科学版）2015 年第 1 期，第 9 ~ 14 页。

② 田世野、李萍：《新型农村集体经济发展的新规律：一个三维分析框架》，《社会科学研究》2021 年第 3 期，第 51 ~ 58 页。

③ 胡平江：《利益组合：集体经济有效实现形式的经济基础》，《东岳论丛》2015 年第 3 期，第 37 ~ 42 页。

④ 高强：《农村集体经济发展的历史方位、典型模式与路径辨析》，《经济纵横》2020 年第 7 期，第 42 ~ 51 页。

⑤ 黄振华：《能人带动：集体经济有效实现形式的重要条件》，《华中师范大学学报》（人文社会科学版）2015 年第 1 期，第 15 ~ 20 页。

⑥ 李华胤：《管理引领：集体经济有效实现形式的运行基础》，《江汉学术》2017 年第 6 期，第 78 ~ 84 页。

⑦ 熊彩云：《政府扶持：集体经济有效实现形式的外部推力》，《华中师范大学学报》（人文社会科学版）2015 年第 1 期，第 21 ~ 27 页；郝亚光：《政府引导：农村集体经济有效实现形式的外部条件》，《东岳论丛》2015 年第 3 期，第 43 ~ 48 页。

⑧ 冯道杰：《当前我国基于不同产权的主要农业经营方式分析》，《东岳论丛》2018 年第 7 期，第 114 ~ 124、192 页。

德起、沈秋彤定性分析了其在产权、市场化、规模化和现代化方面存在的困境。① 另一种是对农村集体经济某一实现形式的专门评价。解安、徐宏潇引入马克思劳动效率观，对农地股份合作制这一实现形式进行了绩效评价，提出农地股份合作制本身对提高劳动生产率具有明显的制度优势。② 周绍东等从农业生产、农民收益、集体经济资金保障等方面评价了贵州省塘约村的农业土地合作社及其经营模式。③

5. 探索农村集体经济实现形式的对策

对于如何探索农村集体经济的有效实现形式，学者们提出了相应的对策建议，主要集中在三个方面（见表 1－4）。一是因地制宜、分类推进。程渭山分析了高度城镇化区域、即将城镇化区域、长期处于农村地区三类区域的实现形式。④ 张红宇提出了经济发达地区和广大农区两类区域的实现形式和发展路径。⑤ 谢地、李雪松指出了结合村庄的村容、村貌、村情发展集体经济。⑥ 二是在深化改革中推进农村集体经济实现形式的发展。关锐捷等提出，全面推进股份合作制改革。⑦ 张晖、于金富⑧以及高强、孔祥智⑨提出，深入推进农村集体产权制度改革。三是在建立健全体制机制中推进农村集体经济实现形式的发展。宋宇、孙雪认为实现形式创新就是农村发展的微观机制重塑，既要依靠市场自发力量，

① 赵德起、沈秋彤：《我国农村集体经济"产权－市场化－规模化－现代化"发展机制及实现路径》，《经济学家》2021 年第 3 期，第 112～120 页。
② 解安、徐宏潇：《农地股份合作制绩效评价不能忽视劳动效率标准》，《马克思主义与现实》2016 年第 5 期，第 188～193 页。
③ 周绍东等：《中国农村土地制度的第二次飞跃——基于马克思主义政治经济学的解读》，《西部论坛》2018 年第 4 期，第 4～11 页。
④ 程渭山：《探索农村集体经济有效实现形式——浙江省农村集体产权股份合作改革的实践与思考》，《中国合作经济》2016 年第 2 期，第 36～40 页。
⑤ 张红宇：《积极探索农村集体经济的有效实现形式》，《农村经营管理》2015 年第 3 期，第 1 页。
⑥ 谢地、李雪松：《重振集体经济与推进乡村振兴》，《政治经济学研究》2020 年第 2 期，第 95～109 页。
⑦ 关锐捷、赵亮、王慧敏：《探析农村土地集体所有的实现形式——基于天津、四川、江苏的基层调研》，《毛泽东邓小平理论研究》2014 年第 12 期，第 12～15、85 页。
⑧ 张晖、于金富：《新时代创新农村集体经济实现形式的理论探索和实践反思》，《毛泽东思想研究》2018 年第 6 期，第 47～51 页。
⑨ 高强、孔祥智：《拓宽农村集体经济发展路径的探索与实践——基于四川彭州小鱼洞镇"联营联建"模式的案例分析》，《东岳论丛》2020 年第 9 期，第 162～171、192 页。

又要更好发挥政府的作用。① 王娜、胡联指出了集体分配的重要性，提出应通过管理机制的设计来解决产出的分配问题。②

表 1 - 4　国内学者关于探索农村集体经济实现形式对策的研究

对策建议	具体对策	代表学者
因地制宜、分类推进	高度城镇化区域、即将城镇化区域、长期处于农村地区三类地区分别发展股份经济合作社	程渭山
	经济发达地区在合作制的基础上引入股份制，广大农区组建土地股份合作社和探索发展混合所有制经济	张红宇
	结合村庄的村容、村貌、村情，依托不同类型的新型农业集体经营组织发展集体经济	谢地、李雪松
在深化改革中推进	全面推进股份合作制改革	关锐捷等
	通过推进农村集体产权制度改革，构造农民合作经济新形态	张晖、于金富
	继续深化农村集体产权制度改革，提高"统"的层次和质量	高强、孔祥智
在建立健全体制机制中推进	从市场在资源配置中发挥决定性作用的角度，要促进要素市场联动；从更好发挥政府作用的角度，要增进市场功能	宋宇、孙雪
	设计管理机制，使农民能够按股分红	王娜、胡联

资料来源：程渭山：《探索农村集体经济有效实现形式——浙江省农村集体产权股份合作制改革的实践与思考》，《中国合作经济》2016 年第 2 期，第 36 ~ 40 页；张红宇：《积极探索农村集体经济的有效实现形式》，《农村经营管理》2015 年第 3 期，第 1 页；谢地、李雪松：《重振集体经济与推进乡村振兴》，《政治经济学研究》2020 年第 2 期，第 95 ~ 109 页；关锐捷、赵亮、王慧敏：《探析农村土地集体所有的实现形式——基于天津、四川、江苏的基层调研》，《毛泽东邓小平理论研究》2014 年第 12 期，第 12 ~ 15、85 页；张晖、于金富：《新时代创新农村集体经济实现形式的理论探索和实践反思》，《毛泽东思想研究》2018 年第 6 期，第 47 ~ 51 页；高强、孔祥智：《拓宽农村集体经济发展路径的探索与实践——基于四川彭州小鱼洞镇"联营联建"模式的案例分析》，《东岳论丛》2020 年第 9 期，第 162 ~ 171、192 页；宋宇、孙雪：《建国 70 年农村集体经济实现方式的阶段性发展与理论总结》，《人文杂志》2019 年第 11 期，第 11 ~ 18 页；王娜、胡联：《新时代农村集体经济的内在价值思考》，《当代经济研究》2018 年第 10 期，第 67 ~ 72 页。笔者整理而得。

三　研究现状评述

综观国内外学者的研究，其对农村集体经济相关问题的深入分析，

---

① 宋宇、孙雪：《建国 70 年农村集体经济实现方式的阶段性发展与理论总结》，《人文杂志》2019 年第 11 期，第 11 ~ 18 页。

② 王娜、胡联：《新时代农村集体经济的内在价值思考》，《当代经济研究》2018 年第 10 期，第 67 ~ 72 页。

对农村集体经济实现形式的积极探索，为本书的深入研究提供了重要的借鉴和有益的参考。

（一） 国外研究评述

国外学者的相关研究主要集中在农村合作经济、农村集体行动、农村集体产权三个方面。从国外学者的研究可以看出，在农村发展各种形式的合作经济，通过各种方式组织联合农民，明晰集体产权是十分必要的，而由于各国国情不同，所采取的措施亦有差异。这些研究对于发展农村集体经济及其实现形式具有参考价值。但是，农村集体经济及其实现形式是相对中国化的概念，而国外针对中国农村集体经济及其实现形式的专门研究则相对缺乏，故本书在参考国外研究的同时，将更多借鉴国内相关研究，以期突出中国特色和体现中国国情。

（二） 国内研究评述

国内学者关于农村集体经济及其实现形式的直接研究相对丰富。无论是从理论上，还是从历史上，以及从现实上，都形成了大量的成果，为本书的研究奠定了基础。而其中存在的不足，则为本书的进一步研究提供了一定的突破和创新空间。概括起来，主要有三个方面的特点和不足。

一是在研究主题上，有关农村集体经济的直接研究相对较多，而有关农村集体经济实现形式的直接研究则稍显不足。学术界有关农村集体经济的研究，主要是对其形成和发展历程、发展路径等方面的综合性研究，已形成了相对成熟的研究体系。与之相比，关于农村集体经济实现形式的研究则较为分散，缺乏系统性、专门性研究。故本书在农村集体经济这一主题的基础上，选择了农村集体经济实现形式进行深入研究。

二是在研究重点上，论证农村集体经济及其实现形式发展必要性的相对较多，而有关如何促进农村集体经济实现形式多样化发展的研究则稍显不足。学者们对发展壮大农村集体经济、探索农村集体经济实现形式的必要性和重要性等问题进行了深入研究，提出了进一步发展的方向。但是，农村集体经济实现形式有多种，关于其划分标准，学者们尚未形成统一的认识。再者，如何结合农业农村新的发展和变化，在新发展阶段全面推进乡村振兴的背景下，探索和发展多种有效的实现形式，学者们尚在研究之中，目前仍未形成较为全面的研究成果，这些将是本书需要进一步研究的内容。

三是在研究方法上，历史分析和定性分析相对较多，而逻辑分析和定量分析则稍显不足。对于农村集体经济实现形式的形成和发展，学者们结合农村集体经济的发展历史进行了研究。但是，对在不同的历史时期的各种实现形式之间的区别和联系，以及实现形式的演进特征，学者们缺乏深度阐释，这是本书需要深入挖掘的方面。同时，学者们对各种实现形式的评价侧重于定性分析和文字描述，较少运用典型数据对其发展情况和存在问题进行定量分析，这也是本书需要加以改进的方面。

第四节　农村集体经济实现形式的分析逻辑

一　研究思路

本书按照"问题剖析—框架设计—实现形式多样化研究"的思路，对农村集体经济实现形式展开探讨。首先，本书全面梳理国内外经济学理论中关于农村集体经济及其实现形式发展的思想，阐释中国农村集体经济在不同历史时期的实现形式，深入分析其发展的现实困境，力图厘清农村集体经济实现形式的相关理论，挖掘出亟待解决的问题以及制约因素，明确在新发展阶段探索多种实现形式的必然性。其次，本书系统构建农村集体经济实现形式的分析框架，力图奠定探索农村集体经济多种实现形式的翔实基础。最后，本书根据集体资源性资产和经营性资产两种集体资产类型的不同性质，分类探究新型农村集体经济的多种实现形式，提出促进实现形式多样化的对策建议。本书研究的具体路线如图1-1所示。

本书的研究内容分为九章。

第一章为导论。主要阐述本书的研究背景及意义，厘清农村集体经济

```
研究切入 ── 问题剖析 ── 框架设计 ── 实现形式多样化研究

研究切入 → 问题剖析
         农村集体经济实
         现形式理论溯源      农村集体经济实    实现形式一：资源    土地资源
                            现形式分析框架    性资产保护利用     生态资源

         农村集体经济实                       实现形式二：经营    固定资产
研究切入 → 导论  现形式历史演进      构成要件   性资产经营管理     流动资产
                                影响因素
         农村集体经济实           目标      实现形式多样化
         现形式现实释义           原则      的政策建议
                                路径
```

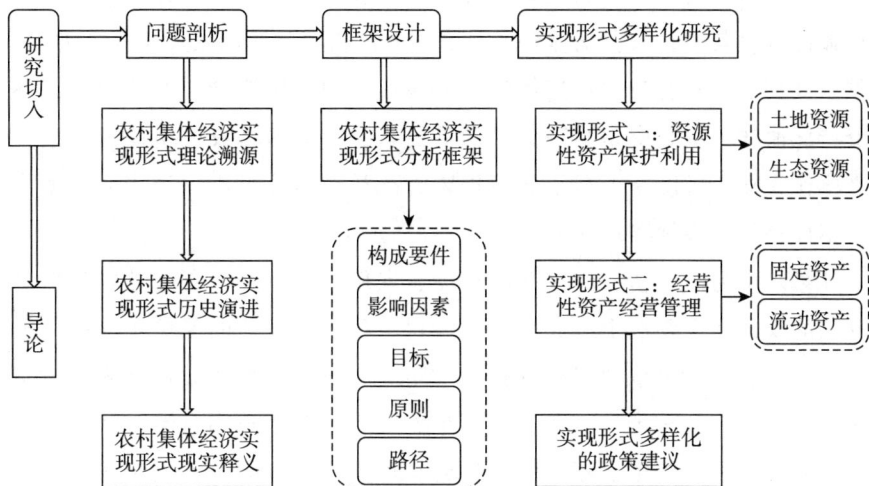

图 1-1　中国农村集体经济实现形式研究路线

实现形式相关概念，对现有研究进行综述，论述本书的研究思路、研究方法，以及可能的创新与不足之处。

第二章为农村集体经济实现形式的理论溯源。主要从马克思主义经济学和西方经济学两个层面，梳理国内外经济学理论中关于农村集体经济及其实现形式发展的思想。

第三章为中国农村集体经济实现形式的历史演进。主要根据不同经济体制下农村集体所有制的演变以及农村集体经营方式与组织形式的变化，将中国农村集体经济的发展历程划分为萌芽（1949—1956年）、形成（1956—1978年）、突破（1978—1993年）、拓展（1993年至今）四个时期，分别说明各个时期的实现形式。

第四章为中国农村集体经济实现形式的现实释义。从产权、经营、组织、要素四个方面，分别分析中国农村集体经济实现形式发展面临的现实困境；从内在要求、方向遵循、路径选择三个方面，具体分析在新发展阶段探索中国农村集体经济多种实现形式的必然性。

第五章为中国农村集体经济实现形式的框架设计。主要构建农村集体经济实现形式的分析框架，包括农村集体经济实现形式的构成要件、影响因素、目标、原则、路径五个方面，涵盖探索农村集体经济实现形式的依据是什么、探索什么样的农村集体经济实现形式、探索农村集体多种实现形式要达到什么效果、怎样探索农村集体经济多种实现形式等具体内容。其中，农村集体资产是农村集体组织成员的农民集体所有的、关系到其切身利益与农村集体经济发展成效的关键资产，实现农村集体资产保值增值也是探索实现形式的重要目的。本书将农村集体资产这一维度作为核心维度，根据不同的集体资产类型，分类进一步探究新型农村集体经济的多种实现形式。

第六章为中国新型农村集体经济实现形式一：基于资源性资产保护利用的视角。主要从土地资源的保护利用和生态资源的保护利用两个方面，结合农村承包地"三权分置"改革、集体经营性建设用地入市改革和宅基地"三权分置"改革，以及生态文明体制改革和自然生态资源产权体系优化等新变化，分别探寻新型农村集体经济的多种实现形式，并依托案例详细分析土地股份合作型、生产服务型、存量盘活型、资源开发型、混合经营型等代表性实现形式的典型特征、积极作用、适用范围和约束条件。

第七章为中国新型农村集体经济实现形式二：基于经营性资产经营管理的视角。主要从农村集体经营性固定资产的经营管理和流动资产的经营管理两个方面，立足农村集体产权制度改革中的农村集体经营性资产股份合作制改革和资产股份量化等新情况，分别挖掘新型农村集体经济的可行实现形式，并联系案例深入研究物业经营型、异地置业型、资产开发型、资本运营型等代表性实现形式的典型特征、积极作用、适用范围和约束条件。

第八章为促进中国新型农村集体经济实现形式多样化的政策建议。针对多种实现形式发展中的约束条件和制约因素，主要从探索建立新型农村集体经济实现形式评价机制、坚持和完善农村集体所有制、优化农村集体经营方式、拓展农村集体组织形式、强化农村集体资产管理五个方面，提出进一步推动新型农村集体经济实现形式多样化发展的政策建议。

第九章为结论与展望。主要总结本书研究的结论，同时针对仍需要进一步研究的问题，提出预测和展望。

二 研究方法

本书坚持以马克思主义经济学的分析方法为指导，合理吸收和借鉴国内外学者的研究方法，综合运用经济学、统计学、社会学、法学等多学科的研究方法，对中国农村集体经济实现形式展开多层次多维度研究。具体来说，本书主要运用了以下五个方面的方法。

（一） 历史分析与逻辑分析相结合的方法

本书运用历史分析法，系统梳理新中国 70 余年来农村集体经济及其实现形式的发展历程和发展阶段，阐释各种实现形式产生的历史原因和演变的具体过程。同时，运用逻辑分析法，抽象提炼每一历史阶段农村集体经济发展中的经营方式、组织形式和分配方式。

（二） 实证分析与规范分析相结合的方法

本书运用实证分析法，客观剖析农村集体经济及其实现形式发展中存在的突出问题和现实困境，研究其中的具体原因和制约因素。同时，运用规范分析法，得出新型农村集体经济可有多种实现形式的结论，提出各种实现形式的适用范围以及多样化发展的建议。

（三） 归纳分析与演绎分析相结合的方法

本书运用归纳分析法，系统归纳农村集体经济实现形式的构成要件和影响因素，构建农村集体经济实现形式的分析框架。同时，运用演绎分析法，根据建立的框架和农村集体资产的不同类型，分别阐释各种代表性实现形式的积极作用和约束条件。

（四） 定性分析与定量分析相结合的方法

本书运用定性分析法，从农村集体资源性资产保护利用和经营性资产经营管理的视角，深入研究不同类型实现形式的典型特征和发展变化。同时，运用定量分析法，利用统计数据并选取主要指标进行测算，综合评价不同时期农村集体经济实现形式对农业、农村、农民发展的影响。

（五）案例分析法

本书结合到四川、贵州、福建、河南等省份部分村庄实地调研的代表性案例，同时，主要选取农村集体产权制度改革试点地区和农村土地制度改革试点地区等全国农村改革试验区，以及国家城乡融合发展试验区等的典型案例，包括东部、中部、西部、东北地区的部分农村，具体分析各种典型实现形式的发展动因，以及具体的经营方式、组织形式和集体资产利用管理情况。

第五节　农村集体经济实现形式的创新探究

一　可能的创新

本书在梳理农村集体经济实现形式的相关理论，厘清其演进脉络，以及分析其发展的现实困境之后，力图在以下三个方面进行创新。

（一）构建和阐发中国农村集体经济实现形式的理论分析框架

既有对农村集体经济实现形式的研究大多较为分散，或仅重点研究某一种实现形式。但伴随农村集体经济实现形式的日益增加，农村集体经济组织可选择多种实现形式来发展新型农村集体经济。如何阐释和区分各种实现形式，以及如何确定有效的实现形式，既是本书研究的难点，也是本书可能的创新点。本书力图将农村集体经济实现形式的构成要件、影响因素、目标、原则、路径放进一个系统性、综合性的分析框架，从运行层面阐释农村集体经济实现形式，为分析和比较不同类型的实现形式、坚持和完善农村集体所有制、推动社会主义公有制经济在农村具体发展和实现提供理论参考。

（二）基于农村集体资产的不同类型分类研究中国农村集体经济多种实现形式

既有部分研究虽提及了农村集体经济多种实现形式，但缺乏明确的、统一的划分依据。本书从农村集体资产这一维度出发，力图依据农村集体资源性资产和经营性资产的不同性质，将其细分为土地资源、生态资源和经营性固定资产、流动资产，分别从保护利用与经营管理的视角，深入探究土地股份合作型、生产服务型、存量盘活型、资源开发型、混合经营型和物业经营型、异地置业型、资产开发型、资本运营型9种实现形式。同时，结合代表性案例，详细分析各种实现形式中的具体经营方式、组织形式及其实际作用。

（三）立足新型农村集体经济发展的视角研究中国农村集体经济典型实现形式

既有研究虽从农村集体经济新发展的角度说明了探索实现形式的重要性，但关于怎样探索典型实现形式的分析仍旧不多。本书结合乡村振兴和城乡融合发展等宏观背景，力图根据农村土地"三权分置"改革和农村集体产权制度改革等新变化，联系全国各地的具体案例，分别剖析典型新型实现形式的适用范围和在聚集提升类村庄、城郊融合类村庄、生态资源丰富的村庄、脱贫地区和乡村振兴帮扶地区的村庄、集体积累较多和经济实力较强的村庄等不同地区的进一步推广应用。同时，论述各种实现形式的约束条件，并针对制约因素提出促进实现形式多样化发展的政策建议。

二　存在的不足

由于知识储备和数据收集不足，本书的研究存在一些疏漏和不足。一是未结合农村集体非经营性资产运营管理探究实现形式。由于农村集体非经营性资产的典型特征是公益性和服务性，而不是增加集体经营收益，本书未从非经营性资产管护运营的视角来分析实现形式。二是未进一步分析新型农村集体经济各种典型实现形式的有效性。本书构建了新型农村集体经济实现形式的评价指标体系，但全国农村集体资产监督管理数据库还在试运行中，加之部分地区发展新型农村集体经济及其实现形式的时间不长，导致难以全面获取一手数据，暂时不能运用数据对实现形式进行客观评价。三是未从多种集体资产综合利用的视角出发进一步研究农村集体经济实现形式。本书在探讨典型实现形式时，主要是从单一类型的集体资产保护利用或经营管理的视角来说明的，仅在个别案例中简要论述了多种集体资产的优化利用。但是，现实实践中可能存在多种类型的集体资产综合利用进而拓展农村集体经济实现形式的情形，本书尚未进行深入剖析。

第二章　农村集体经济实现形式的理论溯源

经济学理论中蕴藏着丰富的农村集体经济及其实现形式相关思想。由于农村集体经济在中国产生和发展的时间并不太长，国内外尚未形成系统的、专门的农村集体经济理论，但相关理论中包含的农村集体经济及其实现形式发展思想，为本书的研究提供了理论支撑。本章从马克思主义经济学和西方经济学两个层面，梳理国内外经济学理论中关于农村集体经济及其实现形式发展的思想。其中，马克思主义经济学的相关思想是农村集体经济及其实现形式的理论基础，西方经济学的相关思想是农村集体经济及其实现形式的理论参考。

第一节　马克思主义经济学的相关思想

马克思主义经济学中有关农村集体经济及其实现形式发展的思想，是本书研究的理论基础。马克思、恩格斯、列宁、斯大林以及中国共产党人，均对农村集体经济及其实现形式相关问题进行了深入探讨，产生了众多具有理论价值和实践意义的相关思想。

一　马克思、恩格斯的相关思想

在马克思、恩格斯的许多著作中，都提及了农业农村的发展和农民的解放等问题。其关于农村集体经济及其实现形式的相关思想，主要可以归纳为农村集体所有制思想、农村合作经济思想和农业规模经营思想三个方面。

（一）农村集体所有制思想

土地是农业生产经营的载体，土地等生产资料的所有权属于谁，关系到农业的发展和农民的利益。马克思、恩格斯从农村土地这一生产资料出发，分析了土地私有制的弊端，论证了从私有制过渡到集体所有制的必然性，阐明了集体所有制的优越性。

土地私有制的缺陷是显而易见的。马克思在不同的场合提到了土地私有制的弱点，包括导致农民贫困、不利于现代农业改良、限制生产力发展等。在《资本论》中，马克思分析了小块土地所有制的弊端，指出其排斥生产力的发展和大规模的畜牧，进而得出了其必然导致生产条件恶化和生产资料昂贵的结论。[①] 故土地私有制是不适用于农业生产的。

在农业发展中，从土地私有制过渡到集体所有制是必然的。马克思认为，土地私有制是必然消亡的，"一旦它得不到社会中大多数人的认可，显然就应当被取消"[②]。对于哪种所有制将代替土地所有制，马克思于1872年提出了土地国有化的思想，他认为这已成为一种社会必然。[③]但是，从土地私有制到土地国有化，是需要一定基础和条件的。马克思指出，"法国的农民所有制，比起英国的地主所有制离土地国有化要远得多"[④]。在不同的地区，也可能存在或过渡到其他土地所有制。之后，马克思对生产资料所有制进一步进行了阐述，在《巴枯宁〈国家制度和无政府状态〉一书摘要》中指出"向集体所有制过渡"[⑤]。他认为，这种集体所有制适用于农民作为土地私有者大批存在的地方，即将原本的小块土地所有制变成集体所有制。而土地集体所有制与国有化的区别，亦是体现在不同的发展基础上，如前所述，土地国有化适用于存在地主所有制的农村。集体所有制的存在条件和适用范围也是在变化着的。1880

---

① 〔德〕马克思：《资本论》第3卷，人民出版社，2004，第912页。
② 《马克思恩格斯文集》第3卷，人民出版社，2009，第230页。
③ 《马克思恩格斯文集》第3卷，人民出版社，2009，第231页。
④ 《马克思恩格斯文集》第3卷，人民出版社，2009，第231页。
⑤ 《马克思恩格斯文集》第3卷，人民出版社，2009，第404页。

年，马克思提出了生产资料属于生产者的两种形式，即个体形式和集体形式，并提及了生产资料归集体所有。① 1881 年，马克思在分析俄国的农业公社和集体所有制时，指出土地公有制是其基础，且"土地公有制使它有可能直接地、逐步地把小地块个体耕作转化为集体耕作"。② 可以看出，集体所有制是具有公有制属性的，在集体所有制基础上开展农业生产经营活动是可行的。进而，马克思强调了实行集体所有制的条件和方向，明确了不通过资本主义制度来发展集体生产的可能性。

集体所有制的特点是较为鲜明的。马克思在论述集体所有制时，提到了集体占有、集体生产、集体耕作、集体劳动等关键词。其中，在研究俄国农业农村问题时，提及了"集体所有制和集体生产""向集体劳动过渡"③。故农村集体经济发展的基础是集体所有制，只有建立了集体所有制，才能开展集体生产和集体劳动等一系列集体活动。集体所有制的优越性也是较为显著的。一方面，其能够帮助农民群体摆脱贫困。恩格斯认为，对于农村中人数最多的农业工人阶级，要想脱离贫困，只能把私人占有变成社会财产。④ 另一方面，其能够促进规模经营。马克思指出，在集体占有的基础上，其所处的历史环境则创造了物质条件，这种条件能够推动"大规模组织起来进行合作劳动"⑤。

发展集体所有制需要采取一定的措施。一方面，需要坚持农民自愿的原则。马克思认为，向集体所有制过渡，应"让农民自己通过经济的道路来实现"⑥。另一方面，需要通过无产阶级政党的领导来实现。马克思指出，实现集体占有，需要"组成为独立政党的生产者阶级"⑦。

（二）农村合作经济思想

消灭私有制之后，农村土地等生产资料交给谁来使用、由谁来组织

① 《马克思恩格斯文集》第 3 卷，人民出版社，2009，第 568 页。
② 《马克思恩格斯文集》第 3 卷，人民出版社，2009，第 574、579 页。
③ 《马克思恩格斯文集》第 3 卷，人民出版社，2009，第 576、578 页。
④ 《马克思恩格斯文集》第 2 卷，人民出版社，2009，第 211 页。
⑤ 《马克思恩格斯文集》第 3 卷，人民出版社，2009，第 587 页。
⑥ 《马克思恩格斯文集》第 3 卷，人民出版社，2009，第 404 页。
⑦ 《马克思恩格斯文集》第 3 卷，人民出版社，2009，第 568 页。

农业生产，是需要进一步明确的。对此，马克思、恩格斯提出了合作社及合作生产、合作劳动等方式，分析了发展合作经济和合作社的必要性，阐释了合作社生产经营的优点和形式。

发展合作经济和合作社是十分必要的。在集体所有制中，马克思认为，真正的意志在于合作社。① 在农业农村中，发展合作社的必要性主要体现在三个方面。一是消除阶级差别。恩格斯在论及德国社会问题时，提到通过农业中的合作生产"来消灭雇佣劳动从而消灭阶级差别"②。二是保证土地合理经营。恩格斯在分析土地问题时，指出把其交到合作社，是为了避免采取资本主义经营方式。③ 三是保护农民财产权益。恩格斯提出，对于小农来说，其房产和田产若想得到保全，只能依靠合作社的占有和生产。④

合作经济和合作社的性质与优势是较为突出的。首先，合作经济的典型特征是劳动者之间的联合。在分析农业发展时，马克思认为"联合起来的生产者的控制"⑤ 是其需要的。其次，合作经济的又一特征在于有计划有组织的生产。马克思指出，这种联合起来的生产能够结束"周期性的动荡"⑥。再次，合作社经营是难以替代的。恩格斯认为，这种经营方式的优点在于"没有一个党能破坏它"⑦。最后，合作经济和合作社是向共产主义过渡的必经环节。恩格斯明确提出，在过渡时"必须大规模地采用合作生产作为中间环节"⑧。

发展合作经济和合作社，需要多方力量的共同作用。一是农民力量。农民是主体力量。对于农民，恩格斯指出，应"通过示范和为此提供社会帮助"⑨。二是国家力量。马克思在论述合作劳动时，提到"必须依靠

① 《马克思恩格斯文集》第 3 卷，人民出版社，2009，第 406 页。
② 《马克思恩格斯文集》第 3 卷，人民出版社，2009，第 413 页。
③ 《马克思恩格斯文集》第 10 卷，人民出版社，2009，第 547 页。
④ 《马克思恩格斯文集》第 4 卷，人民出版社，2009，第 525 页。
⑤ 〔德〕马克思：《资本论》第 3 卷，人民出版社，2004，第 137 页。
⑥ 《马克思恩格斯文集》第 3 卷，人民出版社，2009，第 159 页。
⑦ 《马克思恩格斯文集》第 10 卷，人民出版社，2009，第 547 页。
⑧ 《马克思恩格斯文集》第 10 卷，人民出版社，2009，第 547 页。
⑨ 《马克思恩格斯文集》第 4 卷，人民出版社，2009，第 524 页。

全国的财力"①，在财政上予以投入。恩格斯在叙述合作社发展时，提出了通过国家银行在资金上予以支持。② 三是社会力量。恩格斯提出由国家给合作社发展提供便利的同时，需要发挥社会资金的作用，指出可"从社会资金中抽拨贷款"③。

（三）农业规模经营思想

除了确定由谁来组织生产，还应厘清如何组织生产，哪种经营方式有利于农业发展。马克思、恩格斯剖析了小农的弱势地位，阐明了规模经营的积极作用，强调了发展农业规模经营的重要意义。

小农在小块土地上生产的劣势是较为明显的。一方面，这种生产经营方式不利于维护农民利益。马克思指出，在小块土地上，农民的耕种缺乏分工和社会关系，造成了"他们不能以自己的名义来保护自己的阶级利益"④。另一方面，这一生产经营方式不利于现代农业发展。马克思以法国为例，认为小地块耕作的方式，"不能采用现代农业的各种改良措施"⑤。故应探寻更加有效的农业生产经营方式。

与小块土地经营相比，农业规模经营的优势是较为显著的。在《共产党宣言》中，马克思、恩格斯指出，大规模的农业生产"震撼着欧洲大小土地所有制的根基"⑥。一方面，农业规模经营能够促进现代农业的发展。马克思、恩格斯多次说明了通过农业规模经营来实现现代科技和方法在农业中的运用。马克思认为在农业中应广泛采用现代方法，包括"灌溉、排水、蒸汽犁、化学处理"等，但这些科学知识和技术手段要在农业中取得成效，需要"实行大规模的耕作"。⑦ 恩格斯认为，规模经营的优越性在于"能应用一切现代工具、机器"⑧。另一方面，农业规模经营能

---

① 《马克思恩格斯文集》第3卷，人民出版社，2009，第13页。
② 《马克思恩格斯文集》第4卷，人民出版社，2009，第525页。
③ 《马克思恩格斯文集》第4卷，人民出版社，2009，第525页。
④ 《马克思恩格斯文集》第2卷，人民出版社，2009，第566～567页。
⑤ 《马克思恩格斯文集》第3卷，人民出版社，2009，第272页。
⑥ 〔德〕马克思、恩格斯：《共产党宣言》，人民出版社，2018，第5页。
⑦ 《马克思恩格斯文集》第3卷，人民出版社，2009，第231页。
⑧ 《马克思恩格斯文集》第3卷，人民出版社，2009，第331页。

够促进农民的解放。恩格斯指出，规模经营的突出优点为"劳动的这种节省"①。同时，这种经营方式也能体现农民的共同利益。恩格斯认为规模经营提供了一种可能，促使农民"为了他们自己的共同利益"② 而经营。

（四）对马克思、恩格斯相关思想的评述

根据马克思、恩格斯的思想，在农村集体经济及其实现形式发展中，首先，应坚持农村集体所有制。马克思明确指出了土地私有制的弊端，认为生产资料可归集体所有，阐明了集体生产和集体劳动等的可行性，提出了农民自愿等原则，这些都是我国农村集体经济及其实现形式发展的理论遵循。其次，应通过合作社等组织联合农民。马克思、恩格斯分析了合作经济和合作社的优越性，指明了农民、国家和社会均需在其中发挥作用。农村集体经济虽与合作经济存在区别，但二者在组织形式和经营方式等方面是有所重合的。尤其是合作社这类组织，可成为我国农村集体经济中的重要组织。最后，可发展农业规模经营。马克思、恩格斯认为，规模经营有利于在农业中采用现代的方法并且解放农民。在探索中国农村集体经济实现形式时，土地规模经营也是不可或缺的。但是，囿于马克思、恩格斯所处的时代，其关于未来社会的许多设想并未付诸实践。如马克思虽提出了不经过资本主义制度进行集体生产的可能性，但对于如何在社会主义制度下发展集体生产和集体劳动等，并未详细说明。再如马克思、恩格斯所指的集体所有制是全体社会成员占有生产资料，而我国集体所有制则是部分社会成员占有生产资料，故应适时进行理论创新。③

二 列宁、斯大林的相关思想

列宁和斯大林结合俄国实际，阐释了俄国的社会主义农业农村发展问题，发展了马克思、恩格斯的农业农村发展思想。其关于农村集体经

---

① 《马克思恩格斯文集》第 4 卷，人民出版社，2009，第 525 页。
② 《马克思恩格斯文集》第 4 卷，人民出版社，2009，第 526 页。
③ 刘守英、程果：《集体所有制的理论来源与实践演进》，《中国农村观察》2021 年第 5 期，第 2~22 页。

济及其实现形式的相关思想，主要可以总结为农村集体所有制思想、农村集体经济思想和农业集约化思想三个方面。

（一）农村集体所有制思想

农村土地的归属问题，是社会主义社会发展中面临的重要问题。列宁和斯大林重视解决土地等生产资料所有制问题，论述了必须消灭土地私有制、建立生产资料公有制，提出了生产资料公有制的具体形式。

土地私有制是势必消亡的。在《告贫困农民》中，列宁分析了俄国的地主所有制发展状况，即土地大部分掌握在地主手上，"每个农户只有13俄亩，而私有主每户有218俄亩"①。这种土地私有制，导致了"千百万人民就一定要受穷挨饿，并且会永远受穷挨饿"②。之后，列宁多次强调了要消灭土地私有制。他指出，"通过革命农民委员会没收土地"③，"立刻废除地主土地所有制"④。这一思想也在俄国付诸实践。对于消灭土地私有制的益处，斯大林进行了说明。他认为，正是因为对土地私有制进行了消灭，俄国农民摆脱了西方农民"那种对一小块土地的奴隶般的依恋"⑤。

在农村消灭私有制之后，需要建立生产资料公有制。对于土地等生产资料的所有权，列宁认为土地应该归国家所有。他指出，"把国内一切土地收归国有"⑥。之后，列宁提出了农业生产经营中"国营农场所拥有的土地是全民的土地"，强调了"划给大农场的全民的土地叫做国营农场"。⑦在实践中，俄国通过"十月革命废除了土地私有制，消灭了土地的买卖，实行了土地国有化"⑧。然而，农村生产资料公有制并不只有唯一形式。斯大林区分了工业与农业在生产资料所有制上的不

① 《列宁全集》第7卷，人民出版社，2013，第125页。
② 《列宁全集》第7卷，人民出版社，2013，第126页。
③ 《列宁全集》第11卷，人民出版社，2017，第291页。
④ 《列宁全集》第33卷，人民出版社，2017，第18页。
⑤ 《斯大林选集》下卷，人民出版社，1979，第217页。
⑥ 《列宁全集》第29卷，人民出版社，2017，第108页。
⑦ 《列宁全集》第36卷，人民出版社，2017，第26页。
⑧ 《斯大林选集》下卷，人民出版社，1979，第222页。

同，指出工业中是全民所有制，而农业中则为"集团的、集体农庄的所有制"①。对于这种以集体农庄为核心的集体所有制和商品流通等现象，斯大林解析了其积极作用，指出"这些现象还被我们有成效地用来发展社会主义经济"，明确"它们在最近的将来也还会是有益的"。② 但是，斯大林之后提出了应将其"提高到全民所有制水平"③。他主张通过提高所有制的水平，即将集体所有制转变为全民所有制，来消灭工农差别，并与消灭商品生产相联系，却完全没有提及提高社会生产力水平。④ 故不能盲目追求所有制形式的变化，而应考虑社会生产力水平等因素。

在生产资料公有制下，土地的使用权也是需要厘清的。列宁在说明土地问题时，不仅明确了土地是全民财产，而且强调了土地应该由劳动人民使用。首先，土地的使用权是属于劳动人民的。列宁指出，一切土地交给一切耕种土地的劳动者使用。⑤ 其次，享受土地使用权的劳动人民的范围是明确的。列宁指出其范围包括"凡愿意用自己的劳动，依靠家属的帮助或组织协作社从事耕种的一切俄国公民（不分性别）"，但其使用是有限度的，"仅以有力耕种的期间为限"。⑥ 最后，劳动人民如何使用土地是清晰的。列宁认为，"土地应当平均使用"⑦，分配依据则为劳动或消费土地份额。

（二）农村集体经济思想

在农村建立生产资料公有制后，采取什么形式开展农业生产经营活动，是应当进一步确定的。列宁和斯大林提出了苏维埃政权下农村集体经济的发展思路，探索了共耕制、合作社和集体农庄等农业生产经营形式。

---

① 《斯大林选集》下卷，人民出版社，1979，第 559 页。
② 《斯大林选集》下卷，人民出版社，1979，第 590 页。
③ 《斯大林选集》下卷，人民出版社，1979，第 605 页。
④ 程恩富主编《中外马克思主义经济思想简史》，东方出版中心，2011，第 88 页。
⑤ 《列宁全集》第 33 卷，人民出版社，2017，第 18～19 页。
⑥ 《列宁全集》第 33 卷，人民出版社，2017，第 19 页。
⑦ 《列宁全集》第 33 卷，人民出版社，2017，第 19 页。

在农村，从个人经济过渡到集体经济，是社会主义社会的内在要求。对于如何发展社会主义经济，列宁在说明 1918 年 2 月通过的土地社会化法令时指出，在农业中发展"更为有利的集体经济"①。斯大林在重申列宁的社会主义农业发展道路时指出，"循着把集体制原则逐步应用于农业"②；之后，他提出了应"在农业方面由个体农民经济过渡到集体的公共经济"③。对于集体经济的优点，斯大林认为其能够促进粮食生产和扩大再生产。他分析了具体的原因，在于集体经济"有可能采用机器，利用科学成就，使用肥料，提高劳动生产率"④。

对于发展农村集体经济的原则，可以概括为三个方面。一是循序渐进。发展农村集体经济是需要时间的。列宁指出，向这种集体支配土地的形式过渡，是不可能一蹴而就的。⑤ 之后，列宁结合俄国农民分布较为分散的特征，认为要"采取谨慎的逐步的办法"⑥。二是国家支持。发展农村集体经济，离不开国家的有力支持。列宁提出，"如果国家不帮助各种集体农业企业，我们就不是共产党人，就不是建立社会主义经济的拥护者"⑦。三是农民自愿。发展农村集体经济，需要尊重和引导农民。列宁指出，"列举帮助附近农民的各种方式"⑧，使其认同集体经济。斯大林强调了列宁的观点，指出"必须根据自愿原则"⑨，让农民承认集体经济的优越性。

确定发展农村集体经济后，还应明确如何有效地发展集体经济。列宁和斯大林提出了三种具体的农业生产经营和组织形式。第一种是共耕制。对于采取哪种形式来发展农业，列宁先提出了共耕制。列宁指出，只有共耕制才是真正可靠出路，并"为此成立了公社和国营农场"⑩。其

① 《列宁全集》第 35 卷，人民出版社，2017，第 355 页。
② 《斯大林选集》上卷，人民出版社，1979，第 235 页。
③ 《斯大林选集》下卷，人民出版社，1979，第 47 页。
④ 《斯大林选集》下卷，人民出版社，1979，第 44 页。
⑤ 《列宁全集》第 35 卷，人民出版社，2017，第 357 页。
⑥ 《列宁全集》第 37 卷，人民出版社，2017，第 366 页。
⑦ 《列宁全集》第 37 卷，人民出版社，2017，第 368 页。
⑧ 《列宁全集》第 37 卷，人民出版社，2017，第 370 页。
⑨ 《斯大林选集》下卷，人民出版社，1979，第 247 页。
⑩ 《列宁全集》第 35 卷，人民出版社，2017，第 357 页。

中，国营农场是"以共同劳动为基础"①的，农业公社是公共的、共耕的经济组织。②

第二种是合作社。在俄国实行新经济政策后，列宁意识到了合作社的重要性，强调了利用其来"建成完全的社会主义社会所必需的一切"③。他认为合作社的突出优点在于"便于把千百万居民以至全体居民联合起来，组织起来"④。对于如何发展合作社，列宁提出了应给予财政和信贷政策优惠。列宁尤其重视财政政策的作用，他提出需要"一定阶级的财政支持"⑤。同时，列宁重视农民的文化工作，他认为，合作化过程包含农民的文化水平的问题⑥。虽然列宁提出的生产经营和组织形式并不一定完全适用于所有社会主义国家，但其中关于国家财政支持合作社发展，以及重视提升农民文化水平的思想，是在发展农村集体经济时可以参照的。

第三种是集体农庄。斯大林在列宁合作社思想的基础上，提出了集体农庄的发展思想。他指出实施列宁的计划，应"提高到所谓集体农庄的合作社"⑦。对于集体农庄的本质，斯大林认为其"是社会主义的经济形式之一"⑧。对于集体农庄的长处，斯大林从农业和农民两个层面进行了说明。在农业层面，集体农庄能够降低农业生产成本，提高农业现代化水平，是"拥有机器和拖拉机的大经济"⑨。在农民层面，集体农庄能够帮助农民改善生活状况，"摆脱贫困和愚昧"⑩。对于国家支持集体农庄发展，斯大林提出了"在分配土地方面，在供应机器、拖拉机、种子等等方面，在减轻赋税方面，在发放贷款方面"⑪，予以优待和优先权。

---

① 《列宁全集》第36卷，人民出版社，2017，第25页。
② 《列宁全集》第37卷，人民出版社，2017，第365页。
③ 《列宁全集》第43卷，人民出版社，2017，第366页。
④ 《列宁全集》第41卷，人民出版社，2017，第214页。
⑤ 《列宁全集》第43卷，人民出版社，2017，第367页。
⑥ 《列宁全集》第43卷，人民出版社，2017，第372页。
⑦ 《斯大林选集》下卷，人民出版社，1979，第48页。
⑧ 《斯大林选集》下卷，人民出版社，1979，第224页。
⑨ 《斯大林选集》下卷，人民出版社，1979，第228页。
⑩ 《斯大林选集》下卷，人民出版社，1979，第260页。
⑪ 《斯大林选集》下卷，人民出版社，1979，第260页。

对于集体农庄发展中需要注意的问题，斯大林强调了应该根据不同地区的不同条件来发展，指出"集体农庄运动的速度和集体农庄建设的方法对于这些远不相同的地区不能是一样的"①。尽管集体农庄这一形式并未在所有社会主义国家发展起来，但斯大林关于使用现代农业生产方式方法、区分地区差异发展农村经济等思想，在农村集体经济发展中是能够借鉴的。

（三）农业集约化思想

对于如何有效利用土地等生产资料进行农业生产，列宁结合农业的技术特点进行了解析，阐明了农业集约化思想。列宁认为，农业集约化的典型特征在于，土地面积较"小"但是生产率、集约化程度等较高。②农业集约化主要表现为，一方面，"经营规模的扩大"；另一方面，"农场的平均耕地面积却在减少"。③通过对资本主义国家的农业和农场的深入分析，列宁得出了"农业集约化以及与之相联系的农场土地平均面积的减少并不是偶然的、局部的、意外的现象，而是所有文明国家的普遍现象"④的结论。通过对美国有关统计材料的进一步挖掘，列宁认为开展集约化生产的农场劳动生产率和土地产出率均高于平均水平，且创造了更多的经济价值。他指出，集约化程度特别高的农场，"在本国农业中所起的经济作用与它们在农场总数中所占的比重比起来，要超过一倍、两倍乃至更多"⑤。故与粗放农业相比，集约农业是一种能够获得较高投入—产出比的生产经营方式。

（四）对列宁、斯大林相关思想的评述

列宁、斯大林的相关思想，为农村集体经济及其实现形式发展提供了理论依据。一是深入阐释了农村集体所有制。列宁、斯大林强调了应

---

① 《斯大林选集》下卷，人民出版社，1979，第249页。
② 《列宁全集》第27卷，人民出版社，2017，第212页。
③ 《列宁全集》第27卷，人民出版社，2017，第171页。
④ 《列宁全集》第27卷，人民出版社，2017，第181页。
⑤ 《列宁全集》第27卷，人民出版社，2017，第211页。

消灭土地私有制，并应用到了俄国的实践中。斯大林分别对工业中的全民所有制和农业中的集体所有制进行了区分，对我国在农业和农村集体经济中坚持集体所有制具有重要启示。然而，部分思想也存在一定的局限。如斯大林在未考虑社会生产力水平的条件下，提出将集体所有制转换成全民所有制，这不仅不适应生产力发展需要，也不符合我国农村集体经济发展实际。二是明确提出了发展集体经济。列宁、斯大林论述了集体经济的范畴和原则，认为集体经济与个体经济是不同的，指出了共耕制、合作社和集体农庄等农村集体经济中可实行的生产经营和组织形式。这些生产经营和组织形式具有特定的适用范围，在我国农村集体经济及其实现形式发展中虽不能照搬，但其中的国家财政支持、农民素质提升和现代生产方式方法应用等思想，是能够参照的。三是具体分析了农业集约化。列宁提及了通过农业集约化来提高劳动生产率和土地产出率，对于我国农村集体经济及其实现形式发展中的土地集约化利用具有镜鉴意义。

三　中国共产党人的相关思想

新中国成立后，中国共产党人根据社会主义建设和发展实际，继承和发展了马克思主义的农业农村发展思想，并且将其用于我国农村集体经济实践。这些思想可以概括为农村集体所有制思想、农村集体经济思想和农村集体经济实现形式思想三个方面。

（一）农村集体所有制思想

在我国农村，界定土地等生产资料的所有和使用等权利，是开展生产经营活动和发展集体经济的前提。中国共产党人历来重视农民的土地需求并保障其相关权益，明确了必须坚持农村集体所有制，探索了在坚持的基础上进一步完善的具体措施。

农村集体所有制是能够适应我国生产力发展的。1953 年毛泽东在谈及农业互助合作时，指出要解决所有制与生产力的矛盾问题。个体所有制必须过渡到集体所有制。[①] 在分析农业生产合作社的性质时，毛泽东

---

① 《毛泽东文集》第 6 卷，人民出版社，1999，第 301 页。

认为需要"由现在这种半公半私进到集体所有制"①。建立农村集体所有制的过程是循序渐进的。毛泽东强调了这种过渡，指出"所采取的步骤是稳的"②。1959 年，毛泽东在谈到人民公社的问题时，提出"在公社内，由队的小集体所有制到社的大集体所有制，需要一个过程，这个过程要有几年时间才能完成"③。

农村集体所有制是包括在社会主义公有制内的。1985 年，邓小平提出了社会主义有两个非常重要的方面，其中一个是"公有制为主体"，而其包括"集体所有制"。④ 1992 年，在谈到农业问题时，邓小平指出"农业也一样，最终要以公有制为主体"，明确"农村集体所有制也属于公有制范畴"。⑤

坚持农村集体所有制的核心在于保证农村土地农民集体所有。1998 年江泽民在安徽省考察时强调了"土地集体所有"⑥。党的十八大以来，习近平多次说明要坚持农村土地集体所有制。在坚持和完善农村基本经营制度层面，他指出，"坚持农村土地农民集体所有。这是坚持农村基本经营制度的'魂'"⑦。在农村改革尤其是土地制度改革层面，他强调"不论怎么改，不能把农村土地集体所有制改垮了"⑧。在乡村振兴层面，他提出"要把好乡村振兴战略的政治方向，坚持农村土地集体所有制性质，发展新型集体经济"⑨。

农村集体所有制是在坚持的同时不断完善的。相应地，土地等生产资料集体所有的具体权能也是在拓展着的。在农村改革中，土地所有权

① 《毛泽东文集》第 6 卷，人民出版社，1999，第 303 页。
② 《毛泽东文集》第 6 卷，人民出版社，1999，第 303 页。
③ 《毛泽东文集》第 8 卷，人民出版社，1999，第 10 页。
④ 《邓小平文选》第 3 卷，人民出版社，1993，第 138 页。
⑤ 中共中央文献研究室编《邓小平思想年编（1975—1997）》，中央文献出版社，2011，第 711 页。
⑥ 《江泽民文选》第 2 卷，人民出版社，2006，第 211 页。
⑦ 中共中央党史和文献研究院编《习近平关于"三农"工作论述摘编》，中央文献出版社，2019，第 50 页。
⑧ 中共中央党史和文献研究院编《习近平关于"三农"工作论述摘编》，中央文献出版社，2019，第 63 页。
⑨ 中共中央党史和文献研究院编《习近平关于"三农"工作论述摘编》，中央文献出版社，2019，第 194 页。

仍归集体，农民获得了土地的承包经营权。1992 年邓小平对其进行了评价，指出"这个发明权是农民的"[①]。对于全面推进农村改革，1998 年江泽民提出了"完善农村所有制结构，要从农村实际出发，可以放得更开一些"[②]。对于土地承包经营权，胡锦涛指出"要赋予农民更加充分、有保障的土地承包经营权"[③]，明确了健全相应的流转机制。在全面深化改革的新时期，以习近平为代表的中国共产党人提出了"三权分置"思想。2014 年，习近平在中央全面深化改革领导小组第五次会议上提出了这一思想，明确"促使承包权和经营权分离"[④]。2017 年，在谈及乡村振兴时，他强调"'三权分置'是重大制度创新和理论创新"，提出"探索宅基地所有权、资格权、使用权'三权分置'"。[⑤] 2020 年在谈到土地制度改革时，习近平进一步指出"丰富集体所有权、农户承包权、土地经营权的有效实现形式"[⑥]。

（二）农村集体经济思想

确立农村集体所有制之后，如何有效运用各类生产要素推动农村集体经济发展，是中国共产党人进一步考虑的问题。结合国情农情，中国共产党人坚定了发展农村集体经济的基本导向，提出了发展农村集体经济的具体路径。

发展农村集体经济的有利作用是多方面的。一是有利于巩固工农联盟。1955 年，毛泽东在论及农业合作化时，指出"要将大约一亿一千万农户由个体经营改变为集体经营"，强调"实行合作化"[⑦]。他认为，"只

① 《邓小平文选》第 3 卷，人民出版社，1993，第 382 页。
② 《江泽民文选》第 2 卷，人民出版社，2006，第 214 页。
③ 《胡锦涛文选》第 3 卷，人民出版社，2016，第 115 页。
④ 中共中央党史和文献研究院编《习近平关于"三农"工作论述摘编》，中央文献出版社，2019，第 56 页。
⑤ 中共中央党史和文献研究院编《习近平关于"三农"工作论述摘编》，中央文献出版社，2019，第 61、63 页。
⑥ 《坚持把依法维护农民权益作为出发点和落脚点 扎实推进第二轮土地承包到期后再延长 30 年工作 使农村基本经营制度始终充满活力》，《人民日报》2020 年 11 月 3 日，第 1 版。
⑦ 《毛泽东文集》第 6 卷，人民出版社，1999，第 422、437 页。

有这样，工人和农民的联盟才能获得巩固"①。二是有利于推进农业现代化。邓小平多次强调农村集体经济的重要地位，指出"我们总的方向是发展集体经济"②。1990 年，邓小平提出了"两个飞跃"的论断，其中第二个飞跃就是"发展集体经济"③。他讲明了农村集体经济与农业现代化的关系，指出"不向集体化集约化经济发展，农业现代化的实现是不可能的"④。三是有利于摆脱贫困。1996 年，江泽民在中央扶贫开发工作会议上指出，"发挥集体统一经营的优越性，为农户提供更多服务"，他强调了"这一点在贫困地区尤为重要"。⑤ 2017 年，习近平在深度贫困地区脱贫攻坚座谈会上指出，"要实施贫困村提升工程，培育壮大集体经济"⑥。四是有利于实现共同富裕。对于走向共同富裕，毛泽东提出破除个体经济等制度，目的在于"使全体农村人民共同富裕起来"⑦。习近平指出了农村集体经济在其中的作用，认为其"是引领农民实现共同富裕的重要途径"⑧。五是有利于巩固农村基本经营制度。对于完善这一制度，习近平强调通过"发展壮大新型集体经济"⑨ 赋予其新内涵。

发展农村集体经济须坚持一定的原则。一是坚持农民自愿的原则。毛泽东总结了农业社会主义改造的过程，指出从农业生产互助组到合作社都是按照自愿和互利的原则，强调对于农业生产合作社，也应"按照同样的自愿和互利的原则"⑩ 来发展。江泽民认为应"壮大集体经济实力，要探索新的形式和路子"，指出"要群众自愿"。⑪ 二是坚持稳步推

① 《毛泽东文集》第 6 卷，人民出版社，1999，第 437 页。
② 《邓小平文选》第 2 卷，人民出版社，1994，第 315 页。
③ 《邓小平文选》第 3 卷，人民出版社，1993，第 355 页。
④ 中共中央文献研究室编《邓小平思想年编（1975—1997）》，中央文献出版社，2011，第 711 页。
⑤ 《江泽民文选》第 1 卷，人民出版社，2006，第 559 页。
⑥ 中共中央党史和文献研究院编《习近平扶贫论述摘编》，中央文献出版社，2018，第 80 页。
⑦ 《毛泽东文集》第 6 卷，人民出版社，1999，第 437 页。
⑧ 中共中央党史和文献研究院编《习近平关于"三农"工作论述摘编》，中央文献出版社，2019，第 149 页。
⑨ 中共中央党史和文献研究院编《习近平关于"三农"工作论述摘编》，中央文献出版社，2019，第 64 页。
⑩ 《毛泽东文集》第 6 卷，人民出版社，1999，第 435 页。
⑪ 《江泽民文选》第 2 卷，人民出版社，2006，第 213 页。

进的原则。毛泽东总结农业社会主义改造时，提到了"逐步前进的办法"①。邓小平在论及"两个飞跃"时，指出发展集体经济"是又一个很大的前进，当然这是很长的过程"②。三是坚持因地制宜的原则。习近平指出增强集体经济实力应坚持这一原则，"从实际出发，以市场为向导，充分利用各自的自然资源和社会资源"③。具体原因在于"我国农村情况千差万别，集体经济发展很不平衡"④。

推动农村集体经济发展需采取系列措施。一是注重发展生产力。邓小平认为发展集体经济的关键是发展生产力，他提出一旦能够使生产得到发展，那么"集体经济不巩固的也会巩固起来"⑤。对于如何发展生产力，他提及了四条措施，包括机械化这一反映农业现代化水平的指标的提高、与集体经济直接相关的管理和经营的发展，以及集体收入的增加等。⑥ 对于如何增加集体收入，江泽民提出"要通过开发当地资源，兴办集体企业"⑦。对于如何发展多种经营，胡锦涛提出构建"多元化、多层次、多形式经营服务体系"⑧。二是重视村级集体经济发展。1994 年，胡锦涛在全国农村基层组织建设工作会议上强调，"努力发展壮大村级集体经济"⑨。2006 年，胡锦涛在谈及建设社会主义新农村时，指出"增强村级集体经济组织服务功能"⑩。习近平指出，"在扶贫中要注意增强乡村两级集体经济实力"⑪。三是深化农村集体产权制度改革。习近平认为增强集体经济发展活力，要稳步推进这项改革，"建立符合市场经济要求的集体经济运行新机制"⑫。

---

① 《毛泽东文集》第 6 卷，人民出版社，1999，第 434 页。
② 《邓小平文选》第 3 卷，人民出版社，1993，第 355 页。
③ 习近平：《摆脱贫困》，福建人民出版社，1992，第 145 页。
④ 中共中央党史和文献研究院编《习近平关于"三农"工作论述摘编》，中央文献出版社，2019，第 144 页。
⑤ 《邓小平文选》第 2 卷，人民出版社，1994，第 315 页。
⑥ 《邓小平文选》第 2 卷，人民出版社，1994，第 315～316 页。
⑦ 《江泽民文选》第 1 卷，人民出版社，2006，第 559 页。
⑧ 《胡锦涛文选》第 3 卷，人民出版社，2016，第 350 页。
⑨ 《胡锦涛文选》第 1 卷，人民出版社，2016，第 99 页。
⑩ 《胡锦涛文选》第 2 卷，人民出版社，2016，第 422 页。
⑪ 习近平：《摆脱贫困》，福建人民出版社，1992，第 144 页。
⑫ 中共中央党史和文献研究院编《习近平关于"三农"工作论述摘编》，中央文献出版社，2019，第 149 页。

他提出，发展壮大新型集体经济，应"建立健全集体资产各项管理制度，完善农村集体产权权能"①。

（三）农村集体经济实现形式思想

农村集体经济的长久发展，离不开有效的实现形式。中国共产党人明确了农村集体经济实现形式的突出作用，探索了农村集体经济的多种实现形式，阐明了促进各种实现形式发展的具体举措。

寻求有效的实现形式，在农村集体经济发展中是举足轻重的。1953年，毛泽东指出对于农业生产合作社这一新的形式，"是既需要，又可能"②。结合生产力的发展要求，江泽民指出，"公有制经济要寻找能够极大促进生产力发展的实现形式"③。他强调，"必须大胆探索农村公有制的有效实现形式"④。结合坚持农村基本经营制度，2007年，胡锦涛在中国共产党第十七次全国代表大会上指出，"探索集体经济有效实现形式"⑤。结合农村集体经济自身发展，习近平提出探索有效实现形式，"发展壮大集体经济"⑥。

农村集体经济实现形式的核心范畴包括经营方式和组织形式。1997年，江泽民在中国共产党第十五次全国代表大会上指出，"要支持、鼓励和帮助城乡多种形式集体经济的发展"，并专门提及了实现形式问题，点明了"经营方式和组织形式"。⑦探索农村集体经济实现形式，一方面，应积极发展农村集体经营方式。邓小平提出巩固集体经济，要实现"多种经营发展"⑧。对于具备条件的地方，江泽民指出，"发展多种形式的

---

① 中共中央党史和文献研究院编《习近平关于"三农"工作论述摘编》，中央文献出版社，2019，第 64 页。
② 《毛泽东文集》第 6 卷，人民出版社，1999，第 301 页。
③ 《江泽民文选》第 1 卷，人民出版社，2006，第 615 页。
④ 《江泽民文选》第 2 卷，人民出版社，2006，第 210 页。
⑤ 《胡锦涛文选》第 2 卷，人民出版社，2016，第 631 页。
⑥ 中共中央党史和文献研究院编《习近平关于"三农"工作论述摘编》，中央文献出版社，2019，第 144 页。
⑦ 中共中央文献研究室编《十五大以来重要文献选编》上，中央文献出版社，2000，第 21 页。
⑧ 《邓小平文选》第 2 卷，人民出版社，1994，第 315 页。

土地适度规模经营",认为可"发展多种形式的联合和合作"。① 在坚持和完善农村基本经营制度中,习近平提到了"家庭承包、集体经营",认为其"是农村基本经营制度新的实现形式"。② 在构建新型农业经营体系中,习近平指出推动集体经营与其他经营方式共同发展。③ 另一方面,应积极发展农村集体经济组织。对于发挥组织的作用,江泽民认为其应"管理好集体资产,组织好生产服务和集体资源开发,协调好利益关系"④。胡锦涛提出,其应"利用当地资源进行开发性生产"⑤。习近平强调,"要完善集体经济组织。否则,扩大经济积累就难以顺利实现,原有的一些积累也可能会被破坏掉"⑥。

农村集体经济的实现形式是扩展着的。农业合作化时期的典型组织形式是合作社。对于合作社的发展倾向,毛泽东指出,必须强调注重合作社的质量,必须注重整社的工作。⑦ 随着农村改革的逐步深入,农村集体经济的实现形式不断增多。江泽民指出,"公有制的实现形式可以多样化"⑧。中国共产党人对其中的代表性实现形式进行了阐释。

一种代表性实现形式中的组织形式是乡镇企业。这种组织形式和具体的经营方式是在农村改革中迅速发展的。邓小平强调其"要发展,要提高"⑨。乡镇企业的关键作用主要体现在三个方面。第一,吸纳了"农村剩余劳动力"⑩;第二,"促进了农业的发展"⑪;第三,能够"壮大农村集体经济实力和支持农村社会事业"⑫。进一步发展乡镇企业,需要从

① 《江泽民文选》第 2 卷,人民出版社,2006,第 213~214 页。
② 中共中央党史和文献研究院编《习近平关于"三农"工作论述摘编》,中央文献出版社,2019,第 53 页。
③ 中共中央党史和文献研究院编《习近平关于"三农"工作论述摘编》,中央文献出版社,2019,第 60 页。
④ 《江泽民文选》第 2 卷,人民出版社,2006,第 213 页。
⑤ 《胡锦涛文选》第 1 卷,人民出版社,2016,第 99 页。
⑥ 习近平:《摆脱贫困》,福建人民出版社,1992,第 147 页。
⑦ 《毛泽东文集》第 6 卷,人民出版社,1999,第 423 页。
⑧ 《江泽民文选》第 1 卷,人民出版社,2006,第 615 页。
⑨ 《邓小平文选》第 3 卷,人民出版社,1993,第 355 页。
⑩ 《邓小平文选》第 3 卷,人民出版社,1993,第 252 页。
⑪ 《邓小平文选》第 3 卷,人民出版社,1993,第 252 页。
⑫ 《江泽民文选》第 2 卷,人民出版社,2006,第 115 页。

三个方面加以推进。一是与城镇发展相结合。江泽民提出，其应"与建设新型集镇结合起来，适当集中"①。胡锦涛指出，"要把发展乡镇企业和农村服务业同发展小城镇有机结合起来"②。二是与产业发展相结合。江泽民提出，"发展以农副产品加工业为主的乡镇企业，增加农民收入"③。三是提升乡镇企业自身发展水平。江泽民认为，应注重"乡镇企业资产组织形式和经营方式的创新"④。胡锦涛提出，乡镇企业中党的建设工作严重滞后，必须大力加强这方面工作。⑤

另一种代表性实现形式是股份合作制。对于股份合作制的性质，江泽民认为其"是一种新的公有性所有制"⑥。对于其特征，江泽民指出，以"劳动者的劳动联合和资本联合为主"⑦。对于其作用，江泽民提出，其"对整个生产力的发展是有利的"⑧。对于发展股份合作制，江泽民认为，"应该以积极态度予以支持"⑨，同时"应该积极稳妥地实行"⑩。习近平从改革的角度指出，"积极发展农民股份合作、赋予集体资产股份权能改革试点的目标方向"，从而构建"农村集体经济运营新机制"。⑪ 进一步地，通过改革，"发展多种形式股份合作"⑫。

（四）对中国共产党人相关思想的评述

中国共产党人的相关思想是在发展和完善中的，并且在中国农村集体经济及其实现形式实践中得到了应用。一是建立和坚持了农村集体所

---

① 《江泽民文选》第 1 卷，人民出版社，2006，第 270 页。
② 《胡锦涛文选》第 2 卷，人民出版社，2016，第 19 页。
③ 《江泽民文选》第 1 卷，人民出版社，2006，第 552 页。
④ 《江泽民文选》第 2 卷，人民出版社，2006，第 118 页。
⑤ 《胡锦涛文选》第 1 卷，人民出版社，2016，第 96 页。
⑥ 《江泽民文选》第 1 卷，人民出版社，2006，第 616 页。
⑦ 《江泽民文选》第 1 卷，人民出版社，2006，第 616 页。
⑧ 《江泽民文选》第 1 卷，人民出版社，2006，第 616 页。
⑨ 《江泽民文选》第 1 卷，人民出版社，2006，第 616 页。
⑩ 《江泽民文选》第 2 卷，人民出版社，2006，第 218 页。
⑪ 中共中央党史和文献研究院编《习近平关于"三农"工作论述摘编》，中央文献出版社，2019，第 143～144 页。
⑫ 中共中央党史和文献研究院编《习近平关于"三农"工作论述摘编》，中央文献出版社，2019，第 145 页。

有制。中国共产党人强调了农村集体所有制的重要作用，带领全国人民消灭了农村土地私有制，建立了农村集体所有制并进行了完善，保障了土地等生产资料的农民集体所有和农村集体经济的长效发展。二是持续发展了农村集体经济。中国共产党人阐明了发展农村集体经济的重要性，提出了发展中的基本原则和保障措施，推动了各个时期的农村集体经济实践。三是不断丰富了农村集体经济实现形式。中国共产党人在不同时期探索了多种农村集体经济实现形式，逐步提出了实现形式可以多样化，分析了具体的经营方式和组织形式，这些实现形式也是中国农村集体经济实践中的典型实现形式。

第二节　西方经济学的相关思想

尽管西方经济学并未直接对农村集体经济及其实现形式进行研究，但其关于经济制度的变迁和发展中国家农业农村的发展等的研究，能够为农村集体经济及其实现形式发展提供理论参考。本节主要概述新制度经济学和发展经济学的相关思想。需要说明的是，对这些思想，不是简单化地套用，而是选择性地借鉴。

一　新制度经济学的相关思想

新制度经济学亦可称为新制度学派，主要研究产权和制度等相关问题，代表学者有科斯等。[①] 其中的产权和制度变迁等思想，对于研究农村集体经济及其实现形式具有参考意义。

（一）产权思想

产权是生产中的权利和边界，明晰产权，对于生产的有序进行和有效开展至关重要。罗纳德·H. 科斯、哈罗德·德姆塞茨、阿曼·A. 阿尔钦、埃瑞克·G. 菲吕博腾、斯韦托扎尔·平乔维奇等经济学家提出了产权的概念和范畴，强调了产权的功能和界定产权的意义。

---

① 张卓元主编《政治经济学大辞典》，经济科学出版社，1998，第 657 页。

产权是各类生产包括农业生产中需要关注的。在《社会成本问题》中，科斯以相邻土地上的农夫和养牛者为例，分析了走失的牛损坏谷物生长的现象，提出了"有必要知道损害方是否对引起的损失负责"①。在这里就出现了产权的界定问题，科斯指出，如果缺乏这种界定，则也没有"权利转让和重新组合的市场交易"②。对于产权的内涵，德姆塞茨提出其"是一种社会工具"③。菲吕博腾和平乔维奇强调，"产权不是指人与物之间的关系，而是指由物的存在及关于它们的使用所引起的人们之间相互认可的行为关系"④。阿尔钦则提出，其"是一个社会所强制实施的选择一种经济品的使用的权利"⑤。

产权的作用和功能是在行使产权的过程中体现的。科斯从使用生产要素的角度，指出行使权利的成本，也就是使别人承担的损失。⑥ 德姆塞茨认为"产权是界定人们如何受益及如何受损，因而谁必须向谁提供补偿以使他修正人们所采取的行动"，明确其"主要配置性功能是将受益和受损效应内在化"。⑦ 菲吕博腾和平乔维奇重申产权会影响激励和行

---

① 〔美〕罗纳德·H. 科斯：《社会成本问题》，载〔美〕罗纳德·H. 科斯等《财产权利与制度变迁——产权学派与新制度学派译文集》，刘守英等译，格致出版社、上海三联书店、上海人民出版社，2014，第9页。

② 〔美〕罗纳德·H. 科斯：《社会成本问题》，载〔美〕罗纳德·H. 科斯等《财产权利与制度变迁——产权学派与新制度学派译文集》，刘守英等译，格致出版社、上海三联书店、上海人民出版社，2014，第9页。

③ 〔美〕哈罗德·德姆塞茨：《关于产权的理论》，载〔美〕罗纳德·H. 科斯等《财产权利与制度变迁——产权学派与新制度学派译文集》，刘守英等译，格致出版社、上海三联书店、上海人民出版社，2014，第71页。

④ 〔美〕埃瑞克·G. 菲吕博腾、〔南〕斯韦托扎尔·平乔维奇：《产权与经济理论：近期的文献的一个综述》，载〔美〕罗纳德·H. 科斯等《财产权利与制度变迁——产权学派与新制度学派译文集》，刘守英等译，格致出版社、上海三联书店、上海人民出版社，2014，第148页。

⑤ 〔美〕阿曼·A. 阿尔钦：《产权：一个经典注释》，载〔美〕罗纳德·H. 科斯等《财产权利与制度变迁——产权学派与新制度学派译文集》，刘守英等译，格致出版社、上海三联书店、上海人民出版社，2014，第121页。

⑥ 参见〔美〕罗纳德·H. 科斯《社会成本问题》，载〔美〕罗纳德·H. 科斯等《财产权利与制度变迁——产权学派与新制度学派译文集》，刘守英等译，格致出版社、上海三联书店、上海人民出版社，2014，第39页。

⑦ 〔美〕哈罗德·德姆塞茨：《关于产权的理论》，载〔美〕罗纳德·H. 科斯等《财产权利与制度变迁——产权学派与新制度学派译文集》，刘守英等译，格致出版社、上海三联书店、上海人民出版社，2014，第71、73页。

为，提出"每个人都必须遵守他与其他人之间的相互关系，或承担不遵守这种关系的成本"①。故在农村开展生产经营活动时，对于生产要素，应重视产权的界定，避免产权不明带来的经济损失。

产权包括所有权和使用权等具体形式。对于所有权，菲吕博腾和平乔维奇认为其"是一种排他性的权利"②。德姆塞茨认为所有权可以分为私有权、国有权和共有权等典型形式。③ 对于共有产权的存在条件和主要作用，阿尔钦从组织团体成员的角度，指出其是要保证各个成员"平均价值最大化"④。德姆塞茨认为共有权利具有阻止对并不稀缺资源的垄断的生产性功能。⑤ 这些观点，对于研究农村土地等属于集体成员共同所有并在此基础上发展农村集体经济，具有一定借鉴价值。但是，德姆塞茨等认为共有财产等形式不如土地私有制，这些观点是与我国国情农情不相适应的。对于使用权，科斯提到了使用权的分配等问题。菲吕博腾和平乔维奇在研究社会主义企业时，以南斯拉夫的劳动管理企业为例，提出了所有权与使用权的区别，即"一个人对企业的资本存量没有所有权，仅仅拥有使用资本的权利"⑥。故所有权与使用权是可以分割开的。

---

① 〔美〕埃瑞克·G.菲吕博腾、〔南〕斯韦托扎尔·平乔维奇：《产权与经济理论：近期的文献的一个综述》，载〔美〕罗纳德·H.科斯等《财产权利与制度变迁——产权学派与新制度学派译文集》，刘守英等译，格致出版社、上海三联书店、上海人民出版社，2014，第148页。

② 〔美〕埃瑞克·G.菲吕博腾、〔南〕斯韦托扎尔·平乔维奇：《产权与经济理论：近期的文献的一个综述》，载〔美〕罗纳德·H.科斯等《财产权利与制度变迁——产权学派与新制度学派译文集》，刘守英等译，格致出版社、上海三联书店、上海人民出版社，2014，第149页。

③ 〔美〕哈罗德·德姆塞茨：《一个研究所有制的框架》，载〔美〕罗纳德·H.科斯等《财产权利与制度变迁——产权学派与新制度学派译文集》，刘守英等译，格致出版社、上海三联书店、上海人民出版社，2014，第138页。

④ 〔美〕阿曼·A.阿尔钦：《产权：一个经典注释》，载〔美〕罗纳德·H.科斯等《财产权利与制度变迁——产权学派与新制度学派译文集》，刘守英等译，格致出版社、上海三联书店、上海人民出版社，2014，第127页。

⑤ 〔美〕哈罗德·德姆塞茨：《一个研究所有制的框架》，载〔美〕罗纳德·H.科斯等《财产权利与制度变迁——产权学派与新制度学派译文集》，刘守英等译，格致出版社、上海三联书店、上海人民出版社，2014，第141页。

⑥ 〔美〕埃瑞克·G.菲吕博腾、〔南〕斯韦托扎尔·平乔维奇：《产权与经济理论：近期的文献的一个综述》，载〔美〕罗纳德·H.科斯等《财产权利与制度变迁——产权学派与新制度学派译文集》，刘守英等译，格致出版社、上海三联书店、上海人民出版社，2014，第167页。

（二）制度变迁思想

制度被视为经济社会活动中的规则，对于经济增长和社会发展有着直接的影响。道格拉斯·C. 诺思、兰斯·E. 戴维斯、罗伯斯·托马斯、弗农·W. 拉坦等经济学家阐述了制度的含义和作用，分析了制度变迁的动因和路径。

制度和制度变迁是影响经济增长的重要因素。对于制度的内涵，戴维斯和诺思最初是将其与制度安排联系在一起的。他们认为，"制度安排是指在经济单位之间作出的安排"，其"或许是与常用术语'制度'最接近的翻版"。[①] 之后，诺思在研究经济史时，提出制度"是一系列被制定出来的规则"[②]。在分析制度及其变迁时，他指出制度是一些人为设计的、形塑人们互动关系的约束，既有正式的，又有非正式的。[③] 进而，诺思提出制度变迁与正式和非正式约束均有关，并且"一般是渐进的，而非不连续的"[④]。对于制度的重要性，诺思和托马斯在分析西方世界的兴起时，认为制度和制度安排能够促进规模经济。[⑤] 进一步地，诺思指出制度"决定了体制的产出及收入分配"[⑥]，"是决定长期经济绩效的根本因素"[⑦]。对于制度变迁的作用，诺思认为其"是理解历史变迁的关键"[⑧]。从历史的角度看，其"改变了合作行为的收益"，并且"降低

---

① 〔美〕兰斯·E. 戴维斯、道格拉斯·C. 诺思：《制度变迁与美国经济增长》，张志华译，格致出版社、上海人民出版社，2019，第 6 页。

② 〔美〕道格拉斯·C. 诺思：《经济史中的结构与变迁》，陈郁等译，上海三联书店、上海人民出版社，1994，第 225 页。

③ 〔美〕道格拉斯·C. 诺思：《制度、制度变迁与经济绩效》，杭行译，韦森译审，格致出版社、上海三联书店、上海人民出版社，2014，第 3~4 页。

④ 〔美〕道格拉斯·C. 诺思：《制度、制度变迁与经济绩效》，杭行译，韦森译审，格致出版社、上海三联书店、上海人民出版社，2014，第 7 页。

⑤ 〔美〕道格拉斯·诺思、罗伯斯·托马斯：《西方世界的兴起》，厉以平等译，华夏出版社，1999，第 10 页。

⑥ 〔美〕道格拉斯·C. 诺思：《经济史中的结构与变迁》，陈郁等译，上海三联书店、上海人民出版社，1994，第 231 页。

⑦ 〔美〕道格拉斯·C. 诺思：《制度、制度变迁与经济绩效》，杭行译，韦森译审，格致出版社、上海三联书店、上海人民出版社，2014，第 127 页。

⑧ 〔美〕道格拉斯·C. 诺思：《制度、制度变迁与经济绩效》，杭行译，韦森译审，格致出版社、上海三联书店、上海人民出版社，2014，第 3 页。

了市场的交易成本"。① 拉坦列举了发展中国家的更为集约的农作制度的作用，指出其能够增加水的经济价值，进而明晰灌溉产权和应用市场机制。②

引起制度变迁的因素是多方面的。诺思剖析了影响制度变迁的因素，指出资本存量的变化和知识存量的积累等会诱导制度的变迁③。随后，诺思从众多因素中，找出了制度变迁的最重要来源，即"相对价格的根本性变化"，包括"要素价格"等。④ 拉坦阐释了诱致性制度变迁理论，分析了导致其需求和供给转变的具体因素，包括相对价格的变化和知识的进步等。⑤ 对于农业农村中的制度变迁，戴维斯和诺思点明了农民自愿组织"联合形成制度安排"的目的，"是影响政府，有时，是想大规模地提高收入和重新分配收入"。⑥

制度变迁是有迹可循的。在进行制度安排时，戴维斯和诺思认为行动团体将选择一个报酬最高的安排，指出其决策必须考虑潜在的收入、组织成本、运营成本、无用决策导致的"阻滞成本"，以及这些成本和收入的时间分配情况。⑦ 对于制度变迁的路径，诺思认为"正式制度、非正式制度和它们的实施特征的混合决定了经济绩效"⑧。拉坦指出制度创新或制度发展集中表现在特定组织上，包括其自身行为的变化和同环

① 〔美〕道格拉斯·C. 诺思：《理解经济变迁过程》，钟正生等译，中国人民大学出版社，2013，第 17 页。

② 〔美〕弗农·W. 拉坦：《诱致性制度变迁理论》，载〔美〕罗纳德·H. 科斯等《财产权利与制度变迁——产权学派与新制度学派译文集》，刘守英等译，格致出版社、上海三联书店、上海人民出版社，2014，第 234 页。

③ 〔美〕道格拉斯·C. 诺思：《经济史中的结构与变迁》，陈郁等译，上海三联书店、上海人民出版社，1994，第 232 页。

④ 〔美〕道格拉斯·C. 诺思：《制度、制度变迁与经济绩效》，杭行译，韦森译审，格致出版社、上海三联书店、上海人民出版社，2014，第 99 页。

⑤ 〔美〕弗农·W. 拉坦：《诱致性制度变迁理论》，载〔美〕罗纳德·H. 科斯等《财产权利与制度变迁——产权学派与新制度学派译文集》，刘守英等译，格致出版社、上海三联书店、上海人民出版社，2014，第 230 页。

⑥ 〔美〕兰斯·E. 戴维斯、道格拉斯·C. 诺思：《制度变迁与美国经济增长》，张志华译，格致出版社、上海人民出版社，2019，第 79 页。

⑦ 〔美〕兰斯·E. 戴维斯、道格拉斯·C. 诺思：《制度变迁与美国经济增长》，张志华译，格致出版社、上海人民出版社，2019，第 54 页。

⑧ 〔美〕道格拉斯·C. 诺思：《理解经济变迁过程》，钟正生等译，中国人民大学出版社，2013，第 141 页。

境间关系的变化等。① 在探索农村集体经济实现形式时，各种实现形式的潜在收入以及组织和经营成本等因素也是需要考虑的。

（三）经济组织思想

建立团队和组织，形成个人之间的联合，能够促进生产活动的开展，阿曼·A. 阿尔钦和哈罗德·德姆塞茨、兰斯·E. 戴维斯和道格拉斯·C. 诺思分别阐述了这一思想。

在生产活动中，个人联合起来进行团队生产，能够产生较低的交易费用。阿尔钦和德姆塞茨认为合作行为"能获取收益"，并将"合作性的生产活动"称为"团队生产"。② 他们分析了团队生产的特征，指出其使用的资源超过一种，且资源不属于个人。③ 随后，他们说明了团队生产的优势，指出"它产出了一个比投入的分别使用所得出的产出总和更大的产出"④。而可以达到这种效果，原因在于团队中各种投入的联合。⑤ 特别是在农业生产中，在农民自愿的情况下建立的组织能够发挥较大的作用。戴维斯和诺思在分析土地政策与美国农业时，论述了农庄和合作商店等农民组织，指出"农庄为了解决农民迫在眉睫的问题而采取合作社的形式"⑥。故在农业生产经营中，组建好团队和组织，发挥好其组织

---

① 〔美〕弗农·W. 拉坦：《诱致性制度变迁理论》，载〔美〕罗纳德·H. 科斯等《财产权利与制度变迁——产权学派与新制度学派译文集》，刘守英等译，格致出版社、上海三联书店、上海人民出版社，2014，第231页。

② 〔美〕阿曼·A. 阿尔钦、哈罗德·德姆塞茨：《生产、信息费用与经济组织》，载〔美〕罗纳德·H. 科斯等《财产权利与制度变迁——产权学派与新制度学派译文集》，刘守英等译，格致出版社、上海三联书店、上海人民出版社，2014，第47页。

③ 〔美〕阿曼·A. 阿尔钦、哈罗德·德姆塞茨：《生产、信息费用与经济组织》，载〔美〕罗纳德·H. 科斯等《财产权利与制度变迁——产权学派与新制度学派译文集》，刘守英等译，格致出版社、上海三联书店、上海人民出版社，2014，第47页。

④ 〔美〕阿曼·A. 阿尔钦、哈罗德·德姆塞茨：《生产、信息费用与经济组织》，载〔美〕罗纳德·H. 科斯等《财产权利与制度变迁——产权学派与新制度学派译文集》，刘守英等译，格致出版社、上海三联书店、上海人民出版社，2014，第63页。

⑤ 〔美〕阿曼·A. 阿尔钦、哈罗德·德姆塞茨：《生产、信息费用与经济组织》，载〔美〕罗纳德·H. 科斯等《财产权利与制度变迁——产权学派与新制度学派译文集》，刘守英等译，格致出版社、上海三联书店、上海人民出版社，2014，第63页。

⑥ 〔美〕兰斯·E. 戴维斯、道格拉斯·C. 诺思：《制度变迁与美国经济增长》，张志华译，格致出版社、上海人民出版社，2019，第88页。

联合功能，是较为关键的，这在农村集体经济组织发展中也是需要关注的。

（四） 对新制度经济学相关思想的评述

新制度经济学的相关思想，在某些方面对中国农村集体经济及其实现形式具有参考价值，但也存在一定的局限性。一是产权思想的参考价值和局限性。新制度经济学强调了产权的界定，区分了所有权和使用权，对于农村集体经济实现形式发展中的产权制度明晰以及集体资产所有权与使用权分离等，具有借鉴意义。但是，新制度经济学承认私有产权和土地私有制，这与我国农村集体经济实现形式中坚持集体所有制和土地等资产集体所有是相悖的。如阿尔钦分析了私有产权的框架对"一个私产体制下经济资源使用的引导与协调方式"①，德姆塞茨指出土地私有制"产生了更有效地使用资源的激励"②，是不适用于我国农村集体经济实现形式的。二是制度变迁思想的参考价值和局限性。新制度经济学阐述了制度和制度变迁在经济增长中的作用，剖析了要素价格等制度变迁的影响因素，提出了潜在收入、组织成本和运营成本等是制度安排中需考虑的因素，认为农民组织联合的制度安排是为了收入分配，这些因素在中国农村集体经济实现形式发展中是应当关注的。但是，新制度经济学分析的制度变迁侧重于西方制度，且部分理论还不完善。正如拉坦所说，"诱致性制度变迁力量还是不完善的"③；诺思也提到了发展中不能盲目模仿西方制度④。在探索中国农村集体经济实现形式过程中，也只能参

---

① 〔美〕阿曼·A. 阿尔钦：《产权：一个经典注释》，载〔美〕罗纳德·H. 科斯等《财产权利与制度变迁——产权学派与新制度学派译文集》，刘守英等译，格致出版社、上海三联书店、上海人民出版社，2014，第122页。

② 〔美〕哈罗德·德姆塞茨：《关于产权的理论》载〔美〕罗纳德·H. 科斯等《财产权利与制度变迁——产权学派与新制度学派译文集》，刘守英等译，格致出版社、上海三联书店、上海人民出版社，2014，第78页。

③ 〔美〕弗农·W. 拉坦：《诱致性制度变迁理论》，载〔美〕罗纳德·H. 科斯等《财产权利与制度变迁——产权学派与新制度学派译文集》，刘守英等译，格致出版社、上海三联书店、上海人民出版社，2014，第248页。

④ 〔美〕道格拉斯·C. 诺思：《理解经济变迁过程》，钟正生等译，中国人民大学出版社，2013，第143页。

考部分思想。三是经济组织思想的参考价值和局限性。新制度经济学说明了团队生产和农民组织的积极作用，对于中国农村集体经济组织的发展具有参考意义，但是，新制度经济学并不认可合作社等组织的发展成效。如戴维斯和诺思提出在牲畜营销、粮食生产、棉花和其他作物生产方面建立的农民生产合作社将失败，原因在于其"面临无法解决的监管问题和执行问题"①。对于其提出的监管和执行等问题，在中国农村集体经济实现形式发展中尽管也会存在，但可通过完善制度和优化组织形式等逐步解决。

二　发展经济学的相关思想

发展经济学是第二次世界大战后逐步兴起的学科，主要研究发展中国家经济发展和摆脱贫困等问题。② 其中关于农业发展和农村经济组织的思想，可供探讨农村集体经济及其实现形式时借鉴。

（一）农业发展思想

在发展中国家现代化进程中，农业的发展是必不可少的。阿瑟·刘易斯、费景汉、古斯塔夫·拉尼斯、西奥多·W. 舒尔茨、速水佑次郎、弗农·拉坦等经济学家提出了促进农业发展的方法和途径，主要可以概括为三种代表性模式。

第一种是通过技术促进农业发展的模式。这种模式侧重于推广农业技术和进行技术变革。刘易斯认为欠发达国家能够"通过引进改良的技术，实现生产率的大幅提高"③。他结合劳动力从农业部门转移到非农部门的趋势，提出了技术方法的应用，比如"通过广泛的农业指导网络、肥料的更广泛使用、优质种子的推广、更好的水源保持和分配"④ 等。费景汉和拉尼斯指出可在农业中进行技术变革，"采取改良技术和耕作方

---

① 〔美〕兰斯·E. 戴维斯、道格拉斯·C. 诺思：《制度变迁与美国经济增长》，张志华译，格致出版社、上海人民出版社，2019，第 90 页。
② 张卓元主编《政治经济学大辞典》，经济科学出版社，1998，第 694 页。
③ 〔英〕阿瑟·刘易斯：《经济增长理论》，郭金兴等译，机械工业出版社，2015，第 106 页。
④ 〔英〕阿瑟·刘易斯：《经济增长理论》，郭金兴等译，机械工业出版社，2015，第 259 页。

法的形式"①。在这种模式中，学者们强调了不能盲目扩大土地规模。刘易斯指出，"农业快速进步的秘密"并"不是改变农场规模"。②费景汉和拉尼斯提出，"在生产过程中同劳动力合作的最重要的物质投入就是土地，但土地是不容易再生产的，因而提高农业劳动生产率就得靠集约耕种而不是靠粗放耕种去完成"③。

第二种是通过人力投资促进农业发展的模式。这种模式侧重于教育和激励农民。舒尔茨认为在农业增长中，最为关键的是农民能力的不同。④他将农业分为传统型、现代型和过渡型，指出现代农业"是农民获得并学会使用优良的新生产要素的结果"⑤。进而，他将"人力资本作为农业经济增长的主要源泉"，提出最有效的方法是教育农民，使其"获得并具有使用有关土壤、植物、动物和机械的科学知识的技能和知识"。⑥在获得知识后，他认为应采用向其"提供刺激和奖励的方法"⑦，推动其进行生产。

第三种是通过技术和体制变革促进农业发展的模式。这种模式在单纯的技术发展模式上，增加了体制变革的内容。速水佑次郎和拉坦将这种模式归纳为诱导发展模式，指出"技术和体制的变化是反映产品需求、初始资源条件以及经济发展的历史过程有关的资源积累等各种经济力量诱导的"⑧。他们提出，其作用机制包括"技术变革与制度发展间的相互作用"⑨ 等。在此基础上，提出了农业发展中应该优先考虑的问题，包括

---

① 〔美〕费景汉、古斯塔夫·拉尼斯：《劳动剩余经济的发展》，王月等译，华夏出版社，1989，第 50 页。
② 〔英〕阿瑟·刘易斯：《经济增长理论》，郭金兴等译，机械工业出版社，2015，第 106 页。
③ 〔美〕费景汉、古斯塔夫·拉尼斯：《劳动剩余经济的发展》，王月等译，华夏出版社，1989，第 48 ~ 49 页。
④ 〔美〕西奥多·W. 舒尔茨：《改造传统农业》，梁小民译，商务印书馆，2009，第 15 页。
⑤ 〔美〕西奥多·W. 舒尔茨：《改造传统农业》，梁小民译，商务印书馆，2009，第 139 页。
⑥ 〔美〕西奥多·W. 舒尔茨：《改造传统农业》，梁小民译，商务印书馆，2009，第 148、150、175 页。
⑦ 〔美〕西奥多·W. 舒尔茨：《改造传统农业》，梁小民译，商务印书馆，2009，第 175 页。
⑧ 〔日〕速水佑次郎、〔美〕弗农·拉坦：《农业发展：国际前景》，吴伟东等译，商务印书馆，2014，第 2 页。
⑨ 〔日〕速水佑次郎、〔美〕弗农·拉坦：《农业发展：国际前景》，吴伟东等译，商务印书馆，2014，第 64 页。

"土地占有、销售和信贷组织领域的制度变革；推广和生产教育制度的发展；物质性基础结构的投资，尤其是大规模的土地和水资源开发"①。在这种模式中，速水佑次郎和拉坦强化了体制的重要作用，指出"体制，如市场和土地所有制"②，能够促进农业生产中新技术的应用。同时，他们强调了因地制宜发展农业，指出"各个国家的资源条件不同，决定了生产要素供给条件不同"，故"发展中国家应该致力于创造自己的发展模式"。③ 除此之外，他们还谈到了农业经营形式，认为"如果采用多种经营形式利用农业中季节性的闲置资源，那么，它对生产者个人和国家经济，都是非常有利的"④。

在农村集体经济及其实现形式发展中，可参照上述几种发展模式，重视技术、农民和体制等因素对农业农村发展的影响，有效运用各类生产要素，进而促进集体经济的发展壮大。

（二）农村经济组织思想

在农业农村发展中，经济组织能够联合农民进而促进农业增长。阿瑟·刘易斯持这种观点，他分析了集体行动与个人行动的差异，指出"集体行动与凝聚力不仅对经济增长是必要的，在某些情况下，取得的效果也比个人主义更好一些"⑤。在解析农民贷款时，刘易斯提出"通过创建农村合作社，可以极大地降低向小农贷款的成本"⑥。对于这种信用合作社，他认为其具有信息成本优势，指出其发展"需要有政府官员的监管"⑦。通过对欠发达国家的实证研究，他提出"信用合作社在世界上大

---

① 〔日〕速水佑次郎、〔美〕弗农·拉坦：《农业发展：国际前景》，吴伟东等译，商务印书馆，2014，第304页。
② 〔日〕速水佑次郎、〔美〕弗农·拉坦：《农业发展：国际前景》，吴伟东等译，商务印书馆，2014，第2页。
③ 〔日〕速水佑次郎、〔美〕弗农·拉坦：《农业发展：国际前景》，吴伟东等译，商务印书馆，2014，第168~169页。
④ 〔日〕速水佑次郎、〔美〕弗农·拉坦：《农业发展：国际前景》，吴伟东等译，商务印书馆，2014，第369页。
⑤ 〔英〕阿瑟·刘易斯：《经济增长理论》，郭金兴等译，机械工业出版社，2015，第60页。
⑥ 〔英〕阿瑟·刘易斯：《经济增长理论》，郭金兴等译，机械工业出版社，2015，第100页。
⑦ 〔英〕阿瑟·刘易斯：《经济增长理论》，郭金兴等译，机械工业出版社，2015，第100页。

部分欠发达国家都取得了极大的成功"①。在总结农业组织时，他强调"农民保有自己的土地，并有足够的保障和激励，这是最重要的"②。速水佑次郎在分析发展中国家的农村经济组织时，指出"合同种植中，农商公司（或合作社）向农民提供技术指导、信贷和其他服务，其回报是农民保证为公司生产"③，他认为这种方式在保证规模经济的同时调动了农民的积极性。对于农村的共有财产，速水佑次郎强调"农村社区有可能形成妥善经营公共财产资源的能力"，提出"政府应通过教育和技术援助等措施改进社区的这种能力"。④ 在探索农村集体经济及其实现形式时，集体经济组织及其作用和农民利益的保护亦是应予以重视的。

（三）对发展经济学相关思想的评述

发展经济学的相关思想，对作为发展中国家的中国探索农村集体经济实现形式具有借鉴意义。一方面，提出了发展中国家的农业发展模式。发展经济学分别探究了农业技术推广、人力投资、技术和体制变革等农业发展模式，这些模式和其中的要素在中国农村集体经济及其实现形式发展中是需要考量的。发展经济学认为可实行多种经营形式，而在探索中国农村集体经济实现形式时也是可以发展多种经营方式的。另一方面，解析了典型的农村经济组织。发展经济学论述了合作社等多种农村经济组织，提及了农村经济组织为农民提供服务和其在农村社区范围内对公共财产资源的经营，这些是在剖析中国农村集体经济及其实现形式发展中的组织功能时可以参的。但同时，发展经济学的相关思想存在不足之处。比如，费景汉和拉尼斯的农业技术变革思想中，农业技术变革通常需要相当长的准备时期，而且其报酬具有很大的不确定性；舒尔茨的思想中没有充分体现新型投入的供给

---

① 〔英〕阿瑟·刘易斯：《经济增长理论》，郭金兴等译，机械工业出版社，2015，第100页。
② 〔英〕阿瑟·刘易斯：《经济增长理论》，郭金兴等译，机械工业出版社，2015，第106页。
③ 〔日〕速水佑次郎：《发展经济学——从贫困到富裕》，李周译，社会科学文献出版社，2003，第293页。
④ 〔日〕速水佑次郎：《发展经济学——从贫困到富裕》，李周译，社会科学文献出版社，2003，第297页。

和生产部门的资源分配问题。[①] 速水佑次郎和拉坦认为应"从集体占有制向小土地所有者经营制转变",以及"把增加的农业收入用来扶持正在出现的非农部门"。[②] 承认农村小土地所有,主张农业支持非农业,均是不适用于新发展阶段中国农村集体经济及其实现形式发展的。

---

① 〔日〕速水佑次郎、〔美〕弗农·拉坦:《农业发展:国际前景》,吴伟东等译,商务印书馆,2014,第6、29页。
② 〔日〕速水佑次郎、〔美〕弗农·拉坦:《农业发展:国际前景》,吴伟东等译,商务印书馆,2014,第323、377页。

第三章　中国农村集体经济实现形式的历史演进

　　新中国成立后，农村集体经济在我国逐步建立并发展起来。伴随农村集体经济的发展，其实现形式也在持续发展。在不同的阶段，农村集体经济实现形式的发展亦有所差别。本书根据不同经济体制下农村集体所有制的演变以及农村集体经营方式与组织形式的变化，将中国农村集体经济的发展历程划分为萌芽（1949—1956 年）、形成（1956—1978年）、突破（1978—1993 年）、拓展（1993 年至今）四个时期，分别阐述各个时期的典型实现形式。

　　需要说明的是，对于发展阶段的划分，学者们有不同的标准。在此对划分标准进行简要论述。一是都将 1978 年作为关键节点进行了划分。始于 1978 年的改革开放是中国农村发展的一个重要分水岭。[①] 在划分历史阶段时，学者们普遍区分了农村集体经济及其实现形式在 1978 年之前及之后的不同发展。二是对于改革开放之前的阶段划分有较为一致的依据。农村集体所有制是农村集体经济发展的基础，其建立的过程也是中国农村集体经济形成的过程。1956 年底，我国农村土地由农民所有制转变为集体所有制[②]，土地和其他主要生产资料都变成了集体所有[③]。以1956 年为历史节点，可对新中国成立后到改革开放之前的农村集体经济

---

① 魏后凯等：《中国农村发展 70 年》，经济科学出版社，2019，第 1 页。
② 韩长赋主编《新中国农业发展 70 年　政策成就卷》，中国农业出版社，2019，第 89 页。
③ 中共中央文献研究室编《建国以来重要文献选编》第 9 册，中央文献出版社，2011，第 41 页。

62

及其实现形式进行划分。如张天佐指出，1956 年以前，中国农村实行的是私有私营制，之后则实行了公有公营制。① 三是关于改革开放之后的阶段划分存在差异。对于改革开放以来中国农村发展的阶段划分，至今学术界并没有形成一致的看法。② 张旭、隋筱童根据我国农村经济政策和制度的调整，将农村集体经济发展的历史脉络分为 1978—1993 年的统分结合的双层经营体制和 1993 年以来的农业产业化经营。③ 蒋永穆、王运钊依据不同经济体制下的历史顺序，将农村基本经营制度变革的历史时期划分成社会主义计划经济向社会主义市场经济过渡（1978—1993年）和社会主义市场经济发展期（1993 年至今）。④ 本章在学者们研究的基础上，将 1949 年作为分期起点，1956 年、1978 年、1993 年作为分期节点，具体对新民主主义经济向社会主义计划经济过渡时期封建土地所有制的消除、社会主义计划经济时期农村集体土地所有制的确立、社会主义计划经济向市场经济过渡时期统分结合的双层经营体制的建立、社会主义市场经济发展时期农村市场经济的形成，以及各个时期农村集体经济实现形式的发展进行探讨。

第一节　农村集体经济实现形式的萌芽

1949—1956 年，是我国由新民主主义社会向社会主义社会过渡的时期，也是由新民主主义经济向社会主义计划经济过渡的时期。在农村，过渡时期即土地改革已经结束、集体化还未到来的时期。⑤ 这一时期，封建土地所有制逐步废除，农民的土地所有制开始实行，土地集体所有制开始萌芽，个体经济开始向集体经济过渡，其中萌生了具有农村集体

---

① 张天佐：《农业经营制度变革》，载韩俊主编《新中国 70 年农村发展与制度变迁》，人民出版社，2019，第 97～108 页。

② 魏后凯等：《中国农村发展 70 年》，经济科学出版社，2019，第 1～2 页。

③ 张旭、隋筱童：《我国农村集体经济发展的理论逻辑、历史脉络与改革方向》，《当代经济研究》2018 年第 2 期，第 26～36 页。

④ 蒋永穆、王运钊：《新中国成立 70 年来农村基本经营制度变迁及未来展望》，《福建论坛》（人文社会科学版）2019 年第 9 期，第 71～79 页。

⑤ 中共中央文献研究室编《建国以来重要文献选编》第 4 册，中央文献出版社，2011，第 125 页。

经济部分要素的形式。

一 农村互助合作组织的生产经营

土地改革后，农民获得了农村土地的所有权。为更好地开展农业生产，农民自发在生产资料和劳动力等方面开展了互助活动，部分农民还以土地等入股开展合作活动。这些互助合作活动虽然并未在农村集体所有制的框架下进行，但其中包含的集体劳动和集体生产等因素，能够体现集体经济的部分特征，创造了农村集体经济及其实现形式正式形成的条件。

农村中出现的各类互助合作活动，可以分为季节互助组、常年互助组、初级农业生产合作社三种主要形式。其中，初级社是私有制基础上的劳动人民集体经济组织。[1] 1950 年以来，农民参加互助合作组织的数量持续增加。1955 年，参加三种互助合作组织的农户占全部农户的比重已经达到 64.9%（见表 3-1）。三种形式的共同点为：在生产资料所有制上，都是以农民土地私有制为前提的；在互助合作原则上，都是本着农民自愿、互利的原则进行的；在生产经营规模上，都是以小规模生产为主的。如表 3-2 所示，每个互助组、初级农业生产合作社的农户规模分别在 11 户、27 户以下。三种形式的区别在于：在组织特征上，三种组织形式的互助合作时长从短到长依次为季节互助组、常年互助组、初级农业生产合作社；在互助合作层级上，三种组织形式的互助合作层次从低到高的排序与组织特征的排序相同；在生产经营方式上，季节和常年互助组分别为农民的劳动互助、农民在农业及副业生产上的互助，初级农业生产合作社则转向了农民之间的生产合作，且重视劳动分工，并在此基础上开展统一经营活动。

表 3-1 1950—1955 年参加互助合作组织的农户占总农户的比重

单位：%

互助合作组织	1950 年	1951 年	1952 年	1953 年	1954 年	1955 年
季节互助组	10.9	17.5	29.8	27.8	32.2	23.1
常年互助组			10.1	11.5	26.2	27.6

---

[1] 武力主编《中华人民共和国经济史》1949~1999 上册，中国经济出版社，1999，第 273 页。

续表

互助合作组织	1950 年	1951 年	1952 年	1953 年	1954 年	1955 年
初级农业生产合作社	0.0002	0.0015	0.1	0.2	2.0	14.2
合计	10.9002	17.5015	40.0	39.5	60.4	64.9

资料来源：史敬棠等编《中国农业合作化运动史料》下册，三联书店，1959，第 1000 ~ 1013 页。笔者整理而得。

表 3 - 2　1950—1955 年农业生产互助组织每组/社平均户数

单位：户

互助合作组织	1950 年	1951 年	1952 年	1953 年	1954 年	1955 年
季节互助组	4.2	4.5	5.4	5.7	6.2	6.9
常年互助组			6.5	7.3	8.1	10.4
初级农业生产合作社	10.4	12.3	15.7	18.1	20.0	26.7

资料来源：史敬棠等编《中国农业合作化运动史料》下册，三联书店，1959，第 1006 ~ 1011 页；国家统计局农业统计司编《农业合作化和 1955 年农业生产合作社收益分配的统计资料》，统计出版社，1957，第 10 页。笔者整理而得。

二　对农村互助合作组织生产经营的评价

各种形式的互助合作活动，在很大程度上促进了当时农村经济的发展。一方面，有效促进了农业生产。通过劳动力和土地等方面的互助合作，破解了农业中劳动力、土地、农具、牲口等缺乏的困境，调动了农民的生产积极性，有效解决了农业生产难题。以初级农业生产合作社为例，一般建社的第一年，其平均亩产即能比当地的互助组增加 10% 以上。[1] 另一方面，创造了农村集体经济发展的条件。首先，在生产资料所有制上，为向土地集体所有制过渡准备了条件。1953 年，邓子恢在谈及当时农村工作的基本任务和方针政策时，重申了毛泽东思想，指出经过互助合作逐步改造土地私有制，"逐步地代之以农民自愿的土地集体所有制"[2]。

---

[1]　武力主编《中华人民共和国经济史》1949 ~ 1999 上册，中国经济出版社，1999，第 271 页。

[2]　中共中央文献研究室编《建国以来重要文献选编》第 4 册，中央文献出版社，2011，第 245 页。

1955 年发布的《农业生产合作社示范章程草案》中指出，"初级阶段的合作社属于半社会主义的性质"，明确"合作社已经有一部分公有的生产资料"。① 其次，在生产经营方式上，为向农村集体经济过渡准备了方案。在互助合作的发展过程中，摸索出了一套集体经济的经营管理办法和制度。② 最后，在发展方向上，为向农村集体经济过渡准备了路径。1951 年，中共中央在批判对待互助合作的错误倾向时，指出互助合作是逐步走向集体经济的道路，强调其"是走向社会主义的过渡的形式"③。

第二节　农村集体经济实现形式的形成

1956—1978 年，是我国社会主义计划经济发展时期。1956 年，我国基本完成了对农业在生产资料私有制方面的社会主义改造，"一亿二千万农户和五百多万个手工业者的个体经济已经变为集体经济"④。至此，我国农村集体经济正式形成，高级农业生产合作社统一经营型实现形式和人民公社集中经营型实现形式相继产生并加快发展。

一　高级农业生产合作社统一经营型实现形式

生产资料是否归农民集体所有，是高级农业生产合作社与之前的农业组织形式的基本区别。对于集体所有制，早在 1954 年的《宪法》中就明确指出，我国的生产资料所有制包括"合作社所有制，即劳动群众集体所有制"⑤。在当时的农村，进行农业生产必备的生产资料主要包括土地、耕畜和农具。对于这些生产资料，1956 年印发的《高级农业生产合

---

① 中共中央文献研究室编《建国以来重要文献选编》第 7 册，中央文献出版社，2011，第 304 页。
② 中共中央文献研究室编《建国以来重要文献选编》第 4 册，中央文献出版社，2011，第 127 页。
③ 中共中央文献研究室编《建国以来重要文献选编》第 2 册，中央文献出版社，2011，第 455 页。
④ 中共中央文献研究室编《建国以来重要文献选编》第 10 册，中央文献出版社，2011，第 266 页。
⑤ 中共中央文献研究室编《建国以来重要文献选编》第 5 册，中央文献出版社，2011，第 451 页。

作社示范章程》中强调，"按照社会主义的原则，把社员私有的主要生产资料转为合作社集体所有"①。其中，土地、耕畜和农具分别通过取消劳动报酬、作价入股的方式实现集体所有。实行生产资料集体所有制的高级农业生产合作社，则是最早的社会主义集体经济组织。

随着生产资料集体所有制的确立，高级农业生产合作社发展较快。如图 3 - 1 所示，1956 年底，其在全国的总数达到 540 个，比 1 月底增长 297%；占农业生产合作社的比重达到 71.4%，比 1 月底提升 62.5%。这一时期农村集体经济实现形式可以概括为高级农业生产合作社统一经营型实现形式。这种实现形式的特点为：在组织形式上，高级农业生产合作社作为农业生产和劳动活动的合作组织，下设生产队和副业组等管理农业、副业生产的基本单位；在经营方式上，由高级农业生产合作社统一开展农业经营活动；在分配方式上，实行按劳分配、同工同酬。这种实现形式，仍然坚持自愿互利原则，不仅有利于集中使用农业生产资料，推行农业机械化和电气化等现代农业生产方式；而且有利于农民形成长期稳定的集体生产方式，获得有保障的劳动收入。如表 3 - 3 所示，1956 年底，参加高级农业生产合作社的农户占全部农户的比重已经达到 87.8%。1957 年，国家在发布的农业发展纲要中指出，"我国的农业合作化已经在一九五七年基本完成"②。对于高级农业生产合作社的规模，党和国家最初坚持以小规模为主。1956 年 9 月，在推进合作社建设中，中央认为合作社规模的大小，应该适合当前的管理水平。③ 1956 年底，全国平均每个高级农业生产合作社的农户规模为 199 户。④ 1957 年对农业合作社生产管理工作的指示中强调，"大社、大队一般是不适合于当前生产条件的"⑤。但伴

---

① 中共中央文献研究室编《建国以来重要文献选编》第 8 册，中央文献出版社，2011，第 346 页。
② 中共中央文献研究室编《建国以来重要文献选编》第 10 册，中央文献出版社，2011，第 562 页。
③ 中共中央文献研究室编《建国以来重要文献选编》第 9 册，中央文献出版社，2011，第 16 页。
④ 国家统计局农业统计司编《农业合作化和 1955 年农业生产合作社收益分配的统计资料》，统计出版社，1957，第 13 页。
⑤ 中共中央文献研究室编《建国以来重要文献选编》第 10 册，中央文献出版社，2011，第 494 页。

随农业生产的发展，党和国家调整了之前的发展思路，开始转向发展大规模的合作社。1958 年发布的相关政策中明确提出，"把小型的农业合作社有计划地适当地合并为大型的合作社"①。这就为以大规模生产为特征的人民公社的发展创造了条件。

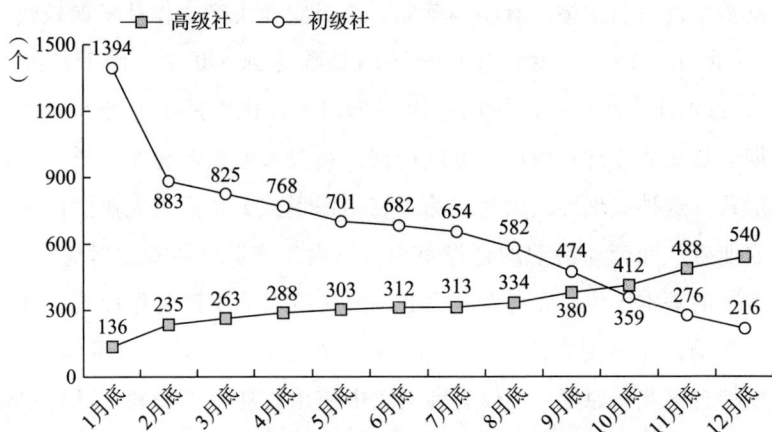

图 3-1　1956 年农业生产合作社发展情况

资料来源：史敬棠等编《中国农业合作化运动史料》下册，三联书店，1959，第 990~991 页。笔者整理而得。

表 3-3　1956 年参加农业生产合作社的农户占全部农户的比重

单位：%

合作组织	1 月底	2 月底	3 月底	4 月底	5 月底	6 月底	7 月底	8 月底	9 月底	10 月底	11 月底	12 月底
高级社	30.7	51.0	54.9	58.2	61.9	63.2	63.4	66.1	72.7	78.0	83.0	87.8
初级社	49.6	36.0	34.0	32.1	29.3	28.7	29.0	26.8	21.8	17.6	13.1	8.5

资料来源：史敬棠等编《中国农业合作化运动史料》下册，三联书店，1959，第 991 页。笔者整理而得。

二　人民公社集中经营型实现形式

伴随农村集体化程度的提高，大规模的人民公社开始产生。到 1958 年

---

① 中共中央文献研究室编《建国以来重要文献选编》第 11 册，中央文献出版社，2011，第 181 页。

底，参加人民公社的农户占全部农户的比重已经达到99.1%（见表3-4）。这一时期农村集体经济实现形式可以概括为人民公社集中经营型实现形式。这种实现形式与高级农业生产合作社统一经营型实现形式，是存在联系与区别的。两种实现形式都是计划经济体制下农村集体经济的实现形式，二者的联系在于：都是以生产资料集体所有制为前提的，都坚持农民自愿互利等原则，且都以提高农业生产力和促进农民共同富裕为发展目的。

表3-4 1956—1958年农业集体化程度

单位：%

指标	1956年	1957年	1958年底
农业生产互助组	0.9	—	—
农业生产合作社	96.3	97.5	—
人民公社	—	—	99.1
农业集体化程度	97.2	97.5	99.1

注：集体化程度是指参加各种农业生产互助合作组织的农户占总农户的比重。

资料来源：《当代中国的农业合作制》编辑委员会编《当代中国的农业合作制》上，当代中国出版社、香港祖国出版社，2009，第5页。笔者整理而得。

人民公社集中经营型实现形式与高级农业生产合作社统一经营型实现形式的区别，主要表现在六个方面（见表3-5）。一是在生产资料所有制上，人民公社集中经营型实现形式的集体所有制是在主要生产资料归集体所有的基础上，将农民自留地等残余的私有生产资料收归公社，并实行人民公社、生产大队和生产队三级集体所有制。这一所有制是在不断调整中定型的。1958年，党和国家在人民公社最初发展时，认为"在目前还是以采用集体所有制为好"[1]，但之后应将"农业中的集体所有制逐步过渡到全民所有制"[2]。1960年，党和国家根据人民公社的发展情况，提出从1961年开始，"不再新办基本社有制和全民所有制的试点"[3]。1961

---

[1] 中共中央文献研究室编《建国以来重要文献选编》第11册，中央文献出版社，2011，第387页。

[2] 中共中央文献研究室编《建国以来重要文献选编》第11册，中央文献出版社，2011，第521页。

[3] 中共中央文献研究室编《建国以来重要文献选编》第13册，中央文献出版社，2011，第583页。

年，党和国家明确了"以生产大队的集体所有制为基础"①。1962年，党和国家将集体所有制的基础调整为生产队，指出"实行以生产队为基础的三级集体所有制"②，并强调这种制度是长期的。至此，三级集体所有制成了农村人民公社发展中长期不变的一种制度。二是在组织形式上，与高级农业生产合作社等单纯的经济组织不同，人民公社不仅是农村集体经济组织，而且是"政社合一"的基层政权组织。其实行民主集中制，统筹安排农村的经济、政治和社会等各项活动。三是在经营方式上，人民公社集中经营型实现形式是在人民公社的领导下，下设生产大队和生产队各司其职开展生产经营活动。在这一实现形式发展中，农村生产经营活动的基本核算单位在发生着变化。在发展之初，大部分地区生产经营管理的基本核算单位是生产大队。组织农村生产活动的是生产队，负责分配活动的是生产大队。1962年，党中央将基本核算单位调整为生产队，使其同时具有生产管理权和分配决定权，从而"生产和分配也就统一起来"③，更有利于改善集体经济的经营管理。1967年昔阳县普遍实行大寨大队以大队为核算单位的做法，并将此作为"学大寨"的一项重要内容向全国推广。④ 但从整体上看，全国大部分地区仍然以生产队作为生产、交换、分配、财务管理等活动的基本核算单位。如表3-6所示，1962年，实行这种基本核算单位的组织占全部公社的比重为99.4%，将生产大队作为基本核算单位的仅占0.5%；到1978年，将生产队和生产大队作为基本核算单位的组织分别占98.6%、1.4%。四是在分配方式上，人民公社集中经营型实现形式仍然实行按劳分配，并将工资制与供给制结合起来。同时，集体经济的收入中，提留部分来创办公共食堂等集体福利事业。⑤ 1961年，

---

① 中共中央文献研究室编《建国以来重要文献选编》第14册，中央文献出版社，2011，第335页。

② 中共中央文献研究室编《建国以来重要文献选编》第15册，中央文献出版社，2011，第151页。

③ 中共中央文献研究室编《建国以来重要文献选编》第15册，中央文献出版社，2011，第148页。

④ 武力主编《中华人民共和国经济史》1949～1999上册，中国经济出版社，1999，第698页。

⑤ 中共中央文献研究室编《建国以来重要文献选编》第11册，中央文献出版社，2011，第521页。

党和国家提出办不办食堂由社员决定。[1] 之后，公共食堂逐步消失，但提留公益金发展集体福利事业的传统得以延续。五是在组织规模上，人民公社集中经营型实现形式的组织规模相对较大。如表3-7所示，1958年平均每个公社有农户5443户，是1956年高级合作社规模的27.4倍；到1978年，人民公社的规模仍然较大，平均每个公社的农户数为3287户。六是在产业发展上，人民公社集中经营型实现形式不仅发展农业，而且发展范围相对较广，包括农林牧副渔五业和工业、商业、运输业。[2]尤其是20世纪70年代，为农业生产服务的社办企业发展较为迅速。1965—1976年，全国社办工业产值由5.3亿元增长到123.9亿元。[3] 社办企业不仅为农业现代化供应了现代机械等设备，而且拓展了农村集体经济的发展范围，提供了农村第二、第三产业发展的良好条件。

表3-5　1956—1978年两种典型的农村集体经济实现形式

实现形式	生产资料所有制	组织形式	经营方式	分配方式	产业发展
高级农业生产合作社统一经营型	合作社集体所有	合作社组织经济活动	合作社统一经营	按劳分配，同工同酬	农业
人民公社集中经营型	人民公社、生产大队、生产队三级所有	人民公社组织经济、政治活动	基本核算单位集中经营	按劳分配，工资制与供给制相结合	农林牧副渔业、工业、商业、运输业

资料来源：笔者自制。

表3-6　1962—1978年人民公社集中经营型实现形式基本核算单位

指标	1962年	1963年	1973年	1976年	1978年
公社核算（个）	200	100	74	51	61
生产大队核算（万个）	2.9	1.6	4.4	4.8	6.7
生产队核算（万个）	546.7	556.8	467.2	470.8	462.8
合计（万个）	549.8	558.5	471.6	475.6	469.5

资料来源：农牧渔业部计划司：《农业经济资料（1949—1983）》，农业出版社，1983，第81页。笔者整理而得。

---

[1] 中共中央文献研究室编《建国以来重要文献选编》第14册，中央文献出版社，2011，第348页。

[2] 中共中央文献研究室编《建国以来重要文献选编》第13册，中央文献出版社，2011，第376页。

[3] 武力主编《中华人民共和国经济史》1949~1999上册，中国经济出版社，1999，第704页。

表 3 – 7　1958—1978 年人民公社组织规模

单位：户

指标	1958 年	1960 年	1962 年	1970 年	1976 年	1978 年
平均每个公社	5443	5207	1793	2948	3191	3287
平均每个生产大队	—	273	44	236	247	251
平均每个生产队	—	24	24	33	35	36

资料来源：农牧渔业部计划司：《农业经济资料（1949—1983）》，农业出版社，1983，第 82～83 页。笔者整理而得。

三　对两种典型实现形式的评价

1956—1978 年，农村集体经济的典型实现形式主要表现为高级农业生产合作社统一经营型和人民公社集中经营型两种实现形式。这两种实现形式的发展，对当时农业、农村、农民的发展产生了深刻的影响。本书将分别从农业、农村、农民三个方面评价农村集体经济实现形式。

（一）对农业发展的影响

农村集体经济实现形式，对当时农业发展的影响是显著的。学者们就当时农村集体经济对农业发展的影响，进行了评价。如林毅夫运用博弈论等分析方法，指出 1958 年秋集体化从自愿性向强制性的转化，是 1956—1961 年农业危机的主要原因。[1] 杨德才分阶段研究了这一时期农业经营绩效的前后差别，指出 1962—1965 年农业有所发展，但 1965 年后经营绩效下降。[2] 罗必良等选取湖北广济余川公社的数据，通过计量分析得出人民公社效率较低的结论。[3] 本书在学者研究的基础上，选取 1956—1978 年的国家统计数据，从农业生产和农业现代化两个方面分析农村集体经济实现形式对农业发展的影响。

---

[1]　林毅夫：《制度、技术与中国农业发展》，格致出版社、上海三联书店、上海人民出版社，2014，第 17 页。

[2]　洪银兴等：《新中国经济史论》，经济科学出版社，2019，第 138～139 页。

[3]　罗必良等：《中国农业经营制度：理论框架、变迁逻辑及案例解读》，中国农业出版社，2014，第 97～103 页。

1. 对农业生产的影响

农村集体经济及其实现形式的产生和形成，直接目的是更好地开展农业生产经营活动。从总量上看，在高级农业生产合作社统一经营型和人民公社集中经营型两种实现形式发展期间，农业总产值总体上是保持增长的。需要说明的是，当时农村集体经济是农业发展中的主要经济形式，故用农业的宏观统计数据来分析两种实现形式的具体影响。如图3－2所示，1956—1978年农业总产值年均增长4.6%。除1957年、1959年、1960年外，其余年份全国农业总产值均稳步增长。而1957年和1959年是20世纪50年代受灾较严重的年份，农业受灾面积分别为43723万亩、62198万亩；1960年是20世纪60年代受灾最严重的年份，农业受灾面积达80347万亩。[①] 可以看出，尽管受自然灾害等因素的影响，两种集体经济实现形式仍然在绝大部分年份促进了农业生产。

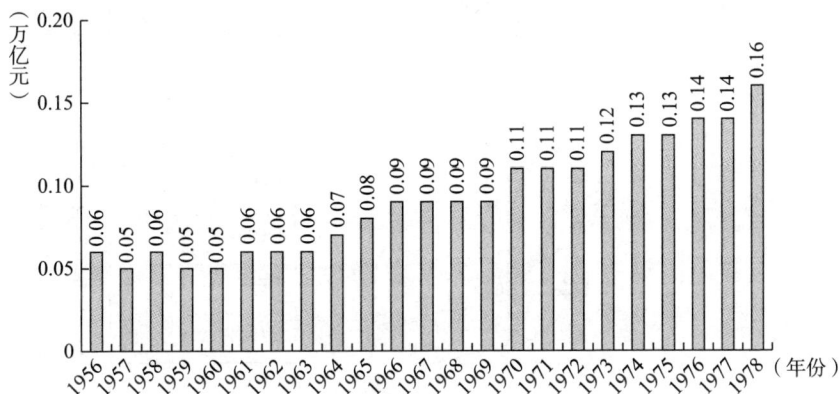

图3－2　1956—1978年农业总产值

　　注：农业总产值按当年价格计算。

　　资料来源：农牧渔业部计划司：《农业经济资料（1949—1983）》，农业出版社，1983，第81页。笔者整理而得。

从效率上看，根据1956—1978年的统计数据测算，如图3－3所示，实行两种实现形式期间，大部分年份农业劳动生产率[②]和粮食的土地产

---

① 农牧渔业部计划司：《农业经济资料（1949—1983）》，农业出版社，1983，第216页。

② 农业劳动生产率测算方法为农业总产值/农业劳动力。

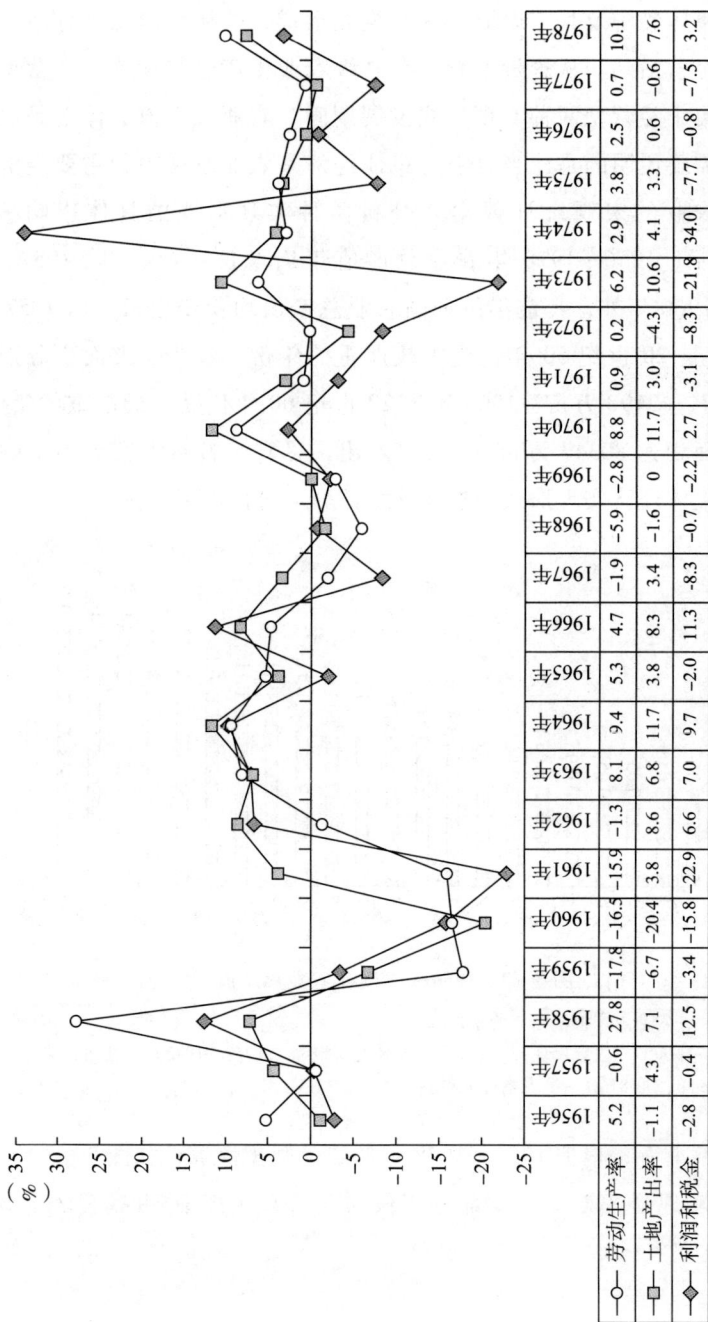

图 3 - 3 1956—1978年农业劳动生产率、土地产出率、利润和税金增速

	1956年	1957年	1958年	1959年	1960年	1961年	1962年	1963年	1964年	1965年	1966年	1967年	1968年	1969年	1970年	1971年	1972年	1973年	1974年	1975年	1976年	1977年	1978年
劳动生产率	5.2	-0.6	27.8	-17.8	-16.5	-15.9	-1.3	8.1	9.4	5.3	4.7	-1.9	-5.9	-2.8	8.8	0.9	0.2	6.2	2.9	3.8	2.5	0.7	10.1
土地产出率	-1.1	4.3	7.1	-6.7	-20.4	3.8	8.6	6.8	11.7	3.8	8.3	3.4	-1.6	0	11.7	3.0	-4.3	10.6	4.1	3.3	0.6	-0.6	7.6
利润和税金	-2.8	-0.4	12.5	-3.4	-15.8	-22.9	6.6	7.0	9.7	-2.0	11.3	-8.3	-0.7	-2.2	2.7	-3.1	-8.3	-21.8	34.0	-7.7	-0.8	-7.5	3.2

资料来源：农牧渔业部计划司：《农业经济资料（1949—1983）》，农业出版社，1983，第107～108、146～148页。笔者计算而得。

出率①的增速为正数，说明农村集体经济实现形式在一定程度上促进了农业劳动生产率和土地产出率的提升；但是，绝大部分年份农业利润和税金的增速为负数，说明农村集体经济实现形式在促进农业利润增加等方面的作用是不显著的。

2. 对农业现代化的影响

在农村集体经济及其实现形式发展中，采取了现代农业生产方式，提升了农业现代化水平。特别是在兴修农田水利、推广化肥、农药、农电、机械化等现代技术等方面，取得了很大成就。② 根据党和国家的文献，当时的农业现代化主要包括农业机械化、化肥化、水利化和电气化。③ 如表 3 - 8 所示，1955—1978 年全国农业现代化水平逐年提升。其中，1978 年农业机耕面积占耕地面积的比重比 1955 年提高 40.5 个百分点，每亩耕地平均化肥施用量是 1955 年的 39 倍，表明农村集体经济实现形式在提高农业机械化和化肥化水平方面发挥了积极作用。1978 年农业有效灌溉面积占耕地面积的比重比 1957 年提高 21.8 个百分点，每亩耕地平均用电量是 1957 年的 212.5 倍，表明农村集体经济实现形式在提高农业水利化和电气化水平方面发挥了正向作用。

表 3 - 8　1955—1978 年农业现代化水平

指标	1955年	1956年	1957年	1962年	1970年	1971年	1972年	1973年	1974年	1975年	1976年	1977年	1978年
机械化水平（%）	0.4	1.4	2.4	8.1	18.0	20.6	21.8	26.4	28.5	33.3	35.1	38.7	40.9
化肥化水平（斤）	1.5	1.9	2.1	4.0	20.9	24.0	27.7	34.0	32.1	35.3	38.7	42.9	58.6
水利化水平（%）	—	—	23.4	29.7	35.6	36.2	37.8	39.1	41.3	43.4	45.3	45.3	45.2

---

① 粮食的土地产出率测算方法为粮食产量/种植面积。

② 《当代中国的农业合作制》编辑室编《当代中国典型农业合作社史选编》上册，中国农业出版社，2002，第 7 页。

③ 1962 年发布的《中共中央关于进一步巩固人民公社集体经济、发展农业生产的决定》中重申了毛泽东同志的观点，即"农业的日益现代化，为农业服务的机械、肥料、水利建设、电力建设、运输建设、民用燃料、民用建筑材料等等的日益增多"，提出"尽自己最大的力量来为农业提供当地当时适用的各种机械、化肥、农药、建筑材料、燃料、动力、运输工具等等生产资料"，参见中共中央文献研究室编《建国以来重要文献选编》第 15 册，中央文献出版社，2011，第 512～513 页。

指标	1955年	1956年	1957年	1962年	1970年	1971年	1972年	1973年	1974年	1975年	1976年	1977年	1978年
电气化水平（度）	—	—	0.08	1.1	6.3	6.9	8.8	9.3	10.4	12.2	13.7	14.9	17.0

注：农业机械化水平用机耕面积占耕地面积的比重（％）表示，农业化肥化水平用每亩耕地平均化肥施用量（斤）表示，农业水利化水平用有效灌溉面积占耕地面积的比重（％）表示，农业电气化水平用每亩耕地平均用电量（度）表示。

资料来源：农牧渔业部计划司：《农业经济资料（1949—1983）》，农业出版社，1983，第290～294页。笔者计算而得。

（二）对农村发展的影响

采取高级农业生产合作社统一经营型和人民公社集中经营型两种实现形式，不仅是为了促进农村经济的发展，而且是为了发展农村公益和社会事业。1956年发布的《高级农业生产合作社示范章》中指出："农业生产合作社应该从每年的收入当中留出一定数量的公积金和公益金。……公益金用来发展合作社的文化、福利事业，不能挪作他用。"[①]这些公益金便于解决孤寡老弱的生活问题；随着生产的发展，公益金的增加，也有可能逐步实行"五保"，使生养死葬都有所靠。[②] 1958年发布的《关于人民公社若干问题的决议》中提到使收入中用于社员福利的部分"逐年有所增加"[③]。1958年，人民公社集体公益金为6.2亿元；1978年，集体公益金达到18.12亿元，是1958年的2.9倍。[④] 通过发展集体经济及其实现形式，所获得的部分收入，用于发展集体福利事业，这对农村的发展影响深远。

由于集体福利事业的宏观数据难以获取，本书选取了典型农村集体经济组织及其社员的福利情况进行说明。在两种实现形式发展中，一方

---

① 中共中央文献研究室编《建国以来重要文献选编》第8册，中央文献出版社，2011，第352页。

② 史敬棠等编《中国农业合作化运动史料》下册，三联书店，1959，第981页。

③ 中共中央文献研究室编《建国以来重要文献选编》第11册，中央文献出版社，2011，第531页。

④ 农牧渔业部计划司：《农业经济资料（1949—1983）》，农业出版社，1983，第511页。笔者计算而得。

面，农村社会事业加快发展，社员福利水平不断提升。如在河南刘庄合作社的集体福利中，社员幼儿入托、九年制上学等一律免费。[①] 浙江省观城区高级社早在 1955 年就积累了占集体总收入 12% 的公积金和公益金，部分社还举办了托儿所和幼儿班。[②] 山西省大寨实行五免费，1968—1978 年，办了合作医疗，办了托儿所、幼儿园，幼、托入园免费；成立了中学，一年级至九年级的学生上学免费；安了自来水，社员用水免费；建立了文化场所，社员看戏、看电影免费。[③] 另一方面，公共食堂等集体生活方式不利于农村生活水平的有效提升。食堂"吃饭不要钱"，农民的积极性受到影响。[④] 以四川红光农业合作社为例，转入人民公社后，在全管理区建了 8 个公共食堂，社员口粮全部拨到食堂，平均每个食堂有 504 人进餐，部分社员不爱惜生产和生活资料。[⑤] 实践证明，公共食堂难以适应农村生活的需要。1961 年，根据国家的政策，红光在端午节将全管区 8 个公共食堂全部解散，把社员口粮分配到户，让社员自由安排生活。[⑥] 解散公共食堂后，社员生活自主性得到保障，生产积极性也得到了提高。

（三）对农民发展的影响

农村集体经济及其实现形式的发展，直接影响着农民收入和生活水平。从农民收入来看，其大部分收入是从集体中获得的。如表 3 - 9 所示，根据典型农户的抽样调查数据，1956—1978 年农民从集体得到的收入占农民总收入的比重均是各项收入中最高的，占比均保持在

[①] 《当代中国的农业合作制》编辑室编《当代中国典型农业合作社史选编》下册，中国农业出版社，2002，第 782 页。

[②] 《当代中国的农业合作制》编辑室编《当代中国典型农业合作社史选编》下册，中国农业出版社，2002，第 919 ~ 920 页。

[③] 《当代中国的农业合作制》编辑室编《当代中国典型农业合作社史选编》上册，中国农业出版社，2002，第 264 页。

[④] 《当代中国的农业合作制》编辑委员会编《当代中国的农业合作制》上，当代中国出版社、香港祖国出版社，2009，第 543 页。

[⑤] 《当代中国的农业合作制》编辑室编《当代中国典型农业合作社史选编》下册，中国农业出版社，2002，第 988 ~ 990 页。

[⑥] 《当代中国的农业合作制》编辑室编《当代中国典型农业合作社史选编》下册，中国农业出版社，2002，第 991 页。

46%以上，最高的年份（1976 年）达到了 60.6%。从农村集体经济组织收益分配来看，其大部分收益都是分配给社员的。如表 3 – 10 所示，以人民公社集中经营型实现形式为例，在比重上，1958—1978 年人民公社分配给社员的收入占总收入的比重均保持在 50%以上。在增速上，分配给社员的收入总体上保持增长。除 1959 年、1975 年及部分数据缺失年份外，实行人民公社集中经营型实现形式所分配给社员的收入均为正增长。说明发展农村集体经济及其实现形式的增收效应是较为明显的。

表 3 – 9　1956—1978 年典型农户收入来源情况

单位：%

指标	1956年	1957年	1962年	1963年	1964年	1965年	1976年	1977年	1978年
从集体得到的收入占比	53.9	49.6	46.9	48.6	48.8	53.9	60.6	57.0	58.3
家庭副业生产的收入占比	33.8	41.2	45.4	41.6	41.0	37.0	32.8	36.8	35.6
其他收入占比	12.4	9.2	7.8	9.9	10.2	9.2	6.9	6.2	6.1

资料来源：农牧渔业部计划司：《农业经济资料（1949—1983）》，农业出版社，1983，第 522 页。笔者整理而得。

表 3 – 10　1958—1978 年人民公社收益情况

指标	1958年	1959年	1960年	1961年	1962年	1963年	1964年	1965年	1971年	1972年	1973年	1974年	1975年	1976年	1977年	1978年
分给社员（亿元）	214.5	194.7	208.8	247.8	248.6	256.1	269.3	304.6	435.6	437.7	473.4	487.4	475.9	478.9	501.8	582.4
占比（%）	52.3	50.7	56.7	60.1	58.7	58.1	55.0	57.3	55.9	55.0	54.8	53.6	51.5	50.7	51.4	52.6
比上年增长（%）	1.4	-9.2	7.1	18.8	0.3	3.0	5.2	13.1	9.2	0.5	8.2	3.0	-2.4	4.8	16.0

资料来源：农牧渔业部计划司：《农业经济资料（1949—1983）》，农业出版社，1983，第 511、513、515 页。笔者整理而得。

从农民生活水平来看，发展农村集体经济后农民生活水平是有所提升的。1978 年，农村居民人均可支配收入达 134 元，比 1957 年名义增长

83.1%，年均实际增长 2.3%；人均消费支出达 116 元，比 1957 年名义增长 63.7%，年均实际增长 1.7%。[1] 虽然农民可供支配的实际收入增长率确实很低，但有证据表明农村居民的生活条件有了较大的改善，例如预期寿命有了很大的提高，婴儿死亡率下降很多，入学率和识字率上升。[2] 但是，与城镇居民相比，农民生活水平仍然相对较低。如表 3－11 所示，虽然 1957—1978 年农村居民人均可支配收入和人均消费支出年均增速均快于城镇居民，但是与城镇居民的生活水平差距仍然较大。到 1978 年，城镇居民上述两项指标分别是农村居民的 2.6 倍、2.7 倍。说明发展农村集体经济及其实现形式仍需在提高农民生活水平等方面加以突破。同时，从农民参与农村集体经济的动力来看，人民公社"一大二公"，又长期压抑了农民的积极性。[3] 这些也是人民公社集中经营型实现形式的弊端所在。

表 3－11　1957—1978 年城乡居民生活水平

居民	指标	1978 年（元）	1957—1978 年均实际增长（%）
农村居民	人均可支配收入	134	2.3
	人均消费支出	116	1.7
城镇居民	人均可支配收入	343	0.8
	人均消费支出	311	1.0

资料来源：《辉煌 70 年》编写组编《辉煌 70 年——新中国经济社会发展成就（1949—2019）》，中国统计出版社，2019，第 52 页。笔者整理而得。

第三节　农村集体经济实现形式的突破

1978—1993 年，是我国由社会主义计划经济体制向市场经济体制过渡的时期。这一时期，农民迫切希望获得土地的承包经营权，自发组织

---

[1]　《辉煌 70 年》编写组编《辉煌 70 年——新中国经济社会发展成就（1949—2019）》，中国统计出版社，2019，第 52 页。

[2]　〔美〕D. 盖尔·约翰逊：《经济发展中的农业、农村、农民问题》，林毅夫等编译，商务印书馆，2004，第 7~8 页。

[3]　《江泽民文选》第 2 卷，人民出版社，2006，第 211 页。

形成了包工到组、包产到户、包干到户等农业生产责任制。党和国家关于家庭联产承包责任制的政策也经历了从不支持不允许到鼓励支持、充分肯定的转变。① 这一过程中，农村土地等生产资料由单纯的集体所有逐步转变为集体所有、家庭承包经营，农村经营体制由高度集中经营逐步转变为以家庭承包经营为基础、统分结合的双层经营体制。其中，"统"代表着农村集体经济的新发展。与此同时，农村集体经济"统"的实现形式也发生了突破，即从人民公社集中经营型逐步转变为农村集体经济组织统一经营型和乡村集体企业承包经营型等实现形式。

一 农村集体经济组织统一经营型实现形式

人民公社集中经营型实现形式，在一定程度上抑制了农民的生产积极性。针对人民公社政社不分等突出问题，党和国家在1982年《宪法》中明确要设立"乡、民族乡、镇的人民政府"，确定了村民委员会的性质。② 上述两类组织是政治组织，在经济组织层面，《宪法》中提出建立城乡集体经济组织，明确其"有独立进行经济活动的自主权"③。1984年，农村政社分开的乡（镇）已经达到99.7%，改为经济组织的人民公社已经接近1/3（见表3-12）。至此，农村集体经济中的政治组织和经济组织开始分开发展，人民公社集中经营型实现形式转变为农村集体经济组织统一经营型实现形式。需要说明的是，农村集体经济组织仍然坚持土地等生产资料集体所有，但其在各地的发展情况是有所差别的。农村集体经济组织的具体范围，可以在乡、村、组三级分别设置。

---

① 1979年4月，中共中央批转国家农委党组《关于农村工作问题座谈会纪要》，指出"除特殊情况经县委批准者以外，都不许包产到户"，参见中央财经领导小组办公室编《中国经济发展五十年大事记》（1949.10—1999.10），人民出版社，1999，第308页；1983年发布的《当前农村经济政策的若干问题》中指出，"联产承包制采取了统一经营与分散经营相结合的原则，使集体优越性和个人积极性同时得到发挥"，参见《中共中央国务院关于"三农"工作的一号文件汇编（1982—2014）》，人民出版社，2014，第20页。

② 《中华人民共和国宪法》（最新修正版），法律出版社，2018，第51页。

③ 《中华人民共和国宪法》（最新修正版），法律出版社，2018，第15页。

表 3 – 12　1984 年农村基层组织发展情况

指标	农村乡（社）	政社已经分开的乡（镇）	其中已改为经济组织的人民公社	政社尚未分开的人民公社
数量（个）	91420	91171	28218	249
占比（%）	100	99.7	30.9	0.3

资料来源：中国农业年鉴编辑委员会编《中国农业年鉴1985》，农业出版社，1985，第120页。笔者计算而得。

　　农村集体经济组织统一经营型实现形式，是改革开放以来农村集体经济新的实现形式。这种"新"，主要体现在三个方面。一是在组织形式和结构上，农村集体经济组织替代了人民公社，负责组织和管理农村集体经济事务。农村集体经济组织的名称在发展中逐步统一，其中在村、组一级叫经济合作社，在乡一级叫经济联合社。[①] 农村集体经济组织的管理可由专人负责；但在有些村是管理人员与村民委员会干部交叉任职，实行一套班子两个牌子。[②] 农村集体经济组织的制度包括农村资源管理、资产管理、财务管理等，且制度是处于持续健全中的。二是在经营方式和范围上，农村集体经济组织统一经营，除承担发包土地的职能外，侧重于为农业生产经营服务。从服务目的来说，农村集体经济组织主要解决一家一户办不了、办不好、办起来不合算的事。[③] 从服务内容来说，农村集体经济组织主要承担土地等集体资源开发和资产管理职能，并为农户提供机耕、排灌等生产服务，以及农产品销售、运输等经营服务，且大部分服务是有偿的。从服务环节来说，主要向各个相对独立的经营实体提供产前产后和生产过程中的各项服务。[④] 开展统一服务的村在全国占据多数。三是在集体提留和积累上，农村集体经济组织

[①] 中共中央文献研究室编《十三大以来重要文献选编》中，中央文献出版社，2011，第552页。

[②] 中共中央文献研究室编《十三大以来重要文献选编》中，中央文献出版社，2011，第552页。

[③] 中共中央文献研究室编《十三大以来重要文献选编》下，中央文献出版社，2011，第283页。

[④] 张云千：《积极发展和完善新型的农村合作制》，《农业经济问题》1985年第5期，第8~10、13页。

从统一经营和服务项目中获得收益,并用于发展农村福利事业。这些收益主要来自土地承包金,其他集体资产的经营管理和发展服务事业收取的服务费等。[①] 此外,农村集体经济组织还可以从兴办企业中获得收入,这将在乡村集体企业承包经营型实现形式中详细说明。

二 乡村集体企业承包经营型实现形式

20 世纪 80 年代以来,社队企业发展迅速,已成为农村经济中的重要力量。为促进各类主体兴办企业,1984 年,《关于开创社队企业新局面的报告》获得党中央同意,社队企业正式改名为乡镇企业。[②] 乡镇企业可由多种主体[③]主办,其中,乡(含镇)办、村(含村民小组)办的乡镇企业统称为乡村集体企业,其财产归农民集体所有,并且提取部分收益和承包金用于农村公共积累和发展社会事业,故乡村集体企业承包经营型实现形式属于这一时期农村集体经济的典型实现形式。如表 3-13 所示,1984—1992 年,乡办集体企业保持在 38 万个以上,村办企业数量变动相对较大,但均保持在 106 万个以上,发展较为突出。

表 3-13 1984—1992 年乡村集体企业发展情况

单位:万个

指标	1984 年	1985 年	1986 年	1987 年	1988 年	1989 年	1990 年	1991 年	1992 年
乡办	40.2	42.0	42.6	42.0	42.4	40.6	38.8	38.2	39.7
村办	146.2	143.0	130.2	116.3	116.7	113.0	106.6	106.0	113.1
合计	186.3	185.0	172.8	158.3	159.0	153.6	145.4	144.2	152.7

资料来源:中国乡镇企业年鉴辑委员会编《中国乡镇企业年鉴 1993》,中国农业出版社,1993,第 145 页。笔者整理而得。

乡村集体企业承包经营型实现形式,与农村集体经济组织统一经营

---

① 中共中央文献研究室编《十三大以来重要文献选编》下,中央文献出版社,2011,第284 页。

② 中共中央文献研究室编《十二大以来重要文献选编》上,中央文献出版社,2011,第375 页。

③ 如个体、私营等,均可以主办乡镇企业,参见中共中央文献研究室编《十三大以来重要文献选编》下,中央文献出版社,2011,第 461 页。

型实现形式，共同点在于都是由乡、村等集体经济组织举办的，不同之处在于四个方面。一是在组织形式上，乡村集体企业承包经营型实现形式由乡（含镇）、村（含村民小组）举办的集体企业组织生产经营活动，由厂长（经理）担任法定代表人。企业在经营决策、产品销售、资金投放、留用资金支配、财务处置、招工用工、机构设置、人事管理等方面，有比较充分的自主权。[1] 二是在经营方式上，企业法人和农村集体经济组织签订承包合同，实行承包经营责任制。乡村集体企业独立核算、自负盈亏，承包经营机制较为灵活。与此同时，承包指标持续增加，1987年发布的《把农村改革引向深入》中提出将利润和必要的提留等指标作为承包指标；[2] 1992年初，农业部发布的报告中提出"把企业的产品质量、经济效益、资产增值、企业素质等作为重要的承包考核内容"[3]。三是在分配方式上，实行按劳分配，允许劳动报酬存在差别。职工工资和福利等报酬与企业经济效益和劳动者劳动贡献挂钩，避免了平均主义和不劳而获。四是在产业发展上，乡村集体企业承包经营型实现了突破，经营产业包括农村第一、第二、第三产业。大部分乡村集体企业分布在第二、第三产业，通过发展农副产品加工业，丰富了消费品种类；通过发展农村工业、建筑业和交通运输业等第二产业，充实了工业体系；通过发展商业、饮食业和服务业等第三产业，为居民生活提供了便利。尤其是根据不同地区的发展条件，党和国家于1987年提出了因地制宜的发展思路。其中，在发达地区，发展方向是与城市配套；在发展条件不足的地区，则先发展手工业、开矿业、建材业和土特产品加工业等。[4] 这不仅有利于拓展国内国际市场，促进外向型经济发展；而且有利于挖掘资源等潜力，促进贫困地区发展。这一时期，乡村集体企业承包经营型

---

[1] 陈福桂、李峰红：《充满活力的乡镇企业机制》，载中国乡镇企业年鉴编辑委员会编《中国乡镇企业年鉴1993》，中国农业出版社，1993，第244页。

[2] 中共中央文献研究室编《十二大以来重要文献选编》下，中央文献出版社，2011，第176页。

[3] 中共中央文献研究室编《十三大以来重要文献选编》下，中央文献出版社，2011，第463页。

[4] 中共中央文献研究室编《十二大以来重要文献选编》下，中央文献出版社，2011，第180页。

实现形式发展成效显著，创造了较高的利润。1992 年，乡村两级企业实现利润总额 533.7 亿元，比上年增长 60.2%，为有史以来利润总额增长水平最高的年份。[①]

三　对两种典型实现形式的评价

1978—1993 年，农村集体经济的典型实现形式主要表现为农村集体经济组织统一经营型和乡村集体企业承包经营型两种实现形式。两种实现形式对比如表 3-14 所示。这两种实现形式的发展，对当时农村经济、农村社会和农民的发展的影响是不可忽视的。本书将分别从上述三个方面进行评价。

表 3-14　1978—1993 年两种典型的农村集体经济实现形式

实现形式	生产资料所有制	组织形式	经营方式	分配方式	产业发展
农村集体经济组织统一经营型	土地等生产资料集体所有	农村集体经济组织管理集体经济事务	为农业生产经营服务	从统一经营和服务项目中获得收益	集中在农业
乡村集体企业承包经营型	资产归农民集体所有	乡村集体企业组织生产经营活动	实行承包经营责任制	按劳分配，多劳多得	侧重于农村第二、第三产业

资料来源：笔者自制。

(一)　对农村经济发展的影响

农村集体经济组织统一经营型和乡村集体企业承包经营型实现形式，对于繁荣和发展农村经济起到了积极作用。尤其是在优化农村经济结构和推动农业现代化方面，起到了必不可少的作用。本书将从上述两个方面进行分析。

1. 对农村经济结构的影响

改革开放以来，农村集体经济及其实现形式的发展，突破了计划经

[①]　此处的有史以来，是指 1984 年乡村集体企业发展以来，参见王庆玲《乡村集体企业经济效益创历史最好水平》，载中国乡镇企业年鉴编辑委员会编《中国乡镇企业年鉴1993》，中国农业出版社，1993，第 242 页。

济时期较为单一的农村经济结构，逐步改变了过去 30 多年农村经济就是农业经济的状况。[1]农村集体经济组织统一经营型实现形式，通过统一经营林业、牧业、渔业等，进一步拓展了农业发展的范围，促进了农业资源的优化利用。乡村集体企业承包经营型实现形式，通过发展农业、工业、建筑业、交通运输业、商业和饮食业五大行业，不仅优化了农村经济结构，丰富了农村产业形态；而且增加了农村经济总量，推动了农村经济的加快发展。如表 3 - 15 所示，1985—1991 年乡村集体企业总产值逐年增加，年均增长 25.1% ；占农村社会总产值比重自 1987 年起均超过 1/3，表明了农村集体经济实现形式对农村经济发展的贡献是突出的。

表 3 - 15　1985—1991 年乡村集体企业总产值

指标	1985 年	1986 年	1987 年	1988 年	1989 年	1990 年	1991 年
企业总产值（亿元）	2011.9	2458.7	3237.4	4362.7	5583.2	6253.8	7713.1
增速（%）	—	22.2	31.7	34.8	28.0	12.0	23.3
占农村社会总产值的比重（%）	31.7	33.1	35.6	39.2	38.6	38.6	39.3

注：乡村集体企业总产值这一指标从 1992 年开始并未单独统计，故本书选取的数据年份为 1985—1991 年。

资料来源：笔者根据中国乡镇企业年鉴编辑委员会编《中国乡镇企业年鉴》（1978—1987、1989、1990、1991、1992）整理而得。

需要说明的是，这一时期农村集体经济实现形式对壮大工业体系、推进工业化发挥了积极作用。以乡村集体企业承包经营型实现形式为例，如表 3 - 16 所示，1987 年以来乡村集体企业工业总产值年均增长 30.4% ，高出全国工业总产值年均增速 8.6 个百分点，1989 年起占全国工业总产值的比重逐年增长，1992 年占比已超过 1/4。由此可以看出，乡村集体企业承包经营型实现形式在带动包括农村工业在内的整个工业发展方面的成效是明显的。但是，其在继续发展中碰到了承包制自身难以克服的许多困难，如行为短期化、负盈不负亏、技术管理落后、生产

---

[1]　中共中央文献研究室编《十四大以来重要文献选编》上，中央文献出版社，2011，第 397 页。

规模较小等。①

表 3 – 16   1987—1992 年乡村集体企业工业总产值

指标	1987 年	1988 年	1989 年	1990 年	1991 年	1992 年
乡村集体企业工业总产值（亿元）	2610.2	3438.2	4613.6	5240.2	6528.5	9852.8
全国工业总产值（亿元）	13813.0	18224.0	22017.1	23924.4	28248.0	37065.7
乡村集体企业工业总产值占比（%）	18.9	18.9	21.0	21.9	23.1	26.6

注：乡村集体企业工业总产值这一指标从 1987 年开始统计，故本书选取的数据年份为 1987—1992 年。

资料来源：笔者根据中国乡镇企业年鉴编辑委员会编《中国乡镇企业年鉴》（1978—1987、1989、1990、1991、1992、1993），国家统计局编《中国统计年鉴 1993》计算而得。

2. 对农业现代化的影响

农村集体经济及其实现形式的发展，推动了农业现代化进程。首先，生产了现代农业所需的物质装备。乡村集体企业生产的主要产品，包括铁制农具、木制农具、竹制农具、塑料农具和氮肥、磷肥、钾肥等，是当时开展农业生产的重要生产资料。其次，促进了现代农业生产方式的应用。农村集体经济组织为农户提供的农业生产和技术等服务，能够提高农业机械化水平和科技含量。根据中共中央政策研究室等部门对全国 274 个村庄的跟踪调查，1984 年村集体在良种供应、灌溉、农产品销售等 9 个农业生产环节上提供服务的状况是，1/3 的村庄集体为农户提供了协调性服务，近 1/3 的村庄集体为农户提供了经营性服务。② 最后，充实了现代农业发展资金。如图 3 – 4 所示，1985—1991 年乡村集体企业利润中，用于农业建设的金额逐年递增，以工补农资金累计达到 270.8 亿元，持续助推着农业生产条件的改善。

---

① 黄少安、车贵主编《农村股份合作制的多维考察》，山东人民出版社，1996，第 169 页。
② 《当代中国的农业合作制》编辑委员会编《当代中国的农业合作制》下，当代中国出版社、香港祖国出版社，2009，第 97 页。

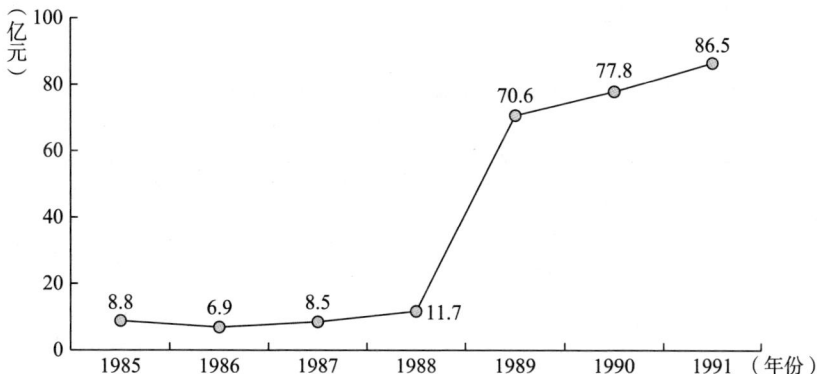

图 3-4 1985—1991 年乡村集体企业以工补农情况

注：乡村集体企业以工补农这一指标从 1985 年开始统计，1992 年开始并未单独统计，故本书选取的数据年份为 1985—1991 年。

资料来源：笔者根据中国乡镇企业年鉴编辑委员会编《中国乡镇企业年鉴》(1978—1987、1989、1991、1992) 整理而得。

（二）对农村社会发展的影响

农村集体经济及其实现形式发展的社会效应是较好的。发展农村集体经济所获得的收益中，有较大比重的资金是用于发展农村福利事业的。在农村集体经济组织统一经营型实现形式发展中，农村集体经济组织根据自身经营情况，力所能及地承担了发展农村公益事业的职能。根据中共中央政策研究室等部门对全国 274 个村庄的跟踪调查，1984—1990 年村财务用于兴办公益事业支出的年均增速，向农户发包土地的村庄为 10.8%，侧重于向农户提供服务的村庄为 11.7%，具有扩大再生产和资产积累能力的村庄为 20.6%，[①] 说明农村集体经济组织经营状况越好，越有实力发展公益事业。在乡村集体企业承包经营型实现形式中，乡村集体企业利润的较大部分是投向农村福利事业和社会建设的。如表 3-17 所示，1985 年以来，乡村集体企业利润中，均留出了较大比例投入农村教育、医疗、养老、文化等各项事业，对改善农村发展环境起到了重要作用。同时，乡村集体企业的发展促进了人口在一定范围内的集中，带

---

① 《当代中国的农业合作制》编辑委员会编《当代中国的农业合作制》下，当代中国出版社、香港祖国出版社，2009，第 98~100 页。

动了当时小城镇的建设。

表 3 – 17   1985—1992 年乡村集体企业利润用于农村集体福利事业
和各项事业建设情况

指标	1985 年	1986 年	1987 年	1988 年	1989 年	1990 年	1991 年	1992 年
用于农村集体福利事业（亿元）	19.8	14.5	18.1	25.3	22.3	23.9	29.2	34.7
用于农村各项事业建设（亿元）	63.4	59.4	61.8	56.8	91.4	105.4	121.8	——
占乡村集体企业利润的比重（%）	48.5	45.9	42.4	35.3	36.5	38.6	37.7	——

注：乡村集体企业利润用于农村各项事业建设这一指标从 1992 年开始并未单独统计，故本书选取的数据年份为 1985—1991 年。

资料来源：笔者根据中国乡镇企业年鉴编辑委员会编《中国乡镇企业年鉴》（1978—1987、1989、1990、1991、1992、1993）计算而得。

（三）对农民发展的影响

农村集体经济组织统一经营型和乡村集体企业承包经营型实现形式，在增加农民收入、促进农民消费、拓展农村劳动力就业渠道等方面，显露出了独特的优势。本书将从上述层面分别说明。

1. 对农民收入和生活的影响

推进农村集体经济及其实现形式发展，能够给农民收入增长和生活水平改善带来积极影响。在农民增收方面，农民所获得的收入中，有一定比例是来自集体统一经营的。虽然家庭经营收入是当时农民收入的主要来源，但农民仍从集体统一经营中得到了部分收入。如表 3 – 18 所示，根据农民家庭收支抽样调查数据，尽管 1985 年以来农民从集体统一经营中得到的收入占比低于 10%，但是，从 1987 年起，这一收入超过其他非生产性收入，成为农民的第二大收入来源，仅次于家庭经营收入。可以看出，各级集体经济及其实现形式的发展，对于保持农民稳定增收，仍然发挥着必不可少的作用。在农民生活方面，农民所需要的日用品，离不开乡村集体企业的供给。乡村集体企业从事大米和面粉等粮食加工行业，以及生产服装、电风扇、原盐、乳品等各类消费品，能够提供城乡居民生活必需品；且随着产品种类的不断增多，能够持续提高居民的生活水平。

表 3 - 18　1984—1992 年典型农户收入来源情况

单位：%

指标	1984 年	1985 年	1986 年	1987 年	1988 年	1989 年	1990 年	1991 年	1992 年
从集体统一经营中得到的收入占比	10.0	8.4	8.5	9.1	9.1	9.4	8.8	9.3	9.9
从经济联合体得到的收入占比	0.8	0.9	0.7	0.8	0.7	0.6	0.4	0.3	0.3
家庭经营收入占比	80.3	81.1	81.5	82.9	83.2	82.2	84.0	83.1	82.1
其他非生产性收入占比	8.9	9.6	9.3	7.2	7.0	7.9	6.9	7.3	7.7

资料来源：笔者根据中国农业年鉴编辑委员会编《中国农业年鉴》（1985—1993）整理而得。

2. 对农民就业的影响

突破传统的农村集体经济实现形式、发展新的农村集体经济实现形式，能够带动农村富余劳动力就业。尤其在人多地少的情况下，难以保证所有农民都能开展家庭经营活动。对于富余的劳动力，到农业外乃至农村外就业成了新的选择。以乡村集体企业承包经营型实现形式为例，乡村集体企业吸纳了一部分农村劳动力就地就业，开启了农民离土不离乡的新型就业格局。如表 3 - 19 所示，1984—1992 年，乡村集体企业职工数占乡村劳动者人数的比重均保持在 10% 以上，成为聚集农村劳动力的重要载体。

表 3 - 19　1984—1992 年乡村劳动力就业情况

指标	1984 年	1985 年	1986 年	1987 年	1988 年	1989 年	1990 年	1991 年	1992 年
乡村集体企业职工数（万人）	3982	4327	4541	5718	4894	4720	4593	4767	5176
乡村劳动者人数（万人）	35968	37065	37990	39000	40067	40939	42010	43093	43802
乡村集体企业职工占比（%）	11.1	11.7	12.0	14.7	12.2	11.5	10.9	11.1	11.8

资料来源：笔者根据中国乡镇企业年鉴编辑委员会编《中国乡镇企业年鉴1993》、国家统计局编《中国统计年鉴1993》计算而得。

第四节　农村集体经济实现形式的拓展

1993 年以来，是我国社会主义市场经济体制发展时期。1993 年，党的十四届三中全会通过的《中共中央关于建立社会主义市场经济体制若干问题的决定》中指出"深化农村经济体制改革"，强调"我国农村经济的发展，开始进入以调整结构、提高效益为主要特征的新阶段"。[①] 伴随市场经济的逐步发展，资金、土地、劳动力等生产要素的市场化程度不断提高，在农村集体经济发展中的作用日益显著。农村集体经济"统"的实现形式持续拓展，形成了乡镇企业股份合作型和社区股份合作型等新的实现形式。[②]

一　乡镇企业股份合作型实现形式

为充实乡镇企业资金力量，由多个投资者和劳动者将资金、土地、劳动力、技术等要素作为股份入股，建立了一种新的组织形式和市场主体，即股份合作企业。如表 3 - 20 所示，1993—2012 年，股份合作企业在农村经济发展中占据了一席之地，除个别年份数量锐减外，其余年份数量均保持在 10 万个以上。在农村，股份合作企业属于乡镇企业的范畴，故这种实现形式可以概括为乡镇企业股份合作型。这种实现形式的生产资料所有权和使用权相分离，其中集体资产归劳动者集体所有，股份资产归股东集体所有，全部生产资料归股份合作制企业使用。对于乡镇企业股份合作制的作用，《关于推行和完善乡镇企业股份合作制的通知》中提到这种实现形式是"新的有效的公有制实现形式"[③]。

---

① 中共中央文献研究室编《十四大以来重要文献选编》上，中央文献出版社，2011，第467 页。

② 股份合作制于 20 世纪 80 年代在农村改革试验区率先试点，20 世纪 90 年代以来发展范围不断扩宽。

③ 《关于推行和完善乡镇企业股份合作制的通知》，《中国乡镇企业会计》1993 年第 4 期，第 27 页。

表 3 - 20　1993—2012 年农村股份合作企业发展情况

单位：万个

指标	1993 年	1994 年	1995 年	1996 年	1997 年	1998 年	1999 年	2000 年	2001 年	2002 年
数量	13.3	20.4	12.6	12.6	13.0	16.7	16.8	16.3	15.7	7.9
指标	2003 年	2004 年	2005 年	2006 年	2007 年	2008 年	2009 年	2010 年	2011 年	2012 年
数量	8.5	9.7	11.5	10.9	14.5	16.8	19.0	18.9	20.3	21.8

注：农村股份合作企业个数这一指标从 2013 年开始并未单独统计，故本书选取的数据年份为 1993—2012 年。

资料来源：中华人民共和国农业部编《新中国农业 60 年统计资料》，中国农业出版社，2009，第 47 页；中国乡镇企业及农产品加工业年鉴编辑委员会编《中国乡镇企业及农产品加工业年鉴》（2010—2012）；中国农产品加工业年鉴编辑委员会编《中国农产品加工业年鉴》（2014）。笔者整理而得。

　　乡镇企业股份合作型实现形式是对农村集体经济实现形式的拓展。这种拓展主要体现在四个方面。一是在组织形式上，乡镇企业股份合作型实现形式由股份合作企业组织生产经营活动，实行民主决策机制。企业建立了现代企业制度，创设股东会、董事会、监事会等机构。其中，股东会属权力机构，董事会属决策机构，监事会属监督机构。与乡村集体企业相比，股份合作企业生产经营自主权更大，是完全独立、自主决策的经济实体。同时，强化了企业的约束机制，使其建立了多方股东的监督约束。[1] 二是在资金来源上，多种主体入股，筹资渠道较广。这些股份主要包括集体股、法人股、个人股等，其中，集体股主要来自乡村社区经济组织，法人股主要来自企业以外的其他社会法人，个人股主要来自企业内部职工和外部的其他社会自然人。[2] 三是在经营方式上，股东的资本联合和劳动者的劳动联合相结合，实行股份合作制。股东自愿入股、筹集企业所需资金；职工共同劳动、生产市场所需产品；企业所涉产业范围较广，涵盖农业、工业和服务业。与承包经营责任制相比，

---

[1]　山东省农业委员会农村改革试验区办公室：《山东周村区乡镇企业股份合作制改革不断深化》，载中国农业年鉴编辑委员会编《中国农业年鉴 1994》，中国农业出版社，1994，第 141 页。

[2]　山东省农业委员会农村改革试验区办公室：《山东周村区乡镇企业股份合作制改革不断深化》，载中国农业年鉴编辑委员会编《中国农业年鉴 1994》，中国农业出版社，1994，第 141 页。

股份合作制更加灵活，不受承包指标限制，市场竞争力更强。四是在分配方式上，按劳分配拓展为按劳分配与按生产要素分配相结合，劳动者、股东收益与企业利润直接挂钩。企业收益中，提取一部分作为公共积累，拨一部分支付职工工资，划出一部分用于股东按股分红。劳动者之间密切配合、分工协作、多劳多得，股东之间资源整合、风险共担、利益共享。如表3-21所示，20世纪90年代，乡镇企业股份合作型实现形式发展效果明显，股份合作企业利润总额逐年增长，其中1993—2000年年均增长20.7%；进入21世纪，乡镇企业股份合作型效益有所下滑，股份合作企业在产品结构优化和经营方式调整中逐步发展。

表3-21 1993—2012年农村股份合作企业利润总额

单位：亿元

指标	1993年	1994年	1995年	1996年	1997年	1998年	1999年	2000年	2001年	2002年
利润总额	109.1	142.8	205.3	235.8	315.4	321.6	372.2	406.6	394.6	291.3

指标	2003年	2004年	2005年	2006年	2007年	2008年	2009年	2010年	2011年	2012年
利润总额	315.2	225.7	266.4	273.1	314.3	350.6	337.8	363.8	383.8	409.6

注：农村股份合作企业利润总额这一指标从2013年开始并未单独统计，故本书选取的数据年份为1993—2012年。

资料来源：中华人民共和国农业部编《新中国农业60年统计资料》，中国农业出版社，2009，第55页；中国乡镇企业及农产品加工业年鉴编辑委员会编《中国乡镇企业及农产品加工业年鉴》（2010—2012）；中国农产品加工业年鉴编辑委员会编《中国农产品加工业年鉴》（2014）。笔者整理而得。

二 社区股份合作型实现形式

为充分利用集体资源和资产，在保持生产资料农民集体所有性质的条件下，由一定地域范围内的社区（通常是村、组）集体经济组织将集体所有的土地和资产等作价入股，亦可吸收社员的资金、技术等入股，建立股份合作经济组织，发展农村集体经济。这一实现形式可以概括为社区股份合作型实现形式。在产权明晰的前提下，社区股份合作型实现形式可分为两种典型的形式。一种是土地股份合作型。将土地承包经营权入股，使农户承包的土地由实物资源转变成价值形态，土地的使用权归土地股份合作组织。这种形式，主要在经济发达，第二、第三产业发展空间大，农户主要收入不是靠土地的地区。[①] 另一种是资产股份合作型。即将村、组的建设用地、厂房、设备等集体资产折股量化，设置集体股和个人股等股份，资产的使用权归村、组股份合作经济组织。这种形式，主要在大城市周边的城乡接合部农村，其本身就有资产积累。[②]

社区股份合作型实现形式，与乡镇企业股份合作型实现形式，是既有联系又有所区别的，主要表现在五个方面。一是在区域范围上，社区股份合作型实现形式通常以村、组为单位，地域性较强。乡镇企业股份合作型实现形式不受地域限制，有跨区域的股份合作。二是在组织形式上，社区股份合作型实现形式由社区股份合作经济组织管理集体资产，负责生产经营活动，提供生产经营服务。股份合作经济组织的范围较广，既可以是以合作社为载体的土地股份合作社和资产股份合作社，也可以是以企业为载体的股份合作企业，但以股份经济合作社为主。同时，强化了民主管理与监督，实行股东大会—董事会—厂长（经理）制，促进了政企分开。[③] 三是在经营方式上，劳动者的资本联合和劳动联合相结合，实行股份合作制。这种股份合作，主要是社区股份合作经济组织成员在资本和劳动等方面广泛合作，社员具有股东和劳动者双重身份。而乡镇企业股份合作型实现形式的股份合作，主要是各类股东之间的资本联合和企业职工之间的劳动合作，职工和股东身份可以重合，也可以分开。四是在分配方式上，按劳分配与按生产要素分配相结合，社区成员收入与股份合作组织经营情况直接挂钩。股份合作经济组织收益中，留存一部分用于再生产和发展公共事业，力图"取之于农、用之于农"；其余部分用于股东分红和职工工资等。社员作为股东，可按照持有股份获得增值收益；社员直接参与生产经营活动的，可根据劳动贡献获得劳动报酬。五是在产业发展上，与乡镇企业股份合作型实现形式侧重于发

---

① 李惠安：《农村股份合作制经济的新发展》，载中国农业年鉴编辑委员会编《中国农业年鉴1994》，中国农业出版社，1994，第127页。

② 农业部课题组：《推进农村集体经济组织产权制度改革》，《中国发展观察》2006年第12期，第29～36页。

③ 《社区股份合作制：社区合作经济组织建设的有效途径》，《江汉论坛》1994年第9期，第91页。

展农村第二、第三产业不同，社区股份合作型实现形式进行了拓展。这种拓展，主要体现在第一产业内部种植业和畜牧业等发展。[①] 尤其是土地股份合作社直接开展农业规模经营，促进了农业规模化、集约化发展。两种实现形式对比如表 3 – 22 所示。

表 3 – 22　1993 年至今两种典型的农村集体经济实现形式

实现形式	区域范围	组织形式	经营方式	分配方式	产业发展
乡镇企业股份合作型	不受地域限制	股份合作企业组织生产经营活动	股东的资本联合和劳动者的劳动联合相结合	按劳分配与按生产要素分配相结合	侧重于农村第二、第三产业
社区股份合作型	以村、组为单位，地域性较强	社区股份合作经济组织负责生产经营活动	劳动者的资本联合和劳动联合相结合		向农业内部拓展

资料来源：笔者自制。

需要说明的是，这一阶段农村集体经济发展中并不是只有乡镇企业股份合作型和社区股份合作型两种实现形式，而是这两种实现形式在许多方面实现了拓展，成为当时的典型实现形式。与此同时，原有的农村集体经济组织统一经营型等实现形式也在一些层面实现了拓展。一是在集体资产管理上，农村集体经济组织的管理职能进一步拓展，从单纯的管理集体资产向管理利用集体资产、开发集体资源、增加集体积累转变。二是在生产经营服务上，农村集体经济组织的服务领域进一步拓展，从某些生产环节的服务发展到生产全过程的服务。[②] 三是在组织服务上，农村集体经济组织的服务功能进一步深化，从提供单一的服务向建立多元化、多层次、多形式的经营服务体系转变。但是，伴随农村税费改革的深入和农业税的全面取消，农民不再缴纳相关费用，农村集体经济组织可用于农村福利事业的资金有所减少，部分集体经济实力薄弱村难以负担大额的社会事业开支。

[①] 李惠安：《农村股份合作制经济的新发展》，载中国农业年鉴编辑委员会编《中国农业年鉴 1994》，中国农业出版社，1994，第 126 页。

[②] 中共中央文献研究室编《十四大以来重要文献选编》上，中央文献出版社，2011，第 370 页。

三　对两种典型实现形式的评价

社会主义市场经济体制建立和发展以来，乡镇企业股份合作型和社区股份合作型两种实现形式发展较为迅速。这两种实现形式，对农村经济、农村社会和农民的发展产生了一定的影响，本书将从这三个方面进行评价。

（一）对农村经济发展的影响

乡镇企业股份合作型实现形式和社区股份合作型实现形式的发展，在一定程度上影响着农村经济的发展。这种影响，主要表现在农村经济结构和农业现代化两个方面，本书将从这两个方面进行分析。

1. 对农村经济结构的影响

乡镇企业股份合作型实现形式和社区股份合作型实现形式的发展，进一步拓展了农村经济结构。从整个农村经济来看，农村第一、第二、第三产业全面发展的格局进一步构建。以乡镇企业股份合作型实现形式为例，股份合作企业广泛参与农业、工业、建筑业、交通运输仓储业、批发零售业、住宿餐饮业、居民服务业等经营，积极发展农产品加工业和劳动密集型产业，为增强农村经济实力贡献了力量。如表3-23所示，

表3-23　1993—2010年农村股份合作企业增加值

指标	1993年	1994年	1995年	1996年	1997年	1998年	1999年	2000年	2001年
股份合作企业增加值（亿元）	779.5	1064.1	910.6	1046.7	1323.1	1511.5	1621.0	1776.9	1738.28
占乡镇企业增加值的比重（%）	9.7	9.7	6.2	5.9	6.4	6.8	6.5	6.5	5.9

指标	2002年	2003年	2004年	2005年	2006年	2007年	2008年	2009年	2010年
股份合作企业增加值（亿元）	1310.9	1356.1	1008.1	1081.2	1130.5	1331.0	1397.4	1519.4	1692.5
占乡镇企业增加值的比重（%）	4.0	3.7	2.4	2.1	2.0	1.9	1.7	1.8	1.5

注：农村股份合作企业增加值这一指标从2011年开始并未单独统计，故本书选取的数据年份为1993—2010年。

资料来源：中华人民共和国农业部编《新中国农业60年统计资料》，中国农业出版社，2009，第51页；中国乡镇企业及农产品加工业年鉴编辑委员会编《中国乡镇企业及农产品加工业年鉴》（2010—2011）。笔者计算而得。

股份合作企业创造了一定数额的增加值，1993—2000 年企业增加值年均增长 12.5%，在乡镇企业乃至整个农村经济的发展中占据一定份额。但是，21 世纪以来，由于劳动力、土地和原材料等要素成本的增加，资源型行业转型，给农村股份合作企业的发展带来了较大的压力。尤其是金融危机以来，农村股份合作企业在转型中曲折发展。从农业本身来看，种植业、林业、畜牧业、渔业等全面发展的格局进一步巩固。以社区股份合作型实现形式为例，土地股份合作社等组织充分利用农村土地、资金、技术等各类资源要素发展农业规模经营，促进了农业资源的优化配置。

2. 对农业现代化的影响

乡镇企业股份合作型实现形式和社区股份合作型实现形式对农业现代化的影响，主要体现在经营方式和产业体系的拓展[①]上。从经营方式来看，两种实现形式将农业经营方式由承包经营、统一经营拓展为股份合作经营。尤其是社区股份合作型实现形式，有力推动了农村土地等资源的股份合作。如表 3 - 24 所示，2011 年以来，农村土地股份合作面积有所增加，占家庭承包耕地流转总面积的比重均保持在 5% 以上，表明股份合作已成为农村的重要经营方式。从产业体系来看，两种实现形式将农业产业体系由功能相对单一的产业体系拓展为具有多种功能的产业体系。农村股份合作企业和社区股份合作经济组织积极开发农业的观光休闲等功能，探索发展乡村旅游和休闲农业等新业态，持续丰富了农业产业形态。

表 3 - 24   2011—2019 年农村土地股份合作情况

指标	2011年	2012年	2013年	2014年	2015年	2016年	2017年	2018年	2019年
股份合作面积（万公顷）	84.8	109.4	181.1	180.8	181.1	163.0	198.5	196.6	220.5

---

① 2007 年发布的《中共中央国务院关于积极发展现代农业 扎实推进社会主义新农村建设的若干意见》中对农业现代化进行了说明，包括"用现代产业体系提升农业，用现代经营形式推进农业"等，参见《中共中央国务院关于"三农"工作的一号文件汇编（1982—2014）》，人民出版社，2014，第 136 页。

续表

指标	2011年	2012年	2013年	2014年	2015年	2016年	2017年	2018年	2019年
占耕地流转总面积的比重（%）	5.6	5.9	8.0	6.7	6.1	5.1	5.8	5.5	6.0

资料来源：中国农业年鉴编辑委员会编《中国农业年鉴》（2012—2018）；农业农村部农村合作经济指导司、农业农村部政策与改革司编《中国农村经营管理统计年报（2018年）》，中国农业出版社，2019，第12页；农业农村部政策与改革司编《中国农村政策与改革统计年报（2019年）》，中国农业出版社，2020，第15页。笔者计算而得。

（二）对农村社会发展的影响

拓展农村集体经济实现形式，能够壮大农村集体经济实力，提供较为充足的农村各项建设和社会事业发展资金。在乡镇企业股份合作型实现形式和社区股份合作型实现形式发展过程中，所取得的经营收益，均提取了一部分用于农村社会性支出。由于较难获取全面的统计数据，本书选取了典型农村股份合作经济组织及其公共福利情况进行分析。以西部地区为例，实行股份合作经营后，集体经济固定收入来源增加，可用于农村基础设施建设和公共服务的资金增多。20世纪90年代，四川省筠连县自由乡将林业股份合作经营获得的部分收益转为群众集资，新修12公里林区公路，实现了村村通车；架设了13公里的高压输电线路，使全乡90%的农户用上了电；为中心小学新盖一座近1000平方米的两层教学楼，并维修了各村小学和医院。[①] 2010年，甘肃省吴岳村按照"村集体主导、合作社运营、全民投入、按股分红"的办法，发展苗木繁育，先后出资300万元，硬化村里道路，实施卫生改厕，兴修水利设施，安装有线电视，实施绿化亮化工程；投资750万元重建了吴岳村小学、吴岳中心幼儿园，配套设施齐全。[②] 2015年，宁夏回族自治区五星村组建土地股份合作社，村党支部将集体"三资"入股收益的90%用于村级道路建设、渠道维护、征地建设、帮扶救济等村级公共设施建设和公益事

---

① 中国农业年鉴编辑委员会编《中国农业年鉴1993》，中国农业出版社，1993，第104页。

② 中共中央组织部组织二局组织编写《发展壮大村级集体经济案例选》，党建读物出版社，2018，第50~51页。

业发展。[①] 可以看出，股份合作经营在取得经济效益的同时，也带来了社会效益。

（三）对农民发展的影响

发展乡镇企业股份合作型实现形式和社区股份合作型实现形式，在一定程度上拓展了农民的收入和就业渠道，对农民收入和就业有着直接的作用。本书将从上述两个方面分别说明。

1. 对农民收入的影响

农村集体经济及其实现形式的拓展，能够增加农民的收入来源，促使农民收入构成多元化。在乡镇企业股份合作型实现形式发展中，农民到农村股份合作企业中就业，能够增加工资性收入。在社区股份合作型实现形式发展中，农民土地入股后可获得红利收入，转让承包土地经营权后可获得租金收入，这些成为农民的财产性收入，形成了农民重要的收入源泉。如表 3 - 25 所示，根据农村住户调查数据，2012 年农民财产性收入占农民人均纯收入的比重达到 3.1%，比 1995 年提高 0.5 个百分点。2013 年，由于统计标准和指标名称的变化，农民财产净收入占农民人均可支配收入的比重为 2.1%，之后农民财产净收入均保持平稳增长，2020 年占比达 2.4%（见表 3 - 26），说明财产净收入在农民收入中的地位是在不断提高的，仍有较大的增长空间。

表 3 - 25　1995—2012 年农民财产性收入情况

指标	1995 年	2000 年	2001 年	2002 年	2003 年	2004 年	2005 年
财产性收入（元）	41.0	45.0	47.0	50.7	65.8	76.6	88.5
占农民人均纯收入的比重（%）	2.6	2.0	2.0	2.0	2.5	2.6	2.7
指标	2006 年	2007 年	2008 年	2009 年	2010 年	2011 年	2012 年
财产性收入（元）	100.5	128.2	148.1	167.2	202.2	228.6	249.1

---

① 中共中央组织部组织二局组织编写《发展壮大村级集体经济案例选》，党建读物出版社，2018，第 86～90 页。

续表

指标	2006 年	2007 年	2008 年	2009 年	2010 年	2011 年	2012 年
占农民人均纯收入的比重（%）	2.8	3.1	3.1	3.2	3.4	3.3	3.1

注：1999 年以前，农民转移性和财产性收入是合并统计，未单独统计农民财产性收入，故部分年份数据缺失。

资料来源：笔者根据国家统计局编《中国统计年鉴》（2000—2013）计算而得。

表 3 – 26　2013—2020 年农民财产净收入情况

指标	2013 年	2014 年	2015 年	2016 年	2017 年	2018 年	2019 年	2020 年
财产净收入（元）	194.7	222.1	251.5	272.1	303.0	342.1	377.3	418.8
占农民人均可支配收入的比重（%）	2.1	2.1	2.2	2.2	2.3	2.3	2.4	2.4

资料来源：笔者根据国家统计局编《中国统计年鉴》（2014—2021）计算而得。

2. 对农民就业的影响

农村集体经济及其实现形式的发展能够增加一部分就业岗位，吸纳一部分农村富余劳动力。到当地股份合作企业和股份合作社等组织就业，成为农民新的就地就业途径。以乡镇企业股份合作型实现形式为例，如表 3 – 27 所示，2000 年，农村股份合作企业职工数占乡村劳动者人数的比重为 1.4%，比 1993 年提高 0.4 个百分点，表明其在促进农民就业方面发挥了一定的作用。进入 21 世纪以来，农村股份合作企业职工数有所减少；但到 2012 年，占乡村劳动者人数的比重仍有 0.6%，仍是农民就业的渠道之一。

表 3 – 27　1993—2012 年乡村劳动力就业情况

指标	1993 年	1994 年	1995 年	1996 年	1997 年	1998 年	1999 年	2000 年	2001 年	2002 年
股份合作企业职工数（万人）	488	800	622	563	662	709	703	701	659	365
乡村劳动者人数（万人）	48546	48802	49025	49028	49039	49021	48982	48934	48674	48121
股份合作企业职工占比（%）	1.0	1.6	1.3	1.1	1.3	1.4	1.4	1.4	1.4	0.8

续表

指标	2003年	2004年	2005年	2006年	2007年	2008年	2009年	2010年	2011年	2012年
股份合作企业职工数（万人）	367	267	271	265	267	263	269	255	252	254
乡村劳动者人数（万人）	47506	46971	46258	45348	44368	43461	42506	41418	40506	39602
股份合作企业职工占比（%）	0.8	0.6	0.6	0.6	0.6	0.6	0.6	0.6	0.6	0.6

注：农村股份合作企业职工数这一指标从 2013 年开始并未单独统计，故本书选取的数据年份为 1993—2012 年。

资料来源：中华人民共和国农业部编《新中国农业 60 年统计资料》，中国农业出版社，2009，第 49 页；中国乡镇企业及农产品加工业年鉴编辑委员会编《中国乡镇企业及农产品加工业年鉴》（2010—2012）；中国农产品加工业年鉴编辑委员会编《中国农产品加工业年鉴》（2014）；国家统计局编《中国统计年鉴》（2012—2013）。笔者计算而得。

第四章　中国农村集体经济实现形式的现实释义

经过多年发展，农村集体经济及其实现形式在促进农业、农村、农民发展方面取得了一定的成就，成为我国农村经济社会发展中的必备形态。但是，农村集体经济及其实现形式发展中仍存在制约因素，农村集体经济实现形式发展面临现实困境，探索多种实现形式具有必然性。本章从上述两个方面分别进行分析。

第一节　农村集体经济实现形式发展面临的现实困境

近年来，伴随全球农业的动态变化和我国市场经济的加快发展，农村集体经济面临的挑战越来越艰巨。相较于迅速推进的工业化和城镇化，我国农业农村现代化进程滞后，探索农村集体经济实现形式面临亟待突破的困境。本节从产权、经营、组织、要素四个方面，分别分析农村集体经济实现形式发展面临的现实困境、突出问题及制约发展的因素。

一　产权困境：农村集体所有权落实存在障碍

产权是所有制的核心。[①] 产权制度用于规定稀缺资源使用中每个人

---

① 中共中央文献研究室编《十八大以来重要文献选编》上，中央文献出版社，2014，第 515 页。

的经济与社会关系。① 在坚持农村集体所有制的基础上，厘清农村土地等集体资产产权，是农村集体经济有效发展的前提。其中，所有权是所有制关系在法律上的表现，马克思认为对土地的所有权包括所有、占有、支配和使用诸方面的权利。② 在农村集体经济实现形式发展中，明确的集体资产所有权和相应的占有、使用、收益、处分等权能，能够促进农村生产经营活动的有序开展。国家在制度方面，持续完善农村土地制度等相关制度；在改革方面，深入推进承包地"三权"分置改革和农村集体产权制度改革等相关改革。然而，实践中落实集体所有权仍面临一些困境，阻碍了农村集体经济实现形式发展进程。

（一）农村集体所有权的权利主体不清晰

尽管《宪法》《农村土地承包法》《土地管理法》《民法典》等国家法律对农村土地等集体资产③所有权的权利主体进行了说明（见表4-1），即农村土地等集体资产属农民集体所有，但在农村集体所有权确权实践和学术界对权利主体的认识上，仍存在不同的做法和观点。

表4-1 现行法律关于农村集体所有权的规定

法律	施行时间	对农村集体所有权的规定
《宪法》（2018年修正）	2018年	农村和城市郊区的土地，除由法律规定属于国家所有的以外，属于集体所有；宅基地和自留地、自留山，也属于集体所有
《农村土地承包法》（2018年修正）	2019年	农民集体所有的土地
《土地管理法》（2019年修正）	2020年	同《宪法》表述基本一致

① 〔美〕埃瑞克·G.菲吕博腾、〔南〕斯韦托扎尔·平乔维奇：《产权与经济理论：近期的文献的一个综述》，载〔美〕罗纳德·H.科斯等《财产权利与制度变迁——产权学派与新制度学派译文集》，刘守英等译，格致出版社、上海三联书店、上海人民出版社，2014，第148页。
② 张卓元主编《政治经济学大辞典》，经济科学出版社，1998，第47页。
③ 《民法典》第二百六十条规定，集体所有的不动产和动产包括：法律规定属于集体所有的土地和森林、山岭、草原、荒地、滩涂；集体所有的建筑物、生产设施、农田水利设施；集体所有的教育、科学、文化、卫生、体育等设施；集体所有的其他不动产和动产。参见《中华人民共和国民法典》，法律出版社，2020，第55页。

续表

法律	施行时间	对农村集体所有权的规定
《民法典》（2020年公布）	2021年	农民集体所有的不动产和动产，属于本集体成员集体所有

资料来源：笔者根据国家法律法规数据库相关法律整理而得。

以农村集体土地所有权为例，在实践中，由于国家有关农村集体土地所有权确权政策的调整，[①] 加之各地在操作层面的差异，存在三种不同的确权办法。第一种是确权到农村集体经济组织，有广东、湖北、青海等省份；第二种是以农民集体为集体土地所有权主体，有浙江省宁波市、江西省乐安县和黑龙江省哈尔滨市；第三种将上述两种主体均规定为集体土地所有权的归属主体，有浙江省和河南省。[②] 登记确权到不同的主体给具体实践带来了难度。以确权到农村集体经济组织为例，需要明确农民集体成员是否等同于农村集体经济组织成员，如果二者相重合，则该办法是可行的；但实践中存在成员身份不一致的情况。尤其在发达地区，村民的范围要大于村组集体经济组织成员的范围。[③] 当需将农村集体土地用于发展集体经济时，容易出现权属不清、决策失效等问题。

在认识中，学者们对农民集体的理解存在偏差，主要有两种鲜明的观点。一种主张农村集体土地所有权的权利主体是农民集体。赞同这种观点的学者从落实集体土地所有权的角度进行了探讨。刘守英认为应坚

---

① 《国土资源部　财政部　农业部关于加快推进农村集体土地确权登记发证工作的通知》中指出，"把全国范围内的农村集体土地所有权证确认到每个具有所有权的集体经济组织"，参见《国土资源部　财政部　农业部关于加快推进农村集体土地确权登记发证工作的通知》，中华人民共和国自然资源部网站，http://f.mnr.gov.cn/201702/t20170206_1436827.html，最后访问日期：2023年1月28日；之后发布的《国土资源部、中央农村工作领导小组办公室、财政部、农业部关于农村集体土地确权登记发证的若干意见》中又指出，"把农村集体土地所有权确认到每个具有所有权的农民集体"，参见《国土资源部、中央农村工作领导小组办公室、财政部、农业部关于农村集体土地确权登记发证的若干意见》，《中国国土资源报》2011年11月10日，第2版。

② 姜红利、宋宗宇：《集体土地所有权归属主体的实践样态与规范解释》，《中国农村观察》2017年第6期，第2~13页。

③ 张晓山等：《农村集体产权制度改革论纲》，中国社会科学出版社，2019，第11页。

持农民集体是权利主体。① 管洪彦、孔祥智提出需要明确成员集体是权利主体。② 另一种则认为农村集体土地所有权的权利主体是农村集体经济组织。持这种意见的学者从立法的角度进行了说明。孙宪忠认为，《民法典》第261条规定，农村土地所有权属于农民集体经济组织。③ 姜楠分析了立法的现状，指出集体经济组织作为集体土地所有权主体具有合理性。④ 对农村集体土地所有权权利主体的不同认识，也会影响权利的具体落实。

（二）农村集体所有权的权利行使存疑

根据相关法律和政策，乡镇、村、组三级农村集体经济组织或基层自治组织⑤代表农民集体行使集体所有权，经营和管理集体资产。在实践中，各地亦是按照三级组织的层级来行使的。但是，对于这些组织如何有效地行使权利，如何充分保障集体成员的知情权、决策权、监督权以及收益分配权等，尚缺乏法律的规范性约束和政策的明确性安排。现实运行中暴露出的问题也非常明显，行政权侵犯产权时有发生，各"上级"以所有者名义侵蚀农民对土地的使用权和收益权。⑥ 尤其是越到基层，对行使集体所有权的监督难度就越大、成本就越高。

在村一级，村民委员会管理本村集体资产时，村干部出于利益等考虑，容易做出不利于集体经济及其实现形式发展的决策。若集体成员的代理人（村干部）"反仆为主"，随意支配集体所有的土地等资产，则容

---

① 刘守英：《中国土地制度改革：上半程及下半程》，《国际经济评论》2017年第5期，第29～56页。
② 管洪彦、孔祥智：《"三权分置"下集体土地所有权的立法表达》，《西北农林科技大学学报》（社会科学版）2019年第2期，第74～82页。
③ 孙宪忠：《从〈民法典〉看乡村治理中急需关注的十个法治问题》，《中州学刊》2021年第2期，第41～48页。
④ 姜楠：《集体土地所有权主体明晰化的法实现》，《求是学刊》2020年第3期，第107～117页。
⑤ 自治组织指村民委员会、村民小组。
⑥ 刘守英：《集体地权制度变迁与农业绩效——中国改革40年农地制度研究综述性评论》，《农业技术经济》2019年第1期，第4～16页。

易使集体经济变成"干部经济"。① 如案例 4 - 1 所示，村委会为了经济利益，违法占用集体土地发展养殖业，不仅侵犯了集体土地所有权，而且损害了土地质量，不利于土地的可持续利用。若由外来常住人口在村民委员会任职，在村民委员会对集体资产使用和收益分配等实行民主决策的过程中，外来常住人口可能会基于其多数地位做出有利于自身利益的决定，侵犯原集体经济组织成员的经济利益。②

案例 4 - 1　山西省徐家也村村委会违法占地建设养殖场案

2020 年 9 月，山西省忻州市河曲县徐家也村村委会为增加收入，违法占用该村 2.1 亩耕地，擅自建设养殖场。11 月，河曲县自然资源局责令该村委会立即整改，并下达了通知书。但是，该村委会迟迟未纠正违法行为。12 月，对于该地块上的违法建筑，有关部门依法进行了拆除。同时，完成了土地复耕。

资料来源：《农村乱占耕地建房典型案例通报》，中华人民共和国自然资源部网站，http://www.mnr.gov.cn/dt/ywbb/202103/t20210316_2617246.html，最后访问日期：2023 年 1 月 28 日。笔者整理而得。

在组一级，争议地的权属确认和权利行使过程中，村民小组为了利益和发展，争相获取集体资产的所有权，容易耗费大量的时间和成本，导致不能有效利用集体资产发展集体经济。如案例 4 - 2 所示，由于土地权属证书无法证明争议地属于哪个村民小组，2017 年当地政府根据其他证据确定了争议地所有权；但未取得所有权的村民小组以对争议地有耕种管理事实为由提请再审，最高人民法院于 2020 年驳回了再审申请。对于获得所有权的村民小组，前后花费了较长的时间，才最终确定了争议地的所有权和使用权，束缚了其对集体土地的有效经营和利用。

---

① 张晓山：《我国农村集体所有制的理论探讨》，《中南大学学报》（社会科学版）2019 年第 1 期，第 1 ~ 10 页。
② 孔祥智等：《农村集体成员资格界定的实践及法律问题》，《农村经营管理》2015 年第 3 期，第 22 ~ 25 页。

案例 4 - 2　广东省油栏洞村民小组和石桥村民小组
争议地所有权纠纷

2020 年 10 月，最高人民法院驳回了再审申请人广东省英德市石灰铺镇石灰村委会油栏洞村民小组的再审申请。

油栏洞村民小组申请再审称，其持有的相关土地权属证书已经包含争议地，且对该争议地有耕种管理事实，应享有该争议地的所有权。2017 年英德市政府做出的确权决定及清远市政府做出的复议决定均违法。一审、二审判决认定事实不清，适用法律错误。请求撤销一审、二审判决，改判支持其诉讼请求。

根据原审查明的事实，油栏洞村民小组和石桥村民小组各自提供的土地权属证书，均无法确定案涉争议地的权属。油栏洞村民小组提供的证人证言等证据，不足以证明其对该争议地实施经营、管理；石桥村民小组提供的《合同书》、《征用土地协议书》、《土地开发合作协议》和《补充协议》等证据，以及英德市政府在行政处理程序中的调查笔录等，较油栏洞村民小组提供的证据具有明显优势，基本能够证明该小组对争议地长期实施经营、管理的事实。因此，英德市政府在双方当事人提供的权证均不能证明争议地权属的情况下，根据争议地经营管理等事实做出确权决定，确认争议地的所有权和使用权属于石桥村民小组，符合法律规定。

最高人民法院经审查认为，清远市政府做出复议决定维持该处理决定，程序合法，亦无不当。一审判决驳回油栏洞村民小组的诉讼请求，二审判决予以维持，符合法律规定。油栏洞村民小组提交的现有证据不足以推翻原审判决认定的事实，其主张的再审事由不能成立，不应予以支持。

资料来源：《广东省英德市石灰铺镇石灰村委会油栏洞村民小组、广东省英德市人民政府资源行政管理：土地行政管理（土地）再审审查与审判监督行政裁定书》，中国裁判文书网，https://wenshu.court.gov.cn/website/wenshu/181107ANFZ0BXSK4/index.html? docId = a6944523bcbb4a7c9475ac8100d12383，最后访问日期：2023 年 1 月 28 日。笔者整理而得。

二　经营困境：集体经营收益较少，负担较重

有效的农村集体经济实现形式，是能够增加集体收益和农民收入的实现形式。戴维斯和诺思指出，潜在收入、组织成本和经营成本等因素，都是行动团体做决策时必须考量的。[①] 在探索农村集体经济实现形式时，应综合考虑经营收益和成本。近年来，我国农村集体经济实现形式日益丰富，所带来的集体经济收入不断增加。然而，农村集体经营收益仍然不高、集体经济组织负担仍然较重，亟待从经营层面加以突破、建立更加有效的经营方式。

（一）农村集体经济收入来源渠道狭窄

各级集体经济实现形式的加快发展提升了农村集体经济收入。但是，这种提升仍然是不够的，农村集体经济实力仍然不强。从总收入看，村集体经济收入逐年增加。2020 年全国村集体经济总收入达 6320.2 亿元，比上年增长 11.2%。但从收入来源看，在比重上，经营收入仅占30.6%；补助收入占比为 27.4%，仅次于经营收入；投资收益最低，仅占4.1%。在增速上，投资收益增长最快，增速达 28.5%；补助收入增速为16.3%；经营收入仅比上年增长 9.3%，增速比上年低 2.2%（见表 4-2）。可以看出，全国村集体经营收入仍旧不高，对农村集体经济总收入增长的拉动作用仍不够强；投资收益仍具有较大的提升空间，潜力仍待挖掘。

表 4-2　2020 年全国村集体经济收入

指标	总收入	经营收入	发包及上交收入	投资收益	补助收入	其他收入
数量（亿元）	6320.2	1935.8	945.5	258.0	1731.3	1449.6
占比（%）	100.0	30.6	15.0	4.1	27.4	22.9
增速（%）	11.2	9.3	8.8	28.5	16.3	7.0

资料来源：农业农村部政策与改革司编《中国农村政策与改革统计年报（2020 年）》，中国农业出版社，2021，第 31 页。笔者整理而得。

[①] 〔美〕兰斯·E. 戴维斯、道格拉斯·C. 诺思：《制度变迁与美国经济增长》，张志华译，格致出版社、上海人民出版社，2019，第 54 页。

分区域看，仅东部地区村集体经营收入占比超过 1/3，但与经营管理活动无直接关系的其他收入占比也有 19.6%；中部地区和西部地区村集体经济收入中占比最高的均为补助收入，分别高达 42.6%、34.4%；东北地区占比最高的为发包及上交收入，比重达 35.4%（见表 4-3）。通过数据分析可以得出，全国村集体开展各项生产和服务等经营活动所取得的收入仍然不高，中部地区和西部地区尤为明显，主要依靠财政等部门提供的补助资金，利用资金来发展集体经营进而增加收入的实现形式未得到充分发展，资金使用效益不高。而经营收入是衡量村级集体经济实力强弱的主要标志。[①]

表 4-3　2020 年分地区村集体经济收入构成

单位：%

地区	经营收入	发包及上交收入	投资收益	补助收入	其他收入
东部地区	37.6	17.1	4.7	21.0	19.6
中部地区	18.7	7.8	2.1	42.6	28.7
西部地区	18.3	11.9	5.2	34.4	30.3
东北地区	10.1	35.4	0.1	30.4	24.0

资料来源：农业农村部政策与改革司编《中国农村政策与改革统计年报（2020 年）》，中国农业出版社，2021，第 33~34 页。笔者计算而得。

　　进一步分析集体经营收入，在部分地区获得的经营收入中，农村集体资产租赁收入占据了较大比重。根据对全国固定观察点 371 个村庄的调查，2018 年农村集体资产租赁收入占生产经营性收入的比例为 59.2%，房屋和厂房出租收入是集体资产租赁收入的主要来源。[②] 在调研中发现，河南省坡于村 2020 年集体经济收入为 5.25 万元，全部是租金收入；福建省春光村 2020 年集体经济收入为 3 万元，均为店铺和房屋出租的租金收入。[③] 但是，仅靠租赁和租金收入难以长效推动农村集体经

---

① 仝志辉、陈淑龙：《改革开放 40 年来农村集体经济的变迁和未来发展》，《中国农业大学学报》（社会科学版）2018 年第 6 期，第 15~23 页。

② 彭超、张琛：《农村集体经济组织"家底"基线调查及启示》，《农村金融研究》2019 年第 8 期，第 51~55 页。

③ 笔者根据实地调研数据整理而得。

济发展。如案例 4 - 3 所示，以租赁经济为主的农村集体经济，产业结构相对单一，虽能够增加集体收入，但增长后劲相对不足。因此，如何通过发展多种实现形式，促使农村集体经济获得相对稳定、持续增长的经营收入，是需要突破的一大难题。

案例 4 - 3 山西省河下村租赁型集体经济

山西省阳泉市义井镇河下村集体经济一直依托于临近城区。近年来，该村抓住城市化进程的历史机遇，不断整理村内土地，建设和开发办公楼、商铺等，探索租赁型集体经济道路。然而，这种租赁经济结构较为单一，且租赁经济回报率相对较低，受制于土地利用类型的比较收益与集体土地的可供应量，收入增长潜力有限，吸纳就业的能力有限。现该村集体土地中，尚未开发的仅剩 80 余亩，因而该模式下集体经济增长动力不足。

资料来源：赵学军、李彦超：《城乡新型村级集体经济的发展之路——山西省阳泉市义井镇河下村调研报告》，载土曙光编《农村集体经济发展与乡村振兴》农本第七辑，企业管理出版社，2020，第 19～29 页。笔者整理而得。

（二）农村集体经营收益偏低

从集体经营收益①看，村级集体经营收益虽有所提高，但空壳现象仍较普遍。集体经营收益低或无经营收益的村，被称为"空壳村"。如表 4 - 4 所示，2020 年，全国集体经营收益 5 万元以下的村仍有 12.5 万个，占比达 23.1%；无经营收益的村仍有 12.1 万个，占比达 22.5%。两者相加可以看出"空壳村"仍占据了 45.6%。经营收益在 10 万元以上的村有 17.9 万个，仅占 33.2%。可以看出，尽管全国农村集体经济"空壳村"占比首次降至 50% 以下，但是比重仍较高，村集体经营收益仍需增加。

---

① 集体经营收益是指村集体经济组织经营收入、发包及上交收入以及投资收益之和，减去经营支出和管理费用后的差额，参见农业农村部政策与改革司编《中国农村政策与改革统计年报（2020 年）》，中国农业出版社，2021，第 166 页。

表 4 - 4　2020 年全国村集体经营收益

指标	无经营收益的村	有经营收益的村				
		5 万元以下的村	5 万 ~ 10 万元的村	10 万 ~ 50 万元的村	50 万 ~ 100 万元的村	100 万元以上的村
数量（万个）	12.1	12.5	11.5	13.2	2.3	2.4
占比（%）	22.5	23.1	21.3	24.5	4.2	4.5
增速（%）	-24.0	-22.0	15.4	41.0	20.5	6.9

资料来源：农业农村部政策与改革司编《中国农村政策与改革统计年报（2020 年)》，中国农业出版社，2021，第 32 页。笔者整理而得。

分区域看，东部地区和中部地区"空壳村"占比略低于全国平均水平，比重分别为 43.2% 和 37.4%；西部地区"空壳村"仍较多，占比高达 57.9%，经营收益在 10 万元以上的村仅占 19.4%；东北地区"空壳村"的比重也有 47.1%（见表 4 - 5）。可以看出，村集体经营收益不高的问题较为突出，特别是西部地区村集体经营收益亟待提高。

表 4 - 5　2020 年分地区村集体经营收益

单位：%

地区	无经营收益的村占比	有经营收益的村占比				
		5 万元以下的村	5 万 ~ 10 万元的村	10 万 ~ 50 万元的村	50 万 ~ 100 万元的村	100 万元以上的村
东部地区	24.8	18.4	17.1	25.6	5.6	8.5
中部地区	16.3	21.1	26.2	30.7	3.8	1.9
西部地区	23.8	34.1	22.7	15.4	2.4	1.6
东北地区	31.2	15.9	19.2	26.5	4.8	2.5

资料来源：农业农村部政策与改革司编《中国农村政策与改革统计年报（2020 年)》，中国农业出版社，2021，第 39 ~ 40 页。笔者计算而得。

究其原因，是多方面的。除了农村集体经营收入等不高之外，还有两个方面的突出原因。一方面，农村集体管理费用等较高。如表 4 - 6 所示，在农村集体收入增加的同时，集体管理费用也在增加。2016—2020 年全国村集体管理费用年均增长 12.1%，占村集体总支出的比重均超过 30%。再如调研发现，河南省坡于村 2020 年村集体经济组织管理费用为

3.6 万元，扣除管理费用后，村集体收入中仅剩 30% 左右的经营收益。[①]
而管理费用主要包括村行政管理干部的补助、订阅报纸杂志的费用等，
这些费用是否需要由村集体经济组织承担，如何降低不必要的开支，从
而提高经营收益，则是农村集体经济实现形式发展中需要解决的又一
难题。

表 4-6　2016—2020 年全国村集体管理费用

指标	2016 年	2017 年	2018 年	2019 年	2020 年
管理费用（亿元）	873.2	959.8	1027.3	1151.1	1378.6
比上年增长（%）	8.3	9.9	7.0	12.1	19.8
占总支出的比重（%）	31.2	31.6	31.9	31.4	33.0

　　资料来源：农业农村部合作经济指导司、农业农村部政策与改革司编《中国农村经营管理
统计年报（2016—2018 年）》；农业农村部政策与改革司编《中国农村政策与改革统计年报
（2019—2020 年）》。笔者整理而得。

　　另一方面，税收等负担较重。虽然财税部门细化落实了在农村集体
产权制度改革中免征有关契税、印花税的优惠政策[②]；但是，对于负担
更重的企业所得税、股东红利税等还没有明确[③]，发展农村集体经济需
要缴纳的税收额度仍然较高。如表 4-7 所示，农村集体产权制度改革
后，全国农村集体经济上缴税费总额逐年增长，2017—2020 年上缴税费
总额年均增长 11.5%。从税种看，进行股金分红需按 20% 的比例缴纳红
利税。2020 年，全国镇、村、组三级集体经济代缴红利税分别为 0.62 亿
元、1.58 亿元、0.36 亿元。此外，以物业出租为主的农村集体经济，需
要缴纳房产税和土地使用税等 7 种税费。[④] 类目较多的税收，不仅加大了
农村集体经济发展的负担，而且影响了农民和组织发展股份合作型、物
业经营型等实现形式的积极性。

----

① 笔者根据实地调研数据整理而得。
② 韩长赋：《国务院关于农村集体产权制度改革情况的报告——2020 年 4 月 26 日在第十
　三届全国人民代表大会常务委员会第十七次会议上》，《中华人民共和国全国人民代表
　大会常务委员会公报》2020 年第 2 号，第 458～462 页。
③ 赵阳主编《农村集体产权制度改革》，人民出版社，2020，第 142 页。
④ 陆雷、崔红志：《农村集体经济发展的现状、问题与政策建议》，《中国发展观察》
　2018 年第 11 期，第 36～38 页。

表 4 - 7　2017—2020 年全国农村集体经济上缴税费、代缴红利税情况

单位：亿元

指标	层级	2017 年	2018 年	2019 年	2020 年
上缴税费	镇级	7.7	13.0	15.6	15.2
	村级	55.5	59.7	58.5	63.5
	组级	3.6	3.3	13.2	13.8
	合计	66.8	75.9	87.2	92.5
代缴红利税	镇级	0.04	0.79	0.66	0.62
	村级	0.84	1.58	2.64	1.58
	组级	0.60	0.04	0.07	0.36
	合计	1.48	2.41	3.37	2.56

资料来源：农业农村部农村合作经济指导司、农业农村部政策与改革司编《中国农村经营管理统计年报（2017—2018 年）》；农业农村部政策与改革司编《中国农村政策与改革统计年报（2019—2020 年）》。笔者整理而得。

三　组织困境：农村集体经济组织地位不明

组织是成员合作与联合的纽带。列宁指出合作社等组织能够联合"千百万居民"[1]。在我国农村，农村集体经济组织作为特殊的经济组织，在管理集体资产、开发集体资源、发展集体经济、服务集体成员等方面能够发挥功能作用。[2] 然而，现实实践中农村集体经济组织的地位仍然不够强化、集体经济组织成员的身份仍然不够明确、农村集体经济组织与农村其他组织的关系仍然没有理清，约束了农村集体经济实现形式的深入发展。

（一）农村集体经济组织主体地位亟待强化

独立的法人资格和明确的市场主体地位，是农村集体经济组织充分进入市场、发展经济的条件。虽然《民法典》中再次确定了其特别法人

---

① 《列宁全集》第 41 卷，人民出版社，2017，第 214 页。
② 《中共中央　国务院关于稳步推进农村集体产权制度改革的意见》，《中华人民共和国国务院公报》2017 年第 3 号，第 9～14 页。

地位，农业农村部门颁发了农村集体组织证书，但是，其作为市场主体的地位仍不够突出，主要表现在三个方面。

一是尚未有全国性的农村集体经济组织法。2017—2019 年中央一号文件中均提出了研究制定专门的法律，2020 年农业农村部印发了《农村集体经济组织示范章程（试行）》（以下简称《示范章程》），对于各地这一组织的发展起到了一定的指导作用。但是，各地在实践中，由于组织发展程度不一，出台的地方性法规存在差别。特别是关于农村集体经济组织定义、行使权力等的规定不一，关于组织成员身份确认的规定含糊，亟待从国家层面形成专门的法律规定，规范农村集体经济组织运行。如表 4 - 8 所示，在定义上，各地都强调了坚持生产资料集体所有，但对于农村集体经济组织的分级却存在差异，上海市和四川省分为乡镇、村、组三级，而江苏省则只提到了村级。在行使权利上，黑龙江省强调经济活动自主权，江苏省和四川省则只提及了代表行使集体所有权。在成员身份上，《示范章程》中仅规定了成员确认基准日、确认原则、成员身份取得与丧失等基础条件，对于外嫁女、入赘男、离婚媳妇、退伍返乡人员等特殊身份和特殊情况，并未进行详细的说明。地方性法规中也仅强调成员身份的确认原则和取得条件，在实践中亦存在成员边界不清等问题，容易引发相关纠纷。如案例 4 - 4 所示，对于离婚媳妇能否享有、怎样享有该村集体经济组织成员权益的问题，现实操作层面仍存在偏差，离婚媳妇作为农村集体经济组织成员的权利被损害。

表 4 - 8 农村集体经济组织地方性法规规定

法规规定	黑龙江省	江苏省	上海市	四川省
农村集体经济组织定义	土地等生产资料归全体成员集体所有，具有公有制性质的农村社区性经济组织	村集体成员以生产资料集体所有制为基础建立的社区性合作经济组织	乡镇、村、组成员以生产资料集体所有制为基础建立的合作经营、民主管理、服务成员的组织	乡镇、村、组以土地等生产资料归全体成员集体所有，具有民主决策、民主管理、民主监督性质的社区性合作经济组织

续表

法规规定	黑龙江省	江苏省	上海市	四川省
组织行使权利	依法取得特别法人资格，享有经济活动自主权，鼓励实行股份合作制	代表集体对依法属于本集体所有的资产行使占有、使用、收益和处分的权利	依据法律、行政法规的规定取得法人资格	依法代表全体成员行使农村集体资产所有权，独立承担民事责任
成员身份确认	统筹考虑户籍关系、土地承包关系、与集体经济组织利益关系等因素	统筹考虑户籍、农村土地承包关系、对集体积累的贡献、生产生活情况等因素	考虑户籍关系、农村土地承包关系、对集体积累的贡献等因素	

资料来源：《黑龙江省农村集体经济组织条例》，《黑龙江日报》2020 年 9 月 3 日，第 7 版；《江苏省农村集体资产管理条例》，江苏省人民代表大会常务委员会网站，http://www.jsrd.gov.cn/qwfb/cwhgb/d_9506/201807/t20180724_501785.shtml，最后访问日期：2023 年 1 月 28 日；《上海市农村集体资产监督管理条例》，《上海农村经济》2017 年第 12 期，第 11~15 页；《四川省农村集体经济组织条例》，《四川日报》2021 年 8 月 5 日，第 7 版。笔者整理而得。

案例 4-4　浙江省俞家村离婚媳妇集体经济组织成员权益纠纷

2021 年，台州三门法院审结了一起纠纷案。二十多年前，三门的丁女士与前夫俞某结婚，她的户籍也随夫迁入俞家村。后来因双方感情不和，两人于 2010 年办理了离婚手续。之后丁女士外出生活，至今也未再婚，但她的户籍一直留在俞家村。七八年后，俞家村的出纳通知她，可以领取一笔村里土地征收补偿费。丁女士根据俞家村《分配方案通告》申报领取补偿款，村出纳交付给丁女士一张面额 25000 元的现金支票，表明先予支付一部分，余款到时等通知。丁女士迟迟未等到领取 1 万元余款的消息，便电话询问村出纳，却被告知余款 1 万元没有了。村委会态度强硬，一直拒绝发放。后丁女士将俞家村村委会告至三门法院，要求村委会支付剩余补偿费 1 万元。

> 　　庭审中，俞家村村委会以"丁女士是离婚媳妇，并非俞家村股份经济合作社社员，因此不享有该村集体经济组织成员权益"为由进行抗辩。庭审认为，《分配方案通告》规定"户口在本村的离婚媳妇，至分配日时未婚嫁的，可享受35000元"，丁女士的情况符合上述要求并同意按该条款进行分配，故该通告对双方均具有拘束力。最终，一审判决俞家村村委会支付给丁女士剩余土地补偿费1万元，后双方均表示服从判决，未提起上诉。

资料来源：《离婚媳妇不享有村集体经济组织成员权益？法院：可以享受》，浙江新闻网，https://zj.zjol.com.cn/news.html？id=1628411，最后访问日期：2023年1月28日。笔者整理而得。

　　二是尚存在进入市场的障碍。2018年，在农业农村部等部门发布关于登记赋码的通知之后，各地农村集体经济组织登记颁证工作陆续开展，使农村集体经济组织获得了新的身份证书。2020年，完成集体产权制度改革的农村集体经济组织中，有81.5%的集体经济组织在农业农村部门登记赋码，其中村级集体经济组织在农业农村部门登记赋码的比重高达98.9%（见表4-9）。但是，与农业企业、农民专业合作社等市场主体相比，农村集体经济组织参与市场活动仍受到一些限制。许多基层干部群众提到这种证书没有市场监管部门的营业执照好用，且农村股份经济合作社大多没有开票权。①

表4-9　2020年全国完成农村集体产权制度改革的集体经济组织情况

指标	层级	指标值
在农业农村部门登记赋码的农村集体经济组织数（万个）	镇级	0.06
	村级	52.5
	组级	27.2
	合计	79.8

---

① 张义博：《农村混合所有制经济的实现路径》，《中国发展观察》2020年第Z5期，第78~81页。

指标	层级	指标值
	镇级	59.6
占完成产权制度改革的	村级	98.9
集体经济组织的比重（％）	组级	60.9
	总共占比	81.5

资料来源：农业农村部政策与改革司编《中国农村政策与改革统计年报（2020年）》，中国农业出版社，2021，第96页。笔者计算而得。

三是尚未有新型农村集体经济组织的具体规定。国家规定登记赋码的对象是新型农村集体经济组织①，但对于股份经济合作社等新型农村集体经济组织的组织管理、运行机制、权利义务等缺乏更为详细的规定。仅江苏省等地方实施的法规中，明确了应在村（社区）股份经济合作社章程中载明股份设置及量化配置、治理结构及制度等具体事项。

（二）农村集体经济组织与基层组织的职能关系亟待理清

村级集体经济及其实现形式的发展，需要农村集体经济组织、村党组织、村民委员会各司其职，协同发挥作用。虽然《中共中央　国务院关于稳步推进农村集体产权制度改革的意见》提出了在基层党组织领导下，探索明晰农村集体经济组织与村民委员会的职能关系，②《村民委员会组织法》规定了村党组织的领导作用、村民委员会的自治职能，但是各个组织之间的关系仍然不够明晰。

一方面，组织职能不明晰。对于未设立农村集体经济组织的区域，《土地管理法》《民法典》等法律均规定了可由村民委员会代行农村集体经济组织职能。2015年开展农村集体产权制度改革试点以来，村一级的农村集体经济组织加快建立。但是，2020年，全国纳入统计的56万个村

---

① 新型集体经济组织是农村集体产权制度改革后，将农村集体资产以股份或份额的形式量化到本集体成员而成立的，参见《农业农村部　中国人民银行　国家市场监督管理总局关于开展农村集体经济组织登记赋码工作的通知》，《中华人民共和国农业农村部公报》2018年第6期，第12~14页。

② 《中共中央　国务院关于稳步推进农村集体产权制度改革的意见》，《中华人民共和国国务院公报》2017年第3号，第9~14页。

中，仍有 5.0% 的村未建立集体经济组织，由村委会代行村集体经济组织职能（见表 4 - 10）。而在组一级，2020 年仅有 9.8% 的村民小组建立了集体经济组织。①

表 4 - 10　2015—2020 年全国村集体经济组织发展情况

单位：%

指标	2015 年	2016 年	2017 年	2018 年	2019 年	2020 年
村集体经济组织占比	40.4	40.6	39.8	50.3	70.8	95.0
村委会代行村集体经济组织职能占比	59.6	59.4	60.2	49.7	29.2	5.0

资料来源：农业农村部农村合作经济指导司、农业农村部政策与改革司编《中国农村经营管理统计年报（2015—2018 年）》；农业农村部政策与改革司编《中国农村政策与改革统计年报（2019—2020 年）》。笔者整理和计算而得。

分地区看，广泛建立农村集体经济组织的地区主要集中在东部和中部地区，如江苏省、天津市和江西省纳入统计的村全部建立了农村集体经济组织。而西藏、新疆、云南、甘肃等省（自治区）仍有一定比重的村由村委会代行村集体经济组织职能，其中，西藏自治区和新疆维吾尔自治区村委会代行村集体经济组织职能的比重分别高达 66.1%、64.1%（见表 4 - 11）。同时，在部分发展基础相对薄弱的村庄，村委会代行村集体经济组织职能的情况较为普遍。2021 年在福建省宁德市和福州市 7 个相对薄弱村调研时发现，仅有 1 个村建立了股份经济合作联合社，其余 6 个村仍由村委会负责农村集体经济发展相关事务。村民委员会同时承担集体经营管理事务和村民自治事务，容易造成职能交叉、政经不分，影响农村集体经济议事决策、资产管理等活动的自主开展。

表 4 - 11　2020 年部分地区村集体经济组织发展情况

单位：%

指标	西藏	新疆	云南	甘肃
村集体经济组织占比	33.9	35.9	52.3	74.1

---

①　笔者根据农业农村部政策与改革司编《中国农村政策与改革统计年报（2020 年）》整理而得。

指标	西藏	新疆	云南	甘肃
村委会代行村集体经济组织职能占比	66.1	64.1	47.7	25.9

资料来源：农业农村部政策与改革司编《中国农村政策与改革统计年报（2020年）》，中国农业出版社，2021，第5页。笔者计算而得。

另一方面，组织负责人重合。在设立了农村集体经济组织的村域，由村干部兼任农村集体经济组织负责人的情况也较为普遍。如全国村党组织书记兼任的比例，2020年底已达73.1%。[1] 再如云南省红河州，2021年初完成换届的423个村中，实行村党组织书记兼任的村有418个，实现"一肩挑"比例达98.8%。[2]《中国共产党农村基层组织工作条例》中规定，村党组织书记应当通过法定程序担任村民委员会主任和村级集体经济组织等负责人。[3] 政治和经济等组织的领导交叉任职，能减少决策成本、行政成本、运营成本。[4] 但对于兼任多重职务的集体经济组织负责人，如何激励其带头发展农村集体经济、探索有效实现形式，监督和约束其行为，避免职责混淆、决策错误和权力寻租，防止内部少数人控制和集体资产流失，尚缺乏完善的实施和监督机制。如案例4-5所示，由于农村集体经济发展得较好，村"两委"干部为了增加自身收入，自行商定提高并违规发放村干部报酬，挪用了原本属于集体成员的集体经济收益。同时，农村集体经济组织需要的是负责人的市场化经营能力，而村干部选拔重视的是行政管理能力，在兼任的情况下，两种标准的错位则会导致村级集体经济组织实际运营中专业化程度不足。[5]

---

① 王宾、杨霞：《贯彻乡村振兴促进法，推动农民农村共同富裕》，《中国发展观察》2021第Z2期，第35~36页。

② 《红河州圆满完成村级集体经济组织换届工作》，红河哈尼族彝族自治州人民政府网站，http://www.hh.gov.cn/szhh/bmdt/202103/t20210312_507032.html，最后访问日期：2023年1月28日。

③ 《中国共产党农村基层组织工作条例》，人民出版社，2019，第16页。

④ 《学者观点摘编》，《中国老区建设》2021年第2期，第17页。

⑤ 王曙光：《中国扶贫——制度创新与理论演变（1949—2020）》，商务印书馆，2020，第195页。

案例4-5　浙江省杨戴村村干部违规占有农村集体经济收益

2018年至2020年，浙江省台州市路桥区路南街道杨戴村两次在未经村民代表大会讨论通过的情况下，村"两委"干部自行商定提高并发放村干部报酬，共计违规发放418170元。路南街道纪工委书记吴炜琦分析道："杨戴村这几年集体经济形势好，村子有钱了，但村干部一直没涨过工资，有的人就认为自己天天加班应该拿。"

资料来源：《对143起违规发放津补贴或福利问题的分析》，中央纪委国家监委网站，http://www.ccdi.gov.cn/toutiao/202102/t20210227_236641.html，最后访问日期：2023年1月28日。笔者整理而得。

四　要素困境：要素利用效率不高，流动较难

农村集体经济实现形式的发展需要各类要素的投入和利用。其中，对于土地这类要素，马克思指出其"是进行竞争的生产条件"[1]。对于资金这类要素，恩格斯认为大规模生产需要社会资金的支持。[2] 对于劳动力这类要素，舒尔茨认为应加强人力投资、教育农民。[3] 上述要素对于农村集体经济的发展是必不可缺的。然而，农村集体经济实践中，一方面，现有土地等要素仍未得到充分利用；另一方面，所需的资金、人才等要素向农村流动仍存在障碍，亟待从要素层面破除发展困境。

（一）农村集体土地等资产并未有效利用

土地等资产，既是农民集体所有的宝贵资产，又是开展农村生产经营活动必备要素。但是，在农村集体经济发展中，这些资产的运营和利用效率仍有较大的提升空间。

---

① 《马克思恩格斯文集》第7卷，人民出版社，2009，第717~718页。
② 《马克思恩格斯文集》第4卷，人民出版社，2009，第525页。
③ 〔美〕西奥多·W.舒尔茨：《改造传统农业》，梁小民译，商务印书馆，2009，第148页。

首先，在全部集体资产运营上，效率仍旧较低。根据对全国固定观察点 371 个村庄的调查，农村集体总资产周转率仍旧不高，仅为 41.6%；分地区看，东部、中部、西部和东北地区这一指标分别为 49.3%、52.2%、34.1% 和 17.9%。[1] 可以看出，农村集体资产运营效率总体上是不高的，即使是在东部和中部地区也并不高，而西部和东北地区则低于全国平均水平（见图 4-1）。

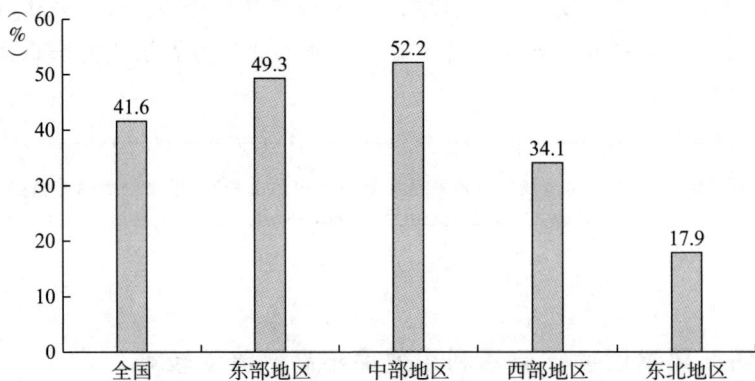

图 4-1　全国和分地区农村集体总资产周转率

资料来源：彭超、张琛：《农村集体经济组织"家底"基线调查及启示》，《农村金融研究》2019 年第 8 期，第 51~55 页。

其次，在土地利用上，效率仍旧不高。随着城镇化进程的加快以及农村青壮劳动力的外出，农村耕地撂荒、集体建设用地和宅基地闲置等问题日益凸显。以宅基地为例，数据表明，全国每年新增农村闲置住房 5.94 亿平方米，折合市场价值约 4000 亿元。[2] 在实践中，各地纷纷探索宅基地盘活利用方式，但宅基地盘活后的高效利用仍存在障碍。如案例 4-6 所示，由于宅基地确权等工作仍在推进，农民和社会资本双方都存在顾虑，主要靠政府投资拉动；在产业方面，主要发展民宿和农家乐，而这类乡村旅游产业受制于区位条件和自然环境，仅能盘活少部分宅基地，难以避免剩余宅基地的浪费问题。

---

① 彭超、张琛：《农村集体经济组织"家底"基线调查及启示》，《农村金融研究》2019 年第 8 期，第 51~55 页。
② 《上海市奉贤区庄行镇：用好农村"三块地"　促进经济社会双发展》，《光明日报》2021 年 5 月 1 日，第 3 版。

案例4-6 安徽省八公山区农村闲置宅基地和
闲置住宅盘活利用

2020年，淮南市八公山区被列为安徽省农村闲置宅基地和闲置住宅盘活利用试点区后，摸底登记49套闲置农房，建筑面积达5653平方米。其中，已将12套农房改造为民宿。但在实际操作中，盘活闲置农房，仍面临不少障碍。最为突出的是，受制于农房确权工作的未完成，盘活试点中村民和社会资本都有一些顾虑。由于房屋权属的不清晰，对于村民来说，出租时担心权益得不到保障，不愿意长期出租；对于社会资本来说，进入也担心租期不固定，不愿意大量投资。目前，闲置农房盘活利用多由政府投入，且以开发成民宿和农家乐为主。但是，这要求农村自然环境和旅游资源条件较好，且只盘活利用了少量农房。对于剩余的闲置农房，现阶段还未探索出适宜的盘活方式。

资料来源：《闲置农房——能否靠共享"活"起来》，《安徽日报》2021年3月23日，第9版。笔者整理而得。

最后，在资金使用上，效益仍旧不高。农村集体经济发展中，每年都有来自财政的资金支持。通过2020年在四川省马边彝族自治县和南江县的实地调研发现，对于财政补助资金，第一类村直接发放给农民，第二类村放置在集体账户上开支，不予分配，而第三类村集体经济组织则将财政资金集中起来用于投资和发展产业，将增值收益分配给农民。如马边县福来村，集体经济组织将扶贫资金投入到高山茶产业中，创新农村集体经济实现形式，每年的产业发展收益按比例分红给农民。与第三类方式相比，第一类资金使用方式相对直接，但只给农民带来了一次性的补助，并未形成长期性的收益；第二类资金使用方式未让农民获得实际的经济收益。可以看出，前两类村资金使用效益相对较低。

(二) 要素往城市单向流动并未根本改变

除了用好集体土地等资产外，各类资金和人才等向农村集体经济组织集聚也尤为重要。但一方面，同工业相比，农业的投资回收期相对较长、回报率相对较低，致使社会资本投向农业农村的积极性不高。更进一步地，即使社会资本进入农业农村，留住并用好社会资本，对农村集体经济组织来说也存在难度。由于缺少合作经验，社会资本方未能与农民和村集体形成稳定合作关系和利益共同体，项目交易成本过高，运营机制不灵活、不合理，项目进行困难甚至中止。[①] 此外，农民和农村集体经济组织向金融机构等申请贷款也存在障碍。以农村宅基地抵押融资为例，由于宅基地处置较难，加之金融机构对其价值评估远低于城市建设用地，即使能够获得贷款，贷款额度与所需资金相比也存在较大缺口。如浙江省乐清市虹桥镇，同等面积的房屋，商品房价格可能高达 100 万元，而农房交易价格（加税费）仅约 40 万元，这套农房在抵押环节的评估价格更低，只有约 22 万元，再按 60% 的抵押率贷款，只能融得资金13.2 万元。[②]

另一方面，同城镇相比，农村生活环境质量和公共服务水平相对较低，导致各类人才投身乡村和集体经济的动力不强。而农村集体经济的发展，不仅需要经营管理水平较高的"带头人"，而且需要综合素质较好、专业技能较强的各类人才。从 2020 年调研的情况来看，由于四川省马边彝族自治县和南江县均为偏远山区，虽生态环境较好但交通较为闭塞，目前组织和推动农村集体经济发展的主要为本土人才，各村普遍反映引进和留住外来优秀人才较为困难。2021 年在贵州、河南、福建、四川 4 省 28 个村实地调研的结果显示，67.9% 的村庄 2020 年外出务工劳动力占农村全部劳动力的比重超过 50%，劳动力外流现象较为普遍。如

① 董翀、孙同全、冯兴元：《"十四五"时期农业农村资金投入的保障机制和路径》，载魏后凯、杜志雄主编《中国农村发展报告（2020）——聚焦"十四五"时期中国的农村发展》，中国社会科学出版社，2020，第 343 页。
② 崔红志：《农民宅基地使用权制度改革》，载张晓山等《农村集体产权制度改革论纲》，中国社会科学出版社，2019，第 127 页。

四川省千秋村、河南省前付村、福建省溪口村农村外出务工劳动力占比分别高达95.2%、91.7%、89.4%；仅贵州省塘约村等农村集体产权制度改革相对较早的村，外出务工劳动力大量返乡发展，但劳动力专业技能等仍需提升（见表4－12）。

表4－12　2020年部分地区农村外出务工劳动力占比

单位：%

省份	村庄	占比	省份	村庄	占比
贵州省	纳容村	53.1	河南省	董庄村	77.9
	李子村	54.7		何庄村	59.2
	街上村	45.2		白云山村	62.1
	合旺村	25.0		南马庄村	44.4
	幸福园村	69.0		前付村	91.7
	打磨村	46.2		张营村	56.8
	塘约村	2.3		前柏岗村	80.0
	大屯村	29.4		坡于村	15.4
	新华村	76.2	四川省	马安村	41.3
	陶营村	31.3		花园村	52.0
福建省	春光村	75.0		张坝村	91.6
	坂埕村	54.5		千秋村	95.2
	康乐村	80.0			
	溪口村	89.4			
	塘洋村	60.6			
	竹管垅村	50.0			

资料来源：笔者根据实地调研数据计算而得。

第二节　探索农村集体经济多种实现形式的必然性

进入新发展阶段，在优先发展农业农村、全面推进乡村振兴的过程中，探索农村集体经济多种实现形式、推动新型农村集体经济发展有必然性。本节遵循生产力与生产关系矛盾运动规律，参照农村"二次飞跃"的要求，根据农村集体经济实现形式的历史演进特征，联系农村集体经济实现形式发展面临的现实困境，分别进行分析。

一　实现农村"二次飞跃"的内在要求

新中国成立以来，我国坚持不懈地发展农村集体经济。特别是改革开放以来，在坚持农村土地集体所有的基础上，农村土地所有权与使用权逐步分离，家庭联产承包责任制逐步实行，统分逐步结合，农村基本经营制度逐步形成。这一制度的形成，不仅依赖于家庭承包经营基础性地位的巩固，而且依赖于农村集体经济的支持和发展。随着我国农村改革和发展的深入，农村集体经济的地位愈加重要。对此，邓小平明确提出了"两个飞跃"的论断，其中第二个飞跃，是发展适度规模经营、发展集体经济，他强调了这个过程是长期的。[①] 在这一长期的过程中，进一步稳定和完善农村基本经营制度、推动农村发展与改革，需要在坚持家庭承包经营基础性地位的同时，不断探索农村集体经济有效实现形式。尤其是伴随新发展格局的加快构建、国内大循环的不断畅通、城乡融合程度的不断提高，农村集体经济将得到更加开放、更高水平的发展。这需要在加快推进农业农村现代化、深化农村改革的过程中，采取多种方式盘活农村土地等集体资产，激发农村集体经济内生发展动力。党和国家在农村集体产权制度改革中，专门提出了因地制宜探索农村集体经济有效实现形式。[②] 探索农村集体经济多种实现形式是农村改革的任务之一；而在实践中探索出的混合经营型、资本运营型等新的实现形式，又能巩固和拓展农村改革成果，推进第二个飞跃的进程。

二　农村集体经济实现形式演进的方向遵循

纵观新中国 70 余年农村集体经济的演进历程，可以发现，农村集体经济实现形式是从单一形式向多种形式拓展的。从农村集体土地所有制

---

① 《邓小平文选》第 3 卷，人民出版社，1993，第 355 页。
② 《中共中央　国务院关于稳步推进农村集体产权制度改革的意见》，《中华人民共和国国务院公报》2017 年第 3 号，第 9～14 页。

确立后高级农业生产合作社统一经营型实现形式和人民公社集中经营型实现形式的更替和发展，到统分结合的双层经营体制建立后农村集体经济组织统一经营型和乡村集体企业承包经营型等实现形式的陆续发展，再到农村市场经济形成后乡镇企业股份合作型、社区股份合作型、农村集体经济组织统一经营型等多种实现形式的共同发展，农村集体经济实现形式的种类不断增多，所涉及的经营方式和组织形式越发复杂。尽管近年来乡镇企业股份合作型等实现形式受到冲击，但其留下的厂房等集体资产为实现形式转型和拓展奠定了基础，部分地区也探索出了物业经营型等新的集体经济实现形式。且城乡融合程度和农业农村现代化水平不断提高，农村集体经济及其实现形式持续发展，农村集体积累不断增加，又创造了创新和拓展实现形式的物质条件。故从农村集体经济及其实现形式本身的发展方向来说，多样化发展已经成为必然趋势。适应这种演进趋势，应进一步探索新型农村集体经济多种有效的实现形式，丰富农村集体经营方式和组织形式。

三　破解农村集体经济实现形式发展困境的路径选择

针对农村集体经济及其实现形式发展中面临的现实困境和突出问题，应在新型农村集体经济及其实现形式的进一步发展中予以破解，使其在发展壮大中逐步摆脱困境。一是针对农村集体所有权落实存在障碍的产权困境，探索农村集体经济多种实现形式时均应明晰产权，在农村土地等集体资产所有权由农民集体所有保持不变的同时，适度放活承包地经营权、宅基地使用权等集体资产使用权。二是针对农村集体经营收益较少、负担较重的经营困境，应通过多种有效的实现形式，拓展农村集体经济增收渠道，增加农村集体经营收益。三是针对农村集体经济组织地位不明的组织困境，应在探索多种实现形式的过程中，强化农村集体经济组织市场主体地位，发挥组织作用，使其与其他基层组织共同推动农村集体经济发展。四是针对要素利用效率不高、流动较难的要素困境，应通过发展多种实现形式，提高要素利用效率，促进各类要素向农村集体经济集聚。

第五章 中国农村集体经济实现形式的框架设计

在梳理农村集体经济实现形式的相关理论，摸清其演进脉络，以及分析其发展面临的现实困境和必然性之后，本书构建中国农村集体经济实现形式的分析框架，奠定探索农村集体经济多种实现形式的翔实基础。这一框架包括农村集体经济实现形式的构成要件、影响因素、目标、原则、路径五个方面，涵盖探索农村集体经济实现形式的依据是什么、探索什么样的农村集体经济实现形式、探索农村集体多种实现形式要达到什么效果、怎样探索农村集体经济多种实现形式等具体内容（见图5-1）。

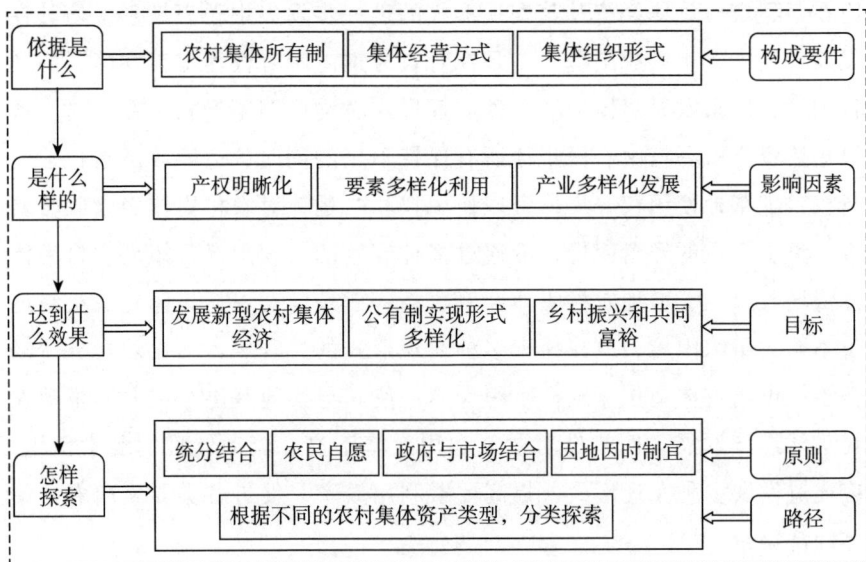

图5-1 中国农村集体经济实现形式分析框架

第一节　农村集体经济实现形式的构成要件

农村集体经济实现形式是在农村集体经济发展中形成的生产关系。这一生产关系有其自身的内在规定性。对于农村集体经济实现形式的内涵和组成部分，学者们从不同的视角进行了解读。从生产资料所有制看，谢地、李雪松认为主要体现为具体的方法、方式、手段、工具，表现为农村集体土地所有制的"实现形式"①，顾海良指出在推进所有制结构全面发展中要着力探索公有制多种实现形式；② 从社会再生产环节看，郑有贵提出应建立公有生产资料在社会再生产中更有效的组织形式、经营形式、交换形式和支配形式；③ 从与农村集体经济的关系看，马艳认为实现形式是集体经济运作的途径。④ 可以看出，农村集体经济实现形式是与生产资料所有制密不可分的，是与农村集体经济发展中的生产经营等过程息息相关的。再结合党的十五大在阐释实现形式时明确提到的经营方式和组织形式，以及国家在深化农村改革中提出的探索社会主义市场经济条件下农村集体所有制经济的有效组织形式和经营方式，⑤ 本书将农村集体经济实现形式归纳成农村集体所有制、集体经营方式、集体组织形式三个层面，并作为探索农村集体经济多种实现形式的基本依据。

一　农村集体所有制

所有制问题是运动的基本问题。⑥ 生产资料所有制是生产关系的基础。⑦

---

① 谢地、李雪松：《新中国70年农村集体经济存在形式、载体形式、实现形式研究》，《当代经济研究》2019年第12期，第32～41、113页。

② 顾海良：《基本经济制度新概括与中国特色社会主义政治经济学新发展》，《毛泽东邓小平理论研究》2020年第1期，第1～7、107页。

③ 郑有贵：《中国农村公有制实现形式研究综述》，《当代中国史研究》1999年第3期，第120～129页。

④ 马艳：《中国集体经济的理性分析》，《中国集体经济》2005年第1期，第10～14页。

⑤ 《中共中央办公厅　国务院办公厅印发〈深化农村改革综合性实施方案〉》，《中华人民共和国国务院公报》2015年第31号，第6～14页。

⑥ 《马克思恩格斯文集》第2卷，人民出版社，2009，第66页。

⑦ 吴宣恭：《马克思主义所有制理论是政治经济学分析的基础》，《马克思主义研究》2013年第7期，第48～57、160页。

其性质决定生产关系的性质。① 在确立农村集体经济实现形式时，应先明确生产资料所有制问题。马克思在阐述农业公社的构成形式时，提到了其中一种情况是集体因素战胜私有制因素。② 在谈及经济方面努力的最终目的时，马克思认为是"使全部生产资料归集体所有"③。而农村集体所有制的优点和特征是较为鲜明的。在优点上，其消除了生产资料私人占有。恩格斯指出，这"会消除生产力和产品的有形的浪费和破坏"④。在特征上，农村集体所有制与农业农村发展是紧密联系的。斯大林认为农业与工业的差别在于有着"集团的、集体农庄的所有制"⑤。再结合我国社会主义国家的性质，在探索农村集体经济实现形式中坚持农村集体所有制是应有之义。一方面，坚持农村集体所有制的目的是提高社会生产力。毛泽东指出，将有关劳动人民的私有所有制改变为集体所有制，能够提高生产力。⑥ 另一方面，坚持农村集体所有制能够体现农村集体经济实现形式的社会主义性质。邓小平在提及农村集体所有制属于公有制范畴之后，专门说明了"乡镇企业就是集体所有制"⑦。

在探索农村集体经济实现形式中，坚持农村集体所有制，核心在于坚持农村土地集体所有制。一方面，这是由土地在农业生产中的独特地位决定的。马克思在论述地租和土地所有制时，指出土地即"一切生产和一切存在的源泉"⑧，并明确了同农业结合。另一方面，这是由土地与农民密不可分的特殊关系决定的。恩格斯在说明社会主义的职责时，不仅提到了以公有的或社会所有的形式占有大地产，还提到了维护自食其力的农民的小块土地。⑨ 再结合我国农村实际，土地不仅是农民开展农

① 刘凤义：《对社会主义基本经济制度新概括的理解》，《中国高校社会科学》2020年第2期，第4～11、157页。
② 《马克思恩格斯文集》第3卷，人民出版社，2009，第574页。
③ 《马克思恩格斯文集》第3卷，人民出版社，2009，第568页。
④ 《马克思恩格斯文集》第9卷，人民出版社，2009，第299页。
⑤ 《斯大林选集》下卷，人民出版社，1979，第559页。
⑥ 《毛泽东文集》第6卷，人民出版社，1999，第301页。
⑦ 中共中央文献研究室编《邓小平思想年编（1975—1997）》，中央文献出版社，2011，第711页。
⑧ 《马克思恩格斯文集》第8卷，人民出版社，2009，第31页。
⑨ 《马克思恩格斯文集》第4卷，人民出版社，2009，第515、517页。

业生产的物质资料，更是农民在农村生活的重要保障，故坚持农村土地集体所有制是至关重要的。习近平在讲到农村改革中必须坚守的底线时，多次强调"不能把农村土地集体所有制改垮了"①。

探索农村集体经济实现形式，应始终在农村集体所有制的框架下进行。农村集体所有制是社会主义生产关系在农村的实践形态。② 没有集体所有制，就没有农村集体经济组织和农村集体经济。③ 党和国家在推进农村集体产权制度改革时，专门提到了探索有效实现形式，坚持农民集体所有不动摇，不能把集体经济改弱了、改小了、改垮了。④ 故有效的农村集体经济实现形式，前提是坚持了农村集体所有制，坚持农村土地等生产资料由农民集体所有。只有在坚持农村集体所有制中探索实现形式，才能发展壮大农村集体经济，实现农村集体资产保值增值，保障农民的集体经济组织成员权益和获得稳定收益。在坚持农村集体所有制的过程中，由于"以同一基本关系为基础"，农村集体经济"本身可以以十分不同的方式实现"，⑤ 进而可以探索和发展多种实现形式。

二　集体经营方式

集体经营方式是农村集体经济实现形式的必备要件。在农村集体经济发展中，选择何种经营方式，意味着解决集体资产的经营问题；有效的经营方式，是能够提高集体经营收益的。首先，集体经营的内涵是较为丰富的。在马克思、恩格斯所处的时代，集体经营主要体现为规模经营。马克思提到了"用最新的科学方法大规模地经营农业"⑥，恩格斯提及了"联合进行大规模经营"⑦。在我国农村集体经济发展过程中，产生

---

① 中共中央党史和文献研究院编《习近平关于"三农"工作论述摘编》，中央文献出版社，2019，第63页。
② 谢地、李雪松：《新中国70年农村集体经济存在形式、载体形式、实现形式研究》，《当代经济研究》2019年第12期，第32～41、113页。
③ 赵阳主编《农村集体产权制度改革》，人民出版社，2020，第80页。
④ 《中共中央　国务院关于稳步推进农村集体产权制度改革的意见》，《中华人民共和国国务院公报》2017年第3号，第9～14页。
⑤ 《马克思恩格斯文集》第8卷，人民出版社，2009，第124页。
⑥ 《马克思恩格斯文集》第4卷，人民出版社，2009，第238页。
⑦ 《马克思恩格斯文集》第3卷，人民出版社，2009，第331页。

了统一经营、集中经营、承包经营、股份合作经营等多种经营方式。选择哪种经营方式，则要根据实际情况具体分析。习近平指出，其"在不同地区、不同产业、不同环节都有各自的适应性和发展空间"①。其次，集体经营的优势是较为突出的。尤其与分散的家庭经营相比，集体经营具有独特的优势。列宁认为改变分散的小农经济，能够提高劳动生产率。② 邓小平认为农村集体化和集约化能够解决一家一户做不到的事情，"特别是高科技成果的应用，有的要超过村的界线，甚至超过区的界线"③。最后，集体经营的具体方式是不断发展的。近年来，在探索农业农村经营方式、发展壮大农村集体经济中，党和国家强调了构建包括集体经营在内的新型农业经营体系，"发展多种形式适度规模经营"④，尤其是提出了探索新的集体经营方式，包括创新统一经营形式，以土地股份合作、农业生产经营合作为主要经营形式；⑤ 坚持集体所有、合作经营；⑥ "发展多种形式的股份合作"⑦；探索混合经营等多种实现形式。⑧ 结合乡村振兴与城乡融合发展的现实状况，根据农村集体经济组织参与程度和集体资产利用程度，可将集体经营方式划分为统一经营、合作经营、股份合作经营、混合经营等典型方式。在探索农村集体经济实现形式时，可灵活选取这些集体经营方式。

（一）统一经营

统一经营，即由农村集体经济组织集中统一经营集体资产，为农村

① 中共中央党史和文献研究院编《习近平关于"三农"工作论述摘编》，中央文献出版社，2019，第52页。

② 《列宁全集》第35卷，人民出版社，2017，第353页。

③ 中共中央文献研究室编《邓小平思想年编（1975—1997）》，中央文献出版社，2011，第711页。

④ 《中共中央国务院印发〈乡村振兴战略规划（2018—2022年）〉》，《人民日报》2018年9月27日，第10版。

⑤ 《财政部关于印发〈扶持村级集体经济发展试点的指导意见〉的通知》，《中华人民共和国财政部文告》2015年第11期，第8～12页。

⑥ 《农业农村部 中国人民银行 国家市场监督管理总局关于开展农村集体经济组织登记赋码工作的通知》，《中华人民共和国农业农村部公报》2018年第6期，第12～14页。

⑦ 《中共中央国务院印发〈乡村振兴战略规划（2018—2022年）〉》，《人民日报》2018年9月27日，第10版。

⑧ 《中共中央 国务院关于建立健全城乡融合发展体制机制和政策体系的意见》，《中华人民共和国国务院公报》2019年第14号，第11～18页。

生产经营提供统一服务。随着农村集体经济的发展，集体统一经营拓展为统一经营和统一服务两种方式。

统一经营方式主要是由农村集体经济组织①直接经营集体所有的土地等资源性资产，并从中获得经营收益。其中，耕地、林地、草地的承包权属于农民，农村集体经济组织通过土地流转获得经营权，支付租金给农民；集体"四荒"地②、果园、养殖水面等未承包到户，农村集体经济组织可集中开发、统一使用，收益由集体经济组织成员共享。这种经营方式中，农村集体经济组织全程深度参与，优势在于能够实现规模经营，提高土地等资源利用率；劣势在于经营风险由农村集体经济组织全部承担，一旦发生自然灾害或市场风险，将面临较难避免的损失。

统一服务方式主要是由农村集体经济组织为农民、农业企业等经营主体提供生产性服务等社会化服务，获取服务收益。这种服务方式中，农村集体经济组织虽不直接参与经营活动，但提供的服务种类和服务质量关系到经营效率。其优势在于集体经济组织不直接承担经营风险，劣势在于服务收益仍旧不高。从全国来看，2020年农村集体经济组织社会化服务营业收入为72.1亿元，仅为农民专业合作社社会化服务营业收入的10.2%、企业社会化服务营业收入的14.0%，③但也说明这种服务方式还有较大的发展空间。《扶持村级集体经济发展试点的指导意见》在提及探索新的集体经营方式时，专门说明了通过统一服务降低生产成本、提高生产效率。④《中共中央 国务院关于稳步推进农村集体产权制度改革的意见》中提出了支持农村集体经济组织为农户和各类农业经营主体提供产前产中产后农业生产性服务。⑤ 故与直接的

---

① 这类农村集体经济组织主要是经济合作社及由农村集体经济组织成立的企业等。

② "四荒"地指荒山、荒沟、荒丘、荒滩。

③ 笔者根据农业农村部农村合作经济指导司编《中国农村合作经济统计年报（2020年）》（中国农业出版社，2022）第3页计算而得。

④ 《财政部关于印发〈扶持村级集体经济发展试点的指导意见〉的通知》，《中华人民共和国财政部文告》2015年第11期，第8~12页。

⑤ 《中共中央　国务院关于稳步推进农村集体产权制度改革的意见》，《中华人民共和国国务院公报》2017年第3号，第9~14页。

集体统一经营方式相比，集体统一服务方式还有较大的增收空间和发展潜力。

（二）合作经营

合作经营主要是农村集体经济组织与其他经营主体和经济组织展开合作，开发利用与经营集体资产。较为典型的一种方式是由农村集体经济组织将土地、厂房等资产出租给农民专业合作社、农业企业等经营，签订租赁合同，农村集体经济组织获得租金，农民专业合作社、农业企业等获得经营收益。这也是一种委托经营方式，与农民直接将土地流转给农业经营主体的方式不同，农村集体经济组织需通过集中和整理土地等资源资产发挥中介作用。而由于农村集体经济组织谈判能力高于单个农户，农户从中获得的收益也高于单打独斗的收益。这一经营方式的优势在于能够给农村集体经济组织带来稳定的租金收益，增加集体积累，同时促进土地等规模经营；劣势在于收入来源相对单一，集体经济组织不能分享租赁后的资产增值收益。尤其是土地等资源性资产是有限的，租赁给其他经营主体后，在租期内农村集体经济组织与土地等是分离的，要想获得更多经营收益，只能从未开发利用的资产入手。故在实践中，应对这一经营方式进行改进。另一种方式是农村集体经济组织与供销合作社在流通等领域展开合作，共享服务和经营收益。如合作共建农产品基地、农产品交易市场、农村社区综合服务社、电子商务服务点等社会化服务平台，联合发展农村电子商务和农产品网上交易。[①] 这一经营方式的优势在于能够为农村生产、消费、交换等各个环节提供更加优质的服务，拓宽农产品销售渠道；劣势在于市场营销等经验稍显不足，仍处于探索之中。

（三）股份合作经营

股份合作经营，即以农村集体资产入股，由农村集体经济组织[②]集

---

① 《关于加快贫困村村级集体经济发展的意见》，《广西日报》2017年7月18日，第14版。
② 这类农村集体经济组织主要是指股份经济合作社等。

中开展生产经营活动。随着农村承包地所有权、承包权、经营权分置制度的实行，以及农村集体产权制度改革的推进，股份合作经营的具体方式不断拓展。较为典型的有农村土地股份合作经营和集体经营性资产股份合作经营。其中，土地股份合作经营主要是将农民的土地经营权流转并入股，由农村集体经济组织开展土地规模经营，农民获得保底收益即租金，以及分红收益。这种方式与统一经营方式的区别，在于农民的土地经营权转变成股权，通过股份使农民与农村集体经济组织的利益联系更加紧密。集体经营性资产股份合作经营，则是在清产核资[①]、确认集体经济组织成员身份之后，将经营性资产以股份形式量化到各个成员，并由集体经济组织负责经营，经营收益按股分配给农民。在股权设置上，可分设成集体股和成员股，具体比例根据各地实际而定，但总体上以成员股为主。股份合作经营方式的重要优势在于保障了农民的财产权利，增加了农民的财产性收入。习近平指出，发展股份合作，是为了"赋予农民更多财产权"[②]。其劣势在于股权只能在集体经济组织内部流动，对外来资本和其他经营主体等的吸引力不够强。但是，这一经营方式仍在发展中，在实践中有不少地区对其进行了优化。

（四）混合经营

混合经营是近年来新兴的一种经营方式。其突破了仅由农村集体经济组织和农村集体资产来发展集体经济的方式，广泛吸纳国有资本和非公有资本等各类资本参与集体经济发展。其中有三种典型的具体经营方式。第一种是工商企业以资本等投资入股，在与农村集体经济组织约定投入额度和收益分配比例后，开展股份合作经营。第二种是农村集体经济组织与工商企业等联合出资成立新的混合经营实体，由该经营实体运

[①] 按照《中共中央　国务院关于稳步推进农村集体产权制度改革的意见》要求，2019年底基本完成农村集体资产清产核资，这项工作已完成，参见韩长赋《国务院关于农村集体产权制度改革情况的报告——2020年4月26日在第十三届全国人民代表大会常务委员会第十七次会议上》，《中华人民共和国全国人民代表大会常务委员会公报》2020年第2号，第458～462页。

[②] 中共中央党史和文献研究院编《习近平关于"三农"工作论述摘编》，中央文献出版社，2019，第143页。

营和使用包括集体资产在内的各类资产，收益按约定分享。这两种经营方式也属于村企联手共建集体经济的代表性方式，其优势在于能够充实农村集体经济发展所需的资金等力量，促进农村集体经济组织与外来经营主体在要素投入与利用等方面的优势互补、合作共赢。但这两种经营方式也存在劣势。一方面，工商资本的本质是逐利的，要约束和规范其行为，维护农村集体经济组织和农民的合法利益；另一方面，企业等进入农村可能面临违约等风险，如何保护外来投资者合法权益，还需要更加有效的机制设计。第三种是农村集体经济组织以集体资产入股、参股经营情况和前景较好的农民专业合作社和农业产业化龙头企业等，从中获得收益。这种经营方式的优势在于农村集体经济组织能够获得较高的资产分红收入，劣势在于与其他经营主体的经营效益直接挂钩，一旦出现亏损，则无法保证集体经济组织的收益。但总体来看，混合经营方式的作用越发凸显。在《扶持村级集体经济发展试点的指导意见》中也专门提出了探索以混合经营为主要内容的实现形式。[1]

对上述四种经营方式进行比较，可以看出，在农村集体经济组织参与程度上，统一经营方式是最高的；在集体资产利用程度上，混合经营方式是最高的（见图 5 - 2）。在经营收益与经营风险上，由于收益与风

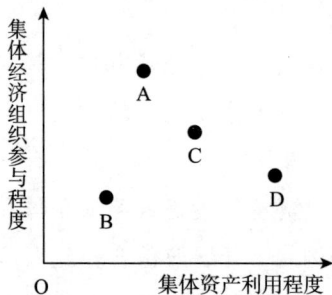

图 5 - 2 四种集体经营方式对比

注：A 代表统一经营，B 代表合作经营，C 代表股份合作经营，D 代表混合经营；纵轴代表集体经济组织参与程度，横轴代表集体资产利用程度，离原点越远，表示集体经济组织参与程度和集体资产利用程度越高。

资料来源：笔者自制。

---

[1] 《财政部关于印发〈扶持村级集体经济发展试点的指导意见〉的通知》，《中华人民共和国财政部文告》2015 年第 11 期，第 8 ~ 12 页。

险是成正比的，相较而言，混合经营方式的收益最高，其经营风险也最高；合作经营方式的收益最低，其经营风险也最低（见图5-3）。需要说明的是，农村集体经济发展中并不只有上述四种经营方式，而是上述经营方式比较有代表性。而对于跨村、跨组等集体经营方式，此处暂不说明，将在后面的章节中结合各地实践进行详细探讨。

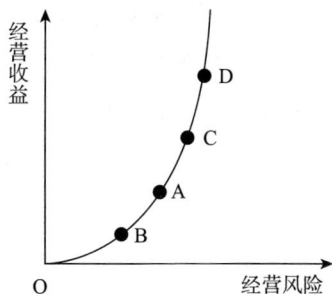

图5-3　四种集体经营方式的收益与风险对比

注：A代表统一经营，B代表合作经营，C代表股份合作经营，D代表混合经营；纵轴代表经营收益，横轴代表经营风险，离原点越远，表示经营收益和经营风险越高。

资料来源：笔者自制。

三　集体组织形式

与集体经营方式一样，组织形式也是农村集体经济实现形式的构成要件。农村集体经济的发展，需要明确由谁来组织和带动，以及组织和带动谁的问题，即探索农村集体经济组织和作为农村集体经济组织成员的农民发展问题。对于组织的重要性，可以从组织本身和组织成员两个方面进行挖掘。一方面，对于组织本身来说，其具有显著的作用。组织可以改变分散小农的弱势地位。从农业发展来看，马克思认为"联合起来的生产者的控制"[①] 是合理农业所需要的。从整个农村经济来看，列宁提到经济组织是要成为"公共的、共耕的或劳动组合的"[②]。另一方面，对于组织成员来说，加入组织能够促进其发展。组织也是一种"共同体"，马克思、恩格斯认为，唯有在其中，"个人才能获得全面发展其

① 〔德〕马克思：《资本论》第3卷，人民出版社，2004，第137页。
② 《列宁全集》第37卷，人民出版社，2017，第365页。

才能的手段"①。

对于如何发展组织，可以从组织生产经营活动和组织成员利益保障两个方面进行剖析。一方面，组织生产经营所获得的产出应高于个人生产经营的产出之和。马克思指出，"通过协作提高了个人生产力，而且是创造了一种生产力，这种生产力本身必然是集体力"②。阿尔钦和德姆塞茨通过举例指出团队生产的奥妙在于，生产函数 Z 获得的产出是比 Z 的分产出之和加上组织约束团队生产成员的成本高的。③ 故由集体经济组织来负责生产经营活动时，建立生产函数 Z，用 X_i 和 X_j 表示投入，C 表示成本，$\partial^2 Z / \partial X_i \partial Z_j \neq 0$，则团队生产函数 $Z = aX_i^2 + bX_j^2$；单个生产则分别由 $Z_i = aX_i^2$，$Z_j = bX_j^2$ 表示；团队生产的优势在于 $Z \neq Z_i + Z_j$，且有利的团队生产为 $Z > Z_i + Z_j + C$。另一方面，组织的发展应促进成员利益的实现。毛泽东认为，必须处理好国家、集体以及"农民的个人收入这三方面的关系"④。在我国农村集体经济发展过程中，产生了高级农业生产合作社、人民公社、乡村集体企业、股份合作社等农村集体经济组织。农村集体产权制度改革以来，组织的定位更加清晰。2018 年，农业农村部等部门发布的关于开展农村集体经济组织登记赋码工作的通知中明确提到了"新型农村集体经济组织"。新型农村集体经济组织本身和组织成员，以及组织功能的发挥等，则是农村集体经济或者说是相对应的新型农村集体经济的组织形式中不可或缺的。以此为纽带，可联结其他主体，拓展农村集体组织形式。

（一）农村集体经济组织

农村集体经济组织是具有中国特色的农村经济组织，是农村集体资产的管理主体。⑤ 是否应该建立这类组织，主要依据在于集体资产和成

---

① 《马克思恩格斯文集》第 1 卷，人民出版社，2009，第 571 页。
② 〔德〕马克思：《资本论》第 1 卷，人民出版社，2004，第 378 页。
③ 〔美〕阿曼·A. 阿尔钦、哈罗德·德姆塞茨：《生产、信息费用与经济组织》，载〔美〕罗纳德·H. 科斯等《财产权利与制度变迁——产权学派与新制度学派译文集》，刘守英等译，格致出版社、上海三联书店、上海人民出版社，2014，第 46～47 页。
④ 《毛泽东文集》第 7 卷，人民出版社，1999，第 221 页。
⑤ 《农业农村部 中国人民银行 国家市场监督管理总局关于开展农村集体经济组织登记赋码工作的通知》，《中华人民共和国农业农村部公报》2018 年第 6 期，第 12～14 页。

员构成等情况。在推进农村集体产权制度改革时，党和国家提出，有集体统一经营资产的村（组），应建立健全农村集体经济组织。[①] 在农村集体资产清产核资过程中，集体资产也是确权到农村集体经济组织的，之后再量化给组织成员。而经过上述改革的组织，也是新型农村集体经济组织。这类组织的类别，根据集体资产量化方式和组织形式，可分为经济合作社和股份经济合作社。其中，前者的集体资产是按份额量化给成员的，后者的集体资产是按股份量化给成员的。根据层级，可分为乡（镇）、村、组三级集体经济组织。在乡（镇）一级的名称为经济联合总社或股份经济合作联合总社，在村一级的名称为经济联合社或股份经济合作联合社，在组一级的名称为经济合作社或股份经济合作社。[②] 尚未建立集体经济组织的村，则由村民委员会代行组织职能。需要说明的是，具体组织形态是较为丰富的，既可以只建立股份经济合作社，也可以根据农村集体经济发展需要，再组建集体资产管理公司、集体企业等组织。

1. 农村集体经济组织的功能

农村集体经济组织的功能是复合性、多重性的。农业农村部等部门在推进组织登记赋码中再次明确，农村集体经济组织发挥管理集体资产、开发集体资源、发展集体经济、服务集体成员的功能作用。[③] 具体来说，其功能可以分为三个方面。一是资产运营功能。作为农村集体资产的经营管理主体保护利用资源性资产，经营管理经营性资产，管护运营非经营性资产，持续促进集体资产保值增值，这也是其经济功能。同时，其还具有再组织功能。其作为桥梁和纽带能够联结农民与其他经营主体，既避免单个农民与外来工商企业等谈判与合作的弱势，又减轻外来工商企业等对小农户违约与毁约的隐忧，促进集体资产的开发和利用（见图5-4）。二是社会服务功能。其不是单纯的经济组织，发展集体经济后的收入有一部分用于发展公益事业和减贫济困。这也是农村集体经济

---

① 《中共中央 国务院关于稳步推进农村集体产权制度改革的意见》，《中华人民共和国国务院公报》2017年第3号，第9~14页。

② 在有些地区，由于乡（镇）级和组级没有集体资产，集体资产仅分布在村级，村集体经济组织的名称亦可为经济合作社或股份经济合作社。

③ 《农业农村部 中国人民银行 国家市场监督管理总局关于开展农村集体经济组织登记赋码工作的通知》，《中华人民共和国农业农村部公报》2018年第6期，第12~14页。

组织与一般营利性经营组织的区别，即是经济层面的营利性与社会层面的普惠性兼容的特殊组织。三是民主管理功能。通过设立成员大会、理事会、监事会等组织机构，建立健全内部管理机制，确保集体经济各个事项民主决策，保障成员民主权利。

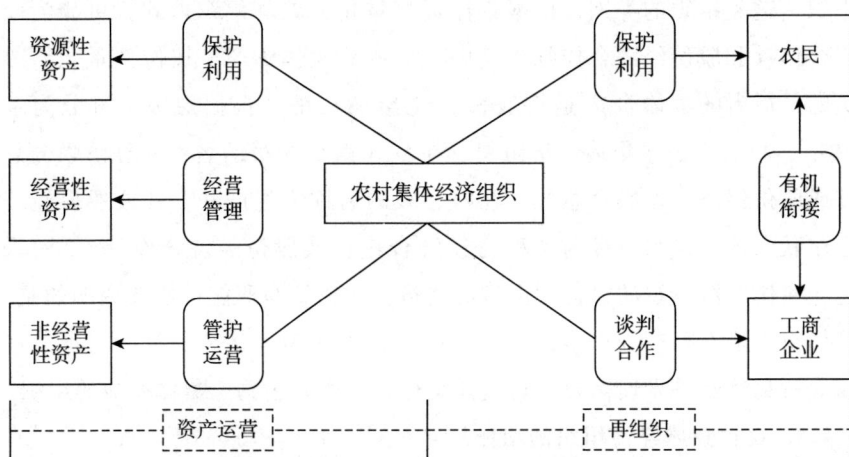

图 5-4　农村集体经济组织的经济功能

资料来源：笔者自制。

2. 农村集体经济组织的特征

作为市场主体，农村集体经济组织具有鲜明的特征。一是社区性。由于农村土地等集体资产的地域性较强，组织是围绕一定区域范围内的、农民集体所有的集体资产而建立的。同时，农村土地制度和农村集体产权制度等改革也是在集体经济组织内部进行的。成员享受的权益也是受组织边界限制的。如成员持有的农村集体经营性资产份额和股份，只能转让给集体经济组织内部成员，或者由集体经济组织赎回，不能突破所在集体经济组织的界限，不能转让给外部人员和组织。二是独立性。有关农村集体资产的经营管理、资源的开发利用和组织人员的配备、机构的运转等事项，都是由农村集体经济组织自主安排，由内部成员民主参与、共同决策的。概括起来，就是独立核算、自主经营、自负盈亏，不受外在力量的影响和干预。三是服务性。农村集体经济组织是为成员服务的。其服务领域相对广泛，既有与社会化组织相重合的、可收取服务费用的生产性服务，也有与公益组织相交叉的、不收服务费的生活性服

务。同时，发挥农村集体经济组织功能作用的最终目的是让组织成员
受益。

3. 农村集体经济组织与其他组织的关系

农村集体经济组织作为特别法人，与农村其他组织①之间的关系，
是需要进一步厘清的。一方面，农村集体经济组织与农村合作经济组织
的性质是有区别的（见表5-1）。作为农村集体经济组织的经济合作社
和股份经济合作社，与作为农村合作经济组织的农民专业合作社，名称
都是合作社，也都是在农村开展生产经营等活动的市场主体。集体经济
组织可以领创办或入股农民专业合作社。② 但是，二者在成员边界、财
产关系、运行机制等方面存在较大区别。③ 一是在成员边界上，农村集
体经济组织强调社区性，成员身份界定和丧失都有严格的规定；农村合
作经济组织相对开放，成员入社和退社相对自由。二是在财产关系上，
农村集体经济组织管理和经营的是农民集体所有的资产，强调集体所有、
收益共享；农村合作经济组织仅经营合作社投入的资金，以及获得经营
权的土地等资产，并不管理集体资产。三是在运行机制上，农村集体经
济组织由农业农村部门主管，侧重于经营集体资产和维护成员权益，在
强调效益的同时兼顾分配和激励；农村合作经济组织由市场监督管理部
门主管，侧重于为社员提供生产经营设施和与生产经营相关的服务，主
要强调效益。

表5-1　农村集体经济组织与合作经济组织的区别

组织机构	成员边界	财产关系	运行机制
农村集体经济组织	社区性	成员集体所有	强调效益，兼顾分配和激励
农村合作经济组织	开放性	合作社所有	强调效益

资料来源：笔者自制。

---

① 主要包括农村合作经济组织等特别法人，以及村民委员会这一基层群众性自治组织法
人等。

② 杨霞：《对集体所有制的几点认识》，载赵阳主编《农村集体产权制度改革》，人民出
版社，2020，第212页。

③ 陈光国：《关于〈中华人民共和国农民专业合作社法（修订草案）〉的说明——2017年
6月22日在第十二届全国人民代表大会常务委员会第二十八次会议上》，《中华人民共
和国全国人民代表大会常务委员会公报》2018年第1号，第13~16页。

另一方面，农村集体经济组织与村民委员会的职能是有区别的。由于后者可以代行前者的职能，村党组织书记、村民委员会主任等村干部可以同时担任农村集体经济组织负责人，无论是从认识上还是实践中均容易将两类组织混淆。但从本质上看，前者是特殊的经济组织，在经营管理中要追求效益；村民委员会是基层的行政组织，在村民自治时更突出民主。从成员上看，村民委员会对外来人口相对开放，如户籍不在本村、在本村居住一年以上的公民能够通过选举进入村民委员会，但并不能凭借该身份成为农村集体经济组织成员。从关系上看，《村民委员会组织法》中提出，"村民委员会应当尊重并支持集体经济组织依法独立进行经济活动的自主权"①。这就突出了农村集体经济组织的市场主体地位。

对于二者的联系与区别，可以从三个方面进一步探讨（见表 5 - 2）。一是组织职能上的分离与交叉。村民委员会代行集体经济组织职能时，应分清内部的经济职能与政治职能，避免用行政手段干预经济事务。而对于公共服务，则应考虑公共财政情况。如公共财政实力较强的发达地区，则可以由财政完全负担公共服务支出；但对于尚需集体经济提供公共服务支出的地区来说，农村集体经济组织作为公共服务的重要供给者，需要与作为公共服务具体承办者的村民委员会相互配合。二是组织人员上的分离与交叉。当不具有行政职务的成员担任农村集体经济组织负责人时，则不存在人员重合的问题。当村干部兼任多个组织负责人时，应明确其在不同组织的身份和职责，避免职责混淆和权力混用。三是财务管理上的分离。农村集体经济组织的财务应独立会计核算，《示范章程》②中明确了这项规定。进一步地，可与村民委员会实行分账管理，将集体资产收益与村民委员会收入分开，将经济账与行政账分离，有效保护集体资产。如上海市在 2015 年就开始推进村级集体经济组织与村委

---

① 《中华人民共和国村民委员会组织法》，中国法制出版社，2018，第 7 页。
② 《农村集体经济组织示范章程（试行）》中规定，"严格执行农村集体经济组织财务制度和会计制度，实行独立会计核算"，参见《农业农村部关于印发〈农村集体经济组织示范章程（试行）〉的通知》，《中华人民共和国农业农村部公报》2020 年第 12 期，第 78～84 页。

会的分账管理，到2019年领取组织登记证书的农村集体经济组织已经全面实行了村经济合作社与村民委员会分账管理、资金分开使用。① 此外，在财务独立之后，对于农村集体经济组织发票开具和税收优惠等具体事项，不仅需要国家法律和政策的明确规定，还需要在组织章程中详细说明。

表5-2　村集体经济组织与村民委员会的区别与联系

组织机构	组织性质	成员边界	组织负责人
村集体经济组织	经济组织	外来人口难以加入	可由村干部担任
村民委员会	行政组织	外来人口可以加入	

资料来源：笔者自制。

（二）农村集体经济组织成员

农村集体经济组织成员身份具有唯一性。② 由于缺乏统一的、全国性的法律规定，在成员身份认定和取消时存在一些争议和纠纷。在可参考的国家政策中，确定组织成员的依据主要有户籍关系、农村土地承包关系、对集体积累的贡献三个方面。③ 而各地已经实施的农村集体经济组织条例、农村集体资产监督管理条例等地方性法规，④ 也是主要以上述三个因素为依据的。但随着城乡人口流动的加快，农村新增人口、流动人口和外来人口身份确认的难度加大。同时，受组织成员可享受到的权利吸引，外来人口加入农村集体经济组织的动力较强。故应严格农村集体经济组织进入标准，明确成员丧失资格等情形的认定标准。一方面，国家层面的法律应加快出台，规定农村集体经济组织成员身份取得与丧

① 《关于本市贯彻实施〈上海市农村集体资产监督管理条例〉情况的报告》，上海人大网站，http://www.spcsc.sh.cn/n8347/n8407/n5708/u1ai185559.html，最后访问日期：2023年1月28日。

② 即不能同时作为同一层级两个以上农村集体经济组织的成员，参见《黑龙江省农村集体经济组织条例》，《黑龙江日报》2020年9月3日，第7版。

③ 《中共中央　国务院关于稳步推进农村集体产权制度改革的意见》和《农村集体经济组织示范章程（试行）》中都有该项规定。

④ 《四川省农村集体经济组织条例》和《上海市农村集体资产监督管理条例》中都有该项规定。

失等事项，明确组织成员边界。另一方面，各地在实践中应充分考虑上述各项因素，适时出台更加详细的认定标准，做到既不损坏既有集体经济组织成员的权利，又不剥夺新增成员的权利。其中，对于新生儿取得成员身份、死亡丧失成员身份等普遍情况，几乎不存在争议。但对于特殊身份和特殊情况，可根据法律法规和村规民约，以及在当地生产生活的事实等，具体问题具体确定（见表5-3）。

表5-3　农村集体经济组织成员身份认定的特殊情形

主要依据	身份认定	具体情形
户籍关系	获得身份	建立婚姻关系后将户籍迁入所在地（包括外嫁女和入赘男），并有生产生活事实
		离婚媳妇将户籍迁回婚前集体经济组织，并有生产生活事实
		国防建设、移民等政策性原因迁入户口
	保留身份	户籍迁出但在大中专院校学习、服兵役、服刑
		建立婚姻关系后并未迁出户籍，仍在集体经济组织有生产生活事实，且未享受配偶所在集体经济组织权利
		外出经商和务工离开集体经济组织，但户籍未迁出
	丧失身份	户籍迁出并获得城镇社保
土地承包关系	获得身份	户籍迁入后获得土地承包经营权，并有生产生活事实
	保留身份	户籍迁出，但仍有生产生活事实，且以承包土地为基本生活保障
对集体积累的贡献	获得身份	经过民主程序确定，符合村规民约等对集体发展有重大贡献的认定

资料来源：《陕西高院发布工作指引　统一全省农村集体经济组织成员土地补偿费用分配纠纷案件裁判标准（附工作指引全文）》，澎湃新闻网，https://www.thepaper.cn/newsDetail_forward_9199745，最后访问日期：2023年1月28日。笔者整理而得。

农村集体经济组织成员享有的权利是较为充分且受法律保护的。2020年印发的《关于为新时代加快完善社会主义市场经济体制提供司法服务和保障的意见》中强调，要依法充分保障其"参与经营决策和收益分配的权利"[①]。具体来说，集体组织成员权利包括三个方面。一是财产权利。在农村集体经济组织内部，农民能够获得土地承包权、宅基地使

---

① 《关于为新时代加快完善社会主义市场经济体制提供司法服务和保障的意见》，《人民法院报》2020年7月23日，第2版。

用权和集体资产收益分配权等权利，且不会因进城务工等而丧失权利。其中，对于农民获得的集体资产股份，可以继承、有偿退出、转让、抵押和担保。二是民主权利。对于农村集体经济组织负责人和成员代表等职位，农民有选举权和被选举权。对于农村集体经营管理等事务，农民有知情权、表达权和监督权。三是社会权利。农民能够享受到所在农村集体经济组织提供的文教、卫生等集体福利。同时，农民亦须遵守农村集体经济组织章程，既要行使合法权利，又要履行组织规定的义务。

第二节　农村集体经济实现形式的影响因素

影响农村集体经济实现形式的因素是多方面的，包括制度环境和生产力水平等。挖掘这些影响因素，主要目的在于推动实现形式的多样化。对于实现形式，吴宣恭认为其规范化、制度化实际上就是产权制度，而有多种实现形式，是因为产权的组合和配置格局或方式是多种多样的。[1]故从生产关系的角度看，实现形式不仅有所有制等层面的内在规定，还有产权制度层面的具体影响。同时，分析生产关系离不开生产力。马克思指出，社会生产关系是伴随"生产力的变化和发展"[2]而变化的。结合农业发展情况，邓小平认为，采取何种生产关系形式，要看其"在哪个地方能够比较容易比较快地恢复和发展农业生产"[3]。结合农村农民发展情况，简新华、王懂礼认为，共同富裕做得相对较好的村庄，实行了集体规模经营和产业多样化。[4]故从生产力的角度看，实现形式的多样化，离不开作为生产资料的各类要素多样化利用，以及能够促进增收的产业多样化发展。综上所述，本书将农村集体经济实现形式的影响因素

---

① 吴宣恭：《论公有制实现形式及其多样化》，《中国经济问题》1998年第2期，第1~8页。
② 《马克思恩格斯文集》第1卷，人民出版社，2009，第724页。
③ 《邓小平文选》第1卷，人民出版社，1994，第323页。
④ 简新华、王懂礼：《农地流转、农业规模经营和农村集体经济发展的创新》，《马克思主义研究》2020年第5期，第84~92、156页。

概括为农村产权制度、要素配置机制和农村产业体系三个方面，即在规范清晰的产权制度下，通过要素多样化利用和产业多样化发展，促进农村集体经济多种实现形式发展。

一 农村产权制度

在明确了所有制之后，还应从法律和制度的层面厘清产权。产权与所有制是既有区别又紧密联系的。二者的区别在于：前者是法律范畴，是有关财产归属的法律制度；后者是经济范畴，是有关生产资料归属的经济制度。① 故不但应从经济层面确定生产资料的归属，而且要从法律层面保障所有者权益。二者的联系在于：产权与所有制是密不可分的。马克思在说明土地所有权时，强调了在资本主义生产基础上，法律仅仅是说明土地所有者能够像"处理自己的商品一样去处理土地"②。相对于内部结构固定的所有制，产权内部结构是可以划分和调整的。所有制的多种实现形式的形成，是为了在其本身不发生根本变革的条件下，调整一种所有制内部的产权结构。③ 故在坚持农村集体所有制的基础上，探索农村集体经济的多种实现形式，需要发挥产权作用，优化产权结构。对于产权，马克思不仅提到了所有权等权属，而且提及了所有权和经营权等的分离。如在《资本论》中提到"租地农场主和土地所有者的分离"④，表明了产权在一定条件下的可分离性。产权制度是联系所有制和资源配置机制的中间层次。⑤ 对于产权制度的重要性，刘易斯提到了财产的法律概念是备受珍视的，"因为如果某种资源及其成果无法得到有效保护，免受大众侵占，它就肯定无法得到有效的使用"⑥，故建立产权制度是为了保护产权。诺思指出，"产权结构，它确定了正式的经济

---

① 吴易风：《马克思的产权理论——纪念〈资本论〉第一卷出版140周年》，《福建论坛》（人文社会科学版）2008年第1期，第64~69页。
② 〔德〕马克思：《资本论》第3卷，人民出版社，2004，第696页。
③ 吴宣恭：《论公有制实现形式及其多样化》，《中国经济问题》1998年第2期，第1~8页。
④ 〔德〕马克思：《资本论》第3卷，人民出版社，2004，第850页。
⑤ 葛扬：《马克思所有制理论中国化的发展与创新》，《当代经济研究》2016年第10期，第78~86、97页。
⑥ 〔英〕阿瑟·刘易斯：《经济增长理论》，郭金兴等译，机械工业出版社，2015，第44页。

激励"①，故建立产权制度也是为了促进资源要素的有效利用。对于农村产权制度改革，习近平指出其对探索"农村集体经济新的实现形式"②是具有重大价值的。在探寻农村集体经济实现形式时，完善农村产权制度，深化相关改革，促进产权内部的合理分离，实现产权"归属清晰、权责明确、保护严格、流转顺畅"③，一方面能够保证集体经济组织平等使用生产要素，公平参与市场竞争④；另一方面能够维护农村集体经济组织成员财产权利。对于涉及的产权制度，有两项与农村集体经济实现形式息息相关，一项是农村土地产权制度，另一项是农村集体经营性资产产权制度。此外，还有农村生态资源产权制度等，在后面的章节中将结合具体的实现形式加以论述。

（一）农村土地产权制度

农村土地作为典型的资源性资产，其产权制度的建立和完善关系着集体经济实现形式的发展和创新。相较于其他产权制度，农村土地产权制度调整和创新步伐较快、时间较早。依据产权的可分离性，改革开放以来农村土地所有权和承包经营权进行了分离，党的十八大后农民的土地承包经营权进一步分置为承包权和经营权，持续推动着农村集体经营方式的拓展和集体经济组织形式的发展。而土地产权制度变革的动因是多方面的。对于经济制度变迁的动因和条件，马克思分析了多种因素，用数学关系表述则是 $I = f(Q, P, T)$，I 为经济制度，Q 代表社会生产力，P 和 T 分别代表政治和意识形态上层建筑。⑤ 我国农村土地产权制度改革同样也可用类似的公式表示，即 $L = f(Q, P, F)$，L 为农村土地产

① 〔美〕道格拉斯·C. 诺思：《理解经济变迁过程》，钟正生等译，中国人民大学出版社，2013，第 46 页。
② 中共中央党史和文献研究院编《习近平关于"三农"工作论述摘编》，中央文献出版社，2019，第 148 页。
③ 中共中央文献研究室编《十八大以来重要文献选编》上，中央文献出版社，2014，第 515 页。
④ 《中共中央 国务院关于稳步推进农村集体产权制度改革的意见》，《中华人民共和国国务院公报》2017 年第 3 号，第 9~14 页。
⑤ 吴宣恭等：《产权理论比较——马克思主义与西方现代产权学派》，经济科学出版社，2000，第 299 页。

权制度，Q 为农村经济发展水平，P 为国家关于农村土地的法律和政策，F 为农民有关土地权能的集体意识集合。伴随农村经济发展水平的提升以及农村劳动力的外出，农民稳定土地承包权和放活土地经营权的意愿越发强烈，国家持续推动着土地改革，即由 Q、P、F 三类因素助推着农村土地产权制度的完善。同时，农村宅基地和集体经营性建设用地闲置的问题突出，国家稳步推进农村宅基地制度改革和集体经营性建设用地入市制度实施，并充分尊重农民的意愿，Q、P、F 三类因素也推动着农村建设用地产权制度改革。

进一步探索农村集体经济多种实现形式，离不开农村土地产权制度的完善和各项权能效用的发挥。一方面，落实土地所有权。土地集体所有的权能是丰富的，包括占有、使用、收益和处分等具体权利。农用地和建设用地①的所有权均属于农民集体，是不能改变的。只有坚持集体所有，才能保证土地的公有性质。故集体所有权这一权能是固定的。另一方面，适度放活土地用益物权。这也是要素实现市场化配置的条件。在稳定农户承包权②、保护宅基地农户资格权和农民房屋财产权③的同时，如何放活农村承包地经营权、宅基地使用权和集体经营性建设用地使用权等用益物权，促进土地的市场化配置，关系到农村集体经济实现形式的进一步拓展。其中，承包地经营权④转包和入股农村集体经济组织，可以发展统一经营、合作经营和股份合作经营，促进农业规模经营。尤其是在土地股份合作经营中，实行"保底收益 + 按股分红"，能够让农民获得长期的、持续的收入。由于承包地的改革开始较早，在实践中探索出了多种放活方式，这类土地经营权的放活是较为充分的放活。但是，承包地经营权的流转并不是永久流转，在签订流转合同时须规定流转期限，确保农民的土地权益不受损，以及提供农民收回经营权的保障。

---

① 农村建设用地包括宅基地、集体经营性建设用地和公益性公共设施用地。
② 农村土地承包经营权确权登记颁证已于 2018 年底基本完成，党的十九大明确"第二轮土地承包到期后再延长三十年"，使农村土地承包经营关系稳定为 75 年；承包权的权能包括占有、使用、流转、收益、抵押、担保等。
③ 农民的房屋财产权可以抵押、担保和转让。
④ 承包地经营权的权能包括占有、耕作、收益、抵押、担保等。

闲置宅基地和农民房屋使用权①出让、入股农村集体经济组织，由其统一经营或与工商企业等合作经营开发，可以集中发展休闲农业和乡村旅游等新产业，促进农村产业融合发展。但宅基地使用权的放活是一种有限放活，多是在农村集体经济组织内部进行。而对于工商资本和城镇居民，国家规定只能租赁，且合同期限不得超过20年。② 农村集体经营性建设用地使用权出让、租赁和入股后，集体经济组织可以获得资产租赁和分红收入，这些收入部分可以分配给农民，部分可以用于集体经济发展；农村集体经济组织也可以与工商企业等合作发展产业。这种放活是一种审慎放活，放活的目的更多是发展乡村产业，而不是用于城镇建设。

（二）农村集体经营性资产产权制度

经营性资产是农村集体经济发展中可开发利用空间较大的资产，其产权制度的建立和完善亦与集体经济实现形式的多元化密切相关。与农村土地等资源性资产一致，集体经营性资产的所有权仍归农民集体，而不是属于组织。首先，对"集体所有"的理解不同，会导致农村集体经济的实际受益人存在偏差。只有将"集体"明确为农民集体，才能保证农民平等分享农村集体经济收益，避免所有权主体缺位与越位。其次，这在国家法律和制度中有明确的规定。2021年起施行的《民法典》中，强调了"本集体成员集体所有"③，指明了是成员集体，而不是集体经济组织。最后，在农村集体资产清产核资实践中，国家也多次强调把农村集体资产的所有权确权到不同层级的农村集体经济组织成员集体④，最终落到的主体是成员集体。故包括农村集体经营性资产在内的各类集体资产的所有权主体均为农民集体，不同层级的农村集体经济组织只是相应社区范围内农民集体的代理人，其应在农民集体的监督下代表行使所

---

① 宅基地使用权和集体建设用地使用权确权登记颁证已于2020年底基本完成。

② 《中央农村工作领导小组办公室　农业农村部关于进一步加强农村宅基地管理的通知》，《中华人民共和国农业农村部公报》2019年第10期，第6~8页。

③ 《中华人民共和国民法典》，法律出版社，2020，第55页。

④ 《中共中央　国务院关于稳步推进农村集体产权制度改革的意见》，《中华人民共和国国务院公报》2017年第3号，第9~14页；《中共中央　国务院关于建立健全城乡融合发展体制机制和政策体系的意见》中也有该规定。

有权权能，探索和丰富具体实现形式，避免内部少数人控制。

但与农村土地等资源性资产不同，集体经营性资产难以用实物形态分割给集体经济组织成员，无法进一步划分承包权和资格权等，只能以份额或股份的形式量化到户，即表现为一种价值形态。对于这些份额或股份，农民可获得占有、收益、有偿退出、抵押、担保、继承等具体权利。在经营性资产清产核资、折股量化之后，农村集体经济组织可以通过股份合作经营和混合经营等多种经营方式，发展物业租赁、乡村旅游、电子商务等多种形式的集体经济，增加集体经济收入，并按股分红给农民。由此也可以看出，农村集体经营性资产产权制度也是与后续的分配机制相联系的，只有明确了资产归属和农民股份，才能在农村集体经济组织与农民之间建立紧密的利益联结机制和合理的利益分配机制，实现收益共享。

二　要素配置机制

在规范清晰的产权制度下，如何利用各类资源要素来发展农村集体经济，则涉及要素配置机制的问题。这种机制是详细的规则，与经济运行等直接相关。[①] 要素配置机制与农村集体所有制和农村产权制度是相互影响的，一方面，其是所有制通过产权制度在经济活动中的实现方式；[②] 另一方面，要素的市场化配置，有利于探索集体资产、劳动力、管理等生产要素的集约化、组织化、效率化实现形式，[③] 从而巩固农村集体所有制。对于在所有制基础上的要素配置，恩格斯指出私有制社会中要素是彼此斗争的，认为竞争不仅导致资本、劳动、土地等要素内部的对立，而且导致"这些要素中的每一个要素与其他两个要素对立"[④]，而这是不利于社会生产力的进一步发展的。与私有制不同，在社会主义

[①] 吴宣恭等：《产权理论比较——马克思主义与西方现代产权学派》，经济科学出版社，2000，第280页。

[②] 葛扬：《马克思所有制理论中国化的发展与创新》，《当代经济研究》2016年第10期，第78~86、97页。

[③] 《财政部关于印发〈扶持村级集体经济发展试点的指导意见〉的通知》，《中华人民共和国财政部文告》2015年第11期，第8~12页。

[④] 《马克思恩格斯文集》第1卷，人民出版社，2009，第72、83页。

社会中，生产资料公有制创造了各类要素组合与融合的条件。对于产权制度与要素配置，刘易斯从经济增长的角度，提出应关心"农地制度、农场规模及其与激励、资本形成和技术创新之间的关系"①，即产权明晰后应促进各类要素的结合与融合。而要素是在变化着的，这种变化主要是类型和种类的增加。伴随社会生产和劳动过程的发展，新要素将逐步加入。② 按照产生的先后顺序，可将要素分为传统要素和现代要素；按照与农村集体经济组织的紧密程度，可将要素分为内部要素和外部要素。故在探索农村集体经济实现形式时，建立健全要素配置机制，应促进传统要素与现代要素的优化组合，以及内部要素与外部要素的深度融合，进而实现要素的多样化利用。

（一）传统要素与现代要素的优化组合

传统要素产生的时间相对较早，对农村集体经济实现形式的影响较为深刻。如在农村集体经济形成时期（1956—1978 年），农村土地和劳动力两类传统要素的组合利用，促进了农村集体收入的增长。同时，要素之间的区别是明显的。马克思指出，各种要素有着"不同的、独立的源泉"③。伴随生产力的进步，现代要素的作用不断显现。马克思提到了"更高级的新形态的各种要素的创造"④。舒尔茨提出了全面的生产要素概念，认为其包括了人所得到的知识；强调了"技术变化"这一概念，指出其"至少是一种生产要素增加、减少或改变的结果"⑤。在农村集体经济及其实现形式发展中，管理、技术、知识、数据等现代要素的作用不容忽视。

应处理好传统要素与现代要素的关系，在要素合理配置与优化组合中探索农村集体经济实现形式。一是提高传统要素利用率。农村土地是稀缺的、不可再生的，农村劳动力老龄化是突出的、不可逆转的。对于这些传

---

① 〔英〕阿瑟·刘易斯：《经济增长理论》，郭金兴等译，机械工业出版社，2015，第93页。
② 张卓元主编《政治经济学大辞典》，经济科学出版社，1998，第16页。
③ 〔德〕马克思：《资本论》第3卷，人民出版社，2004，第931页。
④ 〔德〕马克思：《资本论》第3卷，人民出版社，2004，第928页。
⑤ 〔美〕西奥多·W. 舒尔茨：《改造传统农业》，梁小民译，商务印书馆，2009，第114页。

统要素，则需通过农村集体经济组织的联合带动，发展农业多元化适度规模经营以及农村股份合作经营等，有效提高土地产出率和劳动生产率。

二是灵活运用现代要素。在不改变传统要素投入量的情况下，适当增加现代要素来探索农村集体经济实现形式的潜力是较大的。如采用现代管理理念和先进经营知识，能够提升农村集体经济组织的经营管理能力；使用现代信息技术建设农村集体资产大数据，能够提高农村集体资产的运营能力；在适宜地区运用农业科技、现代装备和人工智能等来发展现代农业，能够提高农业的科技含量和产出能力。既优化了集体组织形式和经营方式，又提升了农村生产力水平。其中，在生产力发展方面的作用可以进一步归纳为提高了农村集体经济的资本有机构成，即在农村劳动力这一可变资本（v）固定的情况下，通过改进技术等不变资本（c），促进了资本技术构成的提高，进而提高资本有机构成（$c:v$）。

三是促进各类要素的优化组合。传统要素与现代要素的作用和功能是不同的，将各种要素组合起来，就是要有效运用价格、供求和竞争等机制，不断提高农村集体经济的全要素生产率，即要使这种生产率大于各单个要素投入的生产率之和。[①] 而要提高全要素生产率，则需考虑传统要素与现代要素的替代效应和产出效应。一方面，现代要素可能会替代传统要素。如在平原地区，农村集体经济组织可以运用现代机械代替人力，开展机械化作业，则要素之间的替代效应将发挥作用。这类替代效应是不可避免的，且目的也是提高生产效率。但另一方面，现代要素与传统要素是可能结合的。如数据要素并不能完全替代土地和资本，而是可以与这些传统要素有机结合，在探索农村集体经济实现形式中发挥 $1+1>2$ 的产出效应[②]。现代要素的投入降低了生产成本，使产出增加，而产出的增加又会导致对传统要素的需求增加。如图 5-5 所示，原有边际成本曲线为 MC，产出利润最大化水平为 y_1（$p_0=MC$）；当使用现代要

---

① 洪银兴：《实现要素市场化配置的改革》，《经济学家》2020 年第 2 期，第 5~14 页。

② 西方经济学中产出效应主要用来说明劳动力和资本的关系，即当工资下降时，产出增加，又促使对资本的需求增加，参见高鸿业、吴易风、刘凤良主编《研究生用西方经济学（微观部分）》第二版，经济科学出版社，2000，第 329~333 页。本书参考这种思路，将两种要素之间的产出效应拓展到两类要素之间。

素带来的成本降低时，边际成本曲线下移到 MC′，产出利润最大化水平提高到 y_2，即在更高的产出水平上实现了利润最大化。这类产出效应，则可以看作全要素生产率的提高。

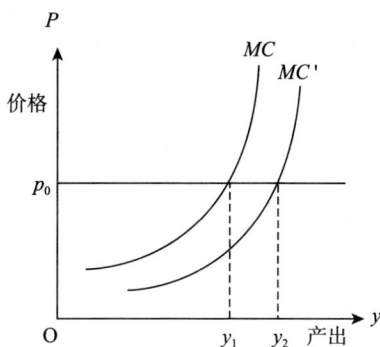

图 5 - 5　要素的产出效应

资料来源：笔者自制。

（二）内部要素与外部要素的深度融合

农民集体所拥有的内部要素是丰富的，包括各类资源、资金和资产。改革开放以前，农村集体经济及其实现形式的发展主要依靠内部要素。改革开放以后，伴随市场化程度的提高，资本、管理、技术等外部要素对农村集体经济及其实现形式的影响日益加深。要素之间是有联系的。马克思指出："不同要素之间存在着相互作用。"[①] 在生产经营活动中，不能只使用内部要素，而忽视了外部要素。刘易斯指出："企业应该可以买卖或雇用各种生产要素，假使一个人只能使用自己的劳动、土地和资本，企业就无法实现规模收益和专业化的好处。"[②] 探索农村集体经济实现形式，应平衡内部要素与外部要素的关系，促进各类要素的深度融合与有效利用（见图 5 - 6）。

一是用好用活内部要素。内部要素的潜能是需要挖掘的，尤其是应改变要素"沉睡"的状态。对于闲置的存量农村集体资产，可通过建立

[①] 《马克思恩格斯文集》第 8 卷，人民出版社，2009，第 23 页。

[②] 〔英〕阿瑟·刘易斯：《经济增长理论》，郭金兴等译，机械工业出版社，2015，第 69 页。

健全农村集体产权交易市场和平台，推动农村集体资源性资产经营权和农村集体经营性资产使用权等有序流转，实现内部要素溢价。这既能增加集体收益，又能充分激活要素。

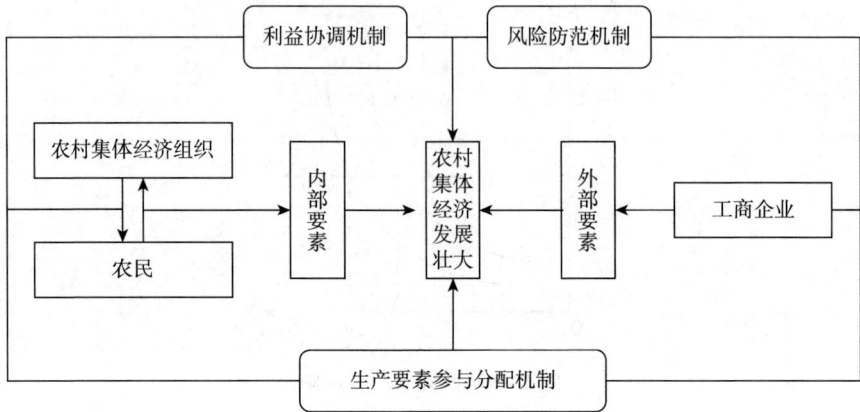

图 5 - 6　农村集体经济内外合作共赢模式

资料来源：笔者自制。

二是畅通要素流动渠道。要素具有活动性，是可以在不同部门和区域之间流动的。马克思认为在原始状态下，生产资料很难在部门之间转移，而要在不断的不平衡中不断实现平均化，则需要资本和劳动力在不同部门和地点之间转移。[①] 要素的这种转移，在我国可以概括为在城乡之间、农业部门与其他产业部门之间的自由流动。探索农村集体经济实现形式，则应改变要素单向流入城市的状况，更多吸引和促进资金、技术、人才等要素流向乡村，激活乡村市场。通过改善乡村生产生活环境，制定和完善要素入乡优惠政策，推动外部资本投资农村集体经济、外部人才参与农村集体经济，逐步在乡村形成各类要素顺畅流动、加速汇聚的良性循环，畅通国内大循环中的城乡要素循环。

三是促进内外要素的协调配置。内部要素和外部要素的所有权是不同的。内部要素属农民集体所有、由农村集体经济组织代表行使所有权，而外部要素属工商企业所有的情况较为常见。不同的主体将要素投向农村集体经济时，所追求的目标是不一致的。农村集体经济组织既要寻求集体经

---

① 〔德〕马克思：《资本论》第 3 卷，人民出版社，2004，第 198、218 页。

济收入的增加，又要将收益分配给农民，保障农民利益；工商企业则寻求的是利润最大化。在探索农村集体经济实现形式时，则需处理好效率与公平的关系，激活各类市场主体。通过优化市场环境，建立健全农村集体经济组织、农民、工商企业之间的利益协调机制以及风险防范机制，形成内外合作共赢模式，促进农村集体经济发展壮大。这种合作共赢模式，在分配关系上也需厘清，因为生产与分配是密不可分的。马克思指出二者的关系是"新生产的总价值在不同生产要素的所有者中间进行分配"①。应完善生产要素参与分配机制，激励生产要素的所有者和经营管理者持续发展农村集体经济，在优势互补中创新农村集体经营方式和组织形式。

三　农村产业体系

要素的合理配置和优化利用，需要依托实实在在的产业才能最终实现。产业是农村社会生产力的表征。一方面，在一定的农村集体经营方式和组织形式下，通过要素的投入和产出，发展类型多样的乡村产业，能够增强集体经济实力，促进农民共享产业增值收益。另一方面，农村产业的发展又推动了农村集体经济实现形式的创新和拓展。通过创造新的实现形式适应和推进新生产力的发展。② 故探索农村集体经济实现形式，也离不开农村产业体系的完善。对于产业体系，马克思在说明物化劳动与活劳动的比率时提出，这种比率不仅在各个生产部门有差异，而且"同一个产业的不同部门"③ 也存在差别。学者们基于马克思的分析，指出产业升级的过程包括两个方面，一个方面是产业部门内部生产结构的演化，另一个方面是不同产业部门之间的结构比例变动。④ 对于产业部门，马克思提到了"采矿业、农业、畜牧业、制造业、运输业"⑤ 等

---

① 《马克思恩格斯文集》第 7 卷，人民出版社，2009，第 993 页。
② 杨承训：《公有制实现形式的实践和理论创新》，《马克思主义研究》2021 年第 2 期，第 72～80、152 页。
③ 〔德〕马克思：《资本论》第 3 卷，人民出版社，2004，第 162 页。
④ 魏旭：《马克思的产业升级思想及其对当代中国结构转型的指导意义》，《毛泽东邓小平理论研究》2018 年第 6 期，第 40～48、107 页；吴宣恭、吴昊、李子秦：《马克思产业思想与中国产业结构转型》，《经济学家》2020 年第 4 期，第 24～33 页。
⑤ 〔德〕马克思：《资本论》第 3 卷，人民出版社，2004，第 360 页。

部门。对于农村产业体系，也可以从产业部门内部和产业部门之间两个层面来进行优化。需要说明的是，农村集体经济并不等于狭义的、单纯的农业经济，而是包括农业经济在内的，涵盖三次产业部门的广义农村经济。故在探索农村集体经济实现形式的过程中，完善农村产业体系，促进产业多样化发展，不仅包括特色农业的发展，而且囊括农村三次产业的融合和新产业新业态的发展。

（一）特色农业发展

在农村产业体系乃至整个国民经济体系中，农业均具有特殊的地位。马克思认为，高出个人需要的"农业劳动生产率，是全部社会的基础"①。习近平强调"任何时候都不能忽视农业"②。对于农业与其他产业部门的不同之处，马克思认为，只有在农业部门中，经济的再生产与自然的再生产才是相交织的。③ 故探索农村集体经济实现形式时，发展壮大特色农业，一方面，结合农业的特征来说，既要根据当地的自然条件和资源禀赋选择适合的产业，又要根据经济再生产的要求调整种植养殖方向，构建现代农业生产体系。在土地相对集中和地形相对平坦的地区，可朝着农业规模化、集约化的方向发展；适应居民消费升级和对农产品质量安全的需求，可朝着农业优质化、绿色化的方向发展；拓宽农产品市场和扩大农产品知名度，可朝着农业品牌化、特色化的方向发展。

另一方面，作为"由社会分工造成的产业资本的分支部门"④，农业的产前、产中、产后各个环节是连接在一起的。马克思在分析产业资本循环时，指出了要通过货币、生产和商品三种资本形态，经过购买、生产和销售三个阶段。⑤ 故应优化农业内部的产业结构，构建现代农业产

① 〔德〕马克思：《资本论》第 3 卷，人民出版社，2004，第 888 页。
② 中共中央党史和文献研究院编《习近平关于"三农"工作论述摘编》，中央文献出版社，2019，第 4 页。
③ 〔德〕马克思：《资本论》第 2 卷，人民出版社，2004，第 399 页。
④ 〔德〕马克思：《资本论》第 3 卷，人民出版社，2004，第 360 页。
⑤ 邱海平、李民圣：《马克思的资本流通理论与政府经济职能》，《经济学家》2015 年第 1 期，第 5～11 页。

业体系，拓展和延伸农业产业链、价值链，紧密衔接农产品生产、加工、流通、销售等各个环节，促进资本等要素在农业全产业链中实现价值增值。在上述过程中，农村集体经济组织可与农业产业化龙头企业、农民专业合作社等经营主体展开合作，构建现代农业经营体系，协同推进农业现代化。

（二）农村产业融合

在农村集体所有制下，不同产业是可以相互作用并融合发展的。产业融合发展能够提高农村生产力水平，进而缩小城乡产业发展差距。对于农业与工业的融合，马克思、恩格斯在《共产党宣言》中指出，"把农业和工业结合起来"[1]。对于要素在产业融合中的利用，马克思分析了作为劳动力的工人在工场手工业中的形成和发展，认为"在一个总机构中的分组和结合，造成了社会生产过程的质的划分和量的比例"[2]。而在农村集体经济发展中，包括劳动力在内的各类要素也须通过产业的融合发展进行分组和结合。农村产业融合发展，用数学公式可表示为 $1+2+3$ 或 $1×2×3$，计算结果均等于6，对应"加法效应"和"乘法效应"[3]，意在开辟新功能和拓展新业态，凸显乡村产业特色，实现产值的几何级数增长。我国农村产业融合发展更多的是一个全社会的概念，比日本"六次产业"地产地销的要求更加广泛。[4] 故在探索农村集体经济实现形式的过程中，应在特色农业发展的基础上，推动农村三次产业相互融合、协调发展，把现代工业与服务业的标准、人本等理念带进农业农村。[5]

---

[1]　《马克思恩格斯文集》第2卷，人民出版社，2009，第53页。

[2]　〔德〕马克思：《资本论》第1卷，人民出版社，2004，第421～422页。

[3]　日本学者今村奈良臣提出了农业的6次产业化，参见〔日〕今村奈良臣《中国农村经济发展战略的建议》，现代农业创新与发展——中日现代农业创新论坛论文，威海，2008，第30～33页；我国学者周立将农业4.0总结为三次产业叠加的"加法效应"与融合的"乘法效应"，参见周立《乡村振兴的核心机制与产业融合研究》，《行政管理改革》2018年第8期，第33～38页。本书赞同这两种效应，但并不局限于农业，而是将两种效应扩展到整个农村产业体系。

[4]　宗锦耀主编《农村一二三产业融合发展理论与实践》，中国农业出版社，2017，第20页。

[5]　《农业农村部关于印发〈全国乡村产业发展规划（2020—2025年）〉的通知》，《中华人民共和国农业农村部公报》2020年第8期，第63～73页。

一方面，促进农业与工业、服务业融合发展，持续拓展农业功能。其中，农业与工业的融合，主要是发展农产品加工业，既能通过农产品初加工和精深加工增加附加值，又能将产业增值收益就地留在农村。农业与服务业的融合，可由农村集体经济组织将农村的生态、历史、文化等资源有机结合，并将闲置宅基地和建设用地等集中整合，通过多种经营方式发展休闲农业与乡村旅游、健康养老等产业。这既能优化利用农村的特色资源，又能赋予农业休闲、观光、体验等多种功能。同时，农村集体经济组织与其他经营性服务组织①还可以合作发展农业生产性服务业，增加有偿服务收益。

另一方面，促进新技术与农村产业融合发展，持续培育新产业新业态。可运用物联网、5G、云计算等先进技术，推动农村集体经济组织与供销合作社等联合发展农村电子商务，既能拓展农产品进城渠道，又能畅通消费品下乡通道。此外，可进一步挖掘农村产业发展潜力，结合市场需求和技术水平，持续拓展产业门类，为农村集体经济增添新动能。

第三节　探索农村集体经济实现形式的目标

立足新发展阶段，坚持农业农村优先发展，探索多种有效的实现形式，推动农村集体经济的持续发展，目标将更加明确，效果将更加明显。本节从新型农村集体经济的发展壮大、公有制实现形式的拓展、乡村振兴和农民农村共同富裕三个层面进行分析。

一　发展壮大新型农村集体经济

在坚持农村集体所有制的过程中，随着农村土地"三权分置"改革和集体产权制度改革等的推进，农村集体经济进入了新的发展阶段。这个阶段也是新型农村集体经济加快发展的阶段。进入新发展阶段，一方面，探索多种实现形式，完善与创新农村集体经营方式和组织形式，落脚点在于发展壮大新型农村集体经济，"赋予双层经营体制新的

---

① 其他经营性服务组织包括农民专业合作社和企业等。

内涵"①。另一方面，新型农村集体经济的发展壮大，又能在推动农业农村现代化和城乡融合发展的过程中，丰富和完善其实现形式，促使实现形式多样化发展。

对于新型农村集体经济，近年来党和国家的许多政策和文献中均有提及。如在农村集体产权制度改革中，党和国家提出了科学确认农村集体经济组织成员身份，明晰集体所有产权关系，发展新型集体经济。②党的十九届五中全会通过的建议中，专门提到了"深化农村集体产权制度改革，发展新型农村集体经济"③。2021年中央一号文件明确，基本完成农村集体产权制度改革阶段性任务，发展壮大新型农村集体经济。④党的二十大报告再次强调："发展新型农村集体经济。"⑤故从政策取向和时代背景来看，新型农村集体经济及其实现形式是在农村集体产权制度改革和农村土地"三权分置"改革等相关改革中发展的。与之前的实现形式相比，新型农村集体经济实现形式应更加突出农村承包地经营权、宅基地使用权、集体经营性建设用地使用权等集体资源性资产用益物权的放活，并且将农村集体经营性资产以份额或股份的形式进行量化，强化农民集体资产收益分配权的保障。如在土地股份合作型实现形式发展中，既实行了规模经营，又采取了现代方法；既稳定了农民的土地承包权，又放活了土地经营权；既发挥了股份合作经营的优越性，又激发了农民入股的积极性。

从具体运行和发展方式来看，新型农村集体经济在农村集体资产权属清晰和集体成员身份明确的条件下，通过多种集体经营方式和组织形式，依托要素多样化利用和产业多样化发展，逐步实现发展壮大。而这

---

① 中共中央党史和文献研究院编《习近平关于"三农"工作论述摘编》，中央文献出版社，2019，第64页。

② 《中共中央　国务院关于稳步推进农村集体产权制度改革的意见》，《中华人民共和国国务院公报》2017年第3号，第9～14页。

③ 《中共中央关于制定国民经济和社会发展第十四个五年规划和二〇三五年远景目标的建议》，《人民日报》2020年11月4日，第3版。

④ 《中共中央　国务院关于全面推进乡村振兴加快农业农村现代化的意见》，《中华人民共和国国务院公报》2021年第7号，第14～21页。

⑤ 习近平：《高举中国特色社会主义伟大旗帜　为全面建设社会主义现代化国家而团结奋斗》，《人民日报》2022年10月26日，第3版。

个过程也是多种实现形式的探索和发展过程。相较于之前的实现形式，首先，新型农村集体经济实现形式中的经营方式和组织形式更加多样，且经营方式和组织形式可进行多种组合。特别是农村集体经济组织作为农村集体资产的管理主体和独立的市场主体，在密切联结农民的同时，可与多个经营主体展开合作，推动资源变资产、资金变股金、农民变股东。其次，新型农村集体经济实现形式发展中，传统要素与现代要素的优化组合，以及内部要素与外部要素的深度融合程度更高，可逐步破解之前实现形式发展中要素利用效率不高且流动较难的问题。最后，探索新型农村集体经济实现形式时，特色农业的发展，以及农村三次产业的融合和新产业新业态的发展，改变了就农业论农业、仅依靠农业发展集体经济的传统形态。此外，新型农村集体经济及其实现形式不局限于本地，可突破空间限制到外地发展集体经济，增加本地集体积累。进一步探索农村集体经济实现形式，应在丰富实现形式的过程中，增强新型农村集体经济"统"的功能和作用。

二 促进公有制实现形式多样化

新中国成立后，我国建立了社会主义制度，坚持了生产资料公有制。而生产资料公有制在城市和农村的存在形式是不同的。《宪法》第六条规定："社会主义经济制度的基础是生产资料的社会主义公有制，即全民所有制和劳动群众集体所有制。"[1] 在农村，坚持社会主义公有制就具体化为坚持农村集体所有制。而集体经济，是农村公有制的主要形式。[2] 故探索农村集体经济实现形式，既是在农村坚持社会主义公有制的重要体现，又是在农村巩固和发展公有制经济的有益尝试。在生产资料所有制层面，无论是最初单一的农村集体经济实现形式，还是逐渐增加的多种实现形式，其发展过程中均坚持了农村集体所有制，保障了土地等生产资料由农民集体所有，巩固了公有制在农村发展的宏观制度基础。在生产经营方式和组织形式层面，始于1978年的农村改革，通过对农业农

---

[1] 《中华人民共和国宪法》（最新修正版），法律出版社，2018，第61页。

[2] 习近平：《摆脱贫困》，福建人民出版社，1992，第143页。

村生产关系的调整，使家庭经营、集体经营等多种经营方式以及农民、农村集体经济组织等经营和组织主体得到了共同发展，推动了公有制实现形式的多样化，进而夯实了公有制与市场经济在农村有机结合的微观经营基础。

随着社会主义市场经济的发展，公有制与市场经济的结合不断深入，具体实现形式日益多样。早在党的十五大报告中，就提出了实现形式多样化[1]的问题。之后，党的十六届三中全会、党的十八届三中全会分别提到了股份制[2]和混合所有制[3]等实现形式。但是，政策和实践中的股份制和混合所有制等实现形式，重心都在城市。而对于农村，如何突破固有的实现形式，促进集体资产保值增值，则相对缺乏政策支撑和实践探索。党的十九大以来，党和国家重视在城乡融合中发展农村集体经济，于2019年提出了探索混合经营等多种实现形式。[4] 有了明确的政策支持，加之农村改革试验区和城乡融合发展试验区等的先行先试，在具有广袤市场潜力的农村积极探索多种新型集体经济实现形式的条件已经具备。多种实现形式的形成和发展，不仅是为了促进新型农村集体经济的蓬勃发展，而且能够拓展社会主义公有制的实现形式，从而推动公有制经济的多元化发展。

三　推动乡村振兴和农民农村共同富裕

伴随社会主要矛盾和农业主要矛盾的变化，"三农"发展面临着更大的挑战。解决城乡发展不平衡问题，以及改变农村发展不充分状态，需要行之有效的路径和方法。特别是在消除绝对贫困、全面建成小康社会之后，巩固拓展脱贫攻坚成果同乡村振兴有效衔接，促进农民农村共同富裕，均需要切合实际的路径。对于"三农"的新发展，党的十九大

---

[1] 即"公有制实现形式可以而且应当多样化"，参见中共中央文献研究室编《十五大以来重要文献选编》上，中央文献出版社，2011，第18页。

[2] 即"使股份制成为公有制的主要实现形式"，参见中共中央文献研究室编《十六大以来重要文献选编》上，中央文献出版社，2005，第466页。

[3] 即"混合所有制经济，是基本经济制度的重要实现形式"，参见中共中央文献研究室编《十八大以来重要文献选编》上，中央文献出版社，2014，第515页。

[4] 《中共中央　国务院关于建立健全城乡融合发展体制机制和政策体系的意见》，《中华人民共和国国务院公报》2019年第14号，第11~18页。

提出了"实施乡村振兴战略"[1]，并从产业、生态、生活等五个方面明确了这一战略的丰富内涵。[2] 党的二十大强调了"全面推进乡村振兴"[3]。中共中央、国务院印发了《乡村振兴战略规划（2018—2022年）》，在发展目标中专门设置了集体经济强村比重等指标，在远景谋划中提出了到2050年乡村全面振兴，农业强、农村美、农民富全面实现。[4] 习近平指出，实施这一战略是一项长期而艰巨的任务，要在这个过程中发展新型集体经济，走共同富裕道路。[5] 在实施乡村振兴战略的过程中，探索农村集体经济有效实现形式，壮大新型农村集体经济实力，既能反映乡村振兴战略和农民农村共同富裕的具体要求，又能推动乡村振兴战略的稳步实施和共同富裕目标的逐步实现。

（一）促进产业兴旺和生活富裕

乡村振兴，重点和根本分别在于产业兴旺和生活富裕。[6] 持续推动共同富裕，也需要依托产业带动"三农"发展，逐步缩小工农发展差距和城乡居民收入差距。没有产业，农村集体经济就成为空中楼阁；没有稳定的收入，农民生活就难以保障。农村集体经济的发展，对乡村产业和农民收入的影响是直接的。邓小平认为要发展到高水平的集体化，需要使"集体收入增加"[7]，并且比重提高。探索能够增加收入的农村集体经济实现形式，发展新型集体经济，体现在农村产业上，就是通过农村集体经济组织的带动，因地制宜发展特色优势农业，在有条件的地区推

---

[1] 习近平：《决胜全面建成小康社会 夺取新时代中国特色社会主义伟大胜利》，《人民日报》2017年10月28日，第3版。

[2] 习近平：《把乡村振兴战略作为新时代"三农"工作总抓手》，《求是》2019年第11期，第4～10页。

[3] 习近平：《高举中国特色社会主义伟大旗帜 为全面建设社会主义现代化国家而团结奋斗》，《人民日报》2022年10月26日，第3版。

[4] 《中共中央国务院印发〈乡村振兴战略规划（2018—2022年）〉》，《人民日报》2018年9月27日，第1版。

[5] 习近平：《把乡村振兴战略作为新时代"三农"工作总抓手》，《求是》2019年第11期，第4～10页。

[6] 《中共中央 国务院关于实施乡村振兴战略的意见》，《中华人民共和国国务院公报》2018年第5号，第4～16页。

[7] 《邓小平文选》第2卷，人民出版社，1994，第316页。

动农村三次产业相互融合、协同发展。通过培育发展新产业新业态，一方面，要为农村产业发展增添新动能，拓展集体经济收入来源，不断增加农村集体积累，奠定产业兴旺的物质基础。另一方面，要为农民就业增收开辟新渠道，促进农民共享集体经济发展收益，提高农民各类收入尤其是财产性收入，使其"有富足的和一天比一天充裕的物质生活"①，持续创造生活富裕的物质条件。在物质生活富裕层面，只有农民生活富裕起来了，全体人民共同富裕才真正得以实现。

（二）推进生态宜居、乡风文明和治理有效

乡村振兴，关键、保障、基础分别在于生态宜居、乡风文明、治理有效。② 农村生态文明建设，农村生活环境的改善，农村与城市生活水平差距的缩小，均需要集体经济的直接支持。尤其是在农村人居环境整治提升过程中，农村生活垃圾处理和污水治理设施的建设和运营管护，都离不开农村集体经济的投入。在财政补助运行管护经费的同时，由村集体进行补贴，是可行的。③ 探索农村集体经济实现形式，持续增加农村集体经济收入，应为持续改善乡村人居环境和提升村容村貌提供物质保障，满足农民在美丽家园建设等方面的更高需求。经济基础决定上层建筑。共同富裕也包括农民精神生活富裕。农村文化建设和政治建设，农村精神文化生活的丰富，农民精神生活富裕的实现，均离不开集体经济的间接带动。我国农村治理的基本框架包括农村集体经济组织制度和农村自治组织制度。④国家在乡村治理有效的主要指标中，专门设立了关于集体经济发展的指标。应探索组织联合能力强的实现形式，健全农村集体经济组织与农民之间的利益联结机制，完善农民参与和监督集体事务的利益表达机制，

① 《马克思恩格斯文集》第 9 卷，人民出版社，2009，第 299 页。
② 《中共中央　国务院关于实施乡村振兴战略的意见》，《中华人民共和国国务院公报》2018 年第 5 号，第 4 ~ 16 页。
③ 唐仁健：《从讲政治的高度看"三农"抓"三农"　推动"十四五"农业农村工作开好局起好步——在全国农业农村厅局长会议上的讲话》，《农村工作通讯》2021 年第 7 期，第 4 ~ 12 页。
④ 《财政部关于印发〈扶持村级集体经济发展试点的指导意见〉的通知》，《中华人民共和国财政部文告》2015 年第 11 期，第 8 ~ 12 页。

既增强农民的集体意识，维护农民的民主权利，又增强农村集体经济组织凝聚力，提升乡村治理能力。

第四节 探索农村集体经济实现
形式的原则

我国农业农村发展程度不一，生产关系结构复杂，决定了农村集体经济的发展不能采取一种模式，而应探索和采取多种有效的实现形式。探索农村集体经济实现形式，应遵循基本的原则，根据具体的情况和不同的条件选择适宜的实现形式，以及调整相应的实现形式。

一 统分结合的原则

厘清农村集体经营与家庭经营的关系，关系到农村集体经济实现形式能否持续发展。农村集体经营并不是要替代农民家庭承包经营，而是宜统则统、宜分则分。农村集体经济"统"的功能和作用较为广泛，体现在经营方式层面，则可以概括为各种集体经营方式。而集体经营方式，与农民家庭承包经营并不是相冲突、相矛盾的，而是相联系、可互补的。从国情农情来看，"大国小农"的情形仍将长期存在。经营自家承包耕地的农户占大多数，这种情况短期内很难改变。[1] 在坚持家庭承包经营基础性地位不动摇的同时，探索农村集体经营方式和组织形式，其方向和目的应是联农带农和服务家庭承包经营。比如，弥补分散经营在产后商品化处理、加工、储运和品牌塑造、市场营销等产业链后端的短板[2]。同时，从各自特征来看，不同的经营方式是可以并存的。集体经营能够与农村社会化大生产的发展要求相适应，具有合作性、组织性、规模性等特点；家庭承包经营能够与社会主义初级阶段农业生产力的发展水平相适应，具有自发性、自主性、灵活性等特点，二者均具有各自适宜的

---

[1] 中共中央党史和文献研究院编《习近平关于"三农"工作论述摘编》，中央文献出版社，2019，第 56 页。

[2] 吴宏耀主编《2021 年农村改革试验区改革实践案例集》，中国农业出版社，2021，第 56 页。

发展条件和应用的具体区域。两类经营方式的有机结合，能够在农村经济中体现"社会主义制度的优越性"①。应正确看待"统"与"分"的辩证关系，在探索以"统"为核心的农村集体经济实现形式中，形成更多能够带动小农户的经营方式，促进农村集体经营与家庭承包经营等多种经营方式共同发展。

二　农民自愿的原则

在农村集体经济组织中，作为成员的农民的积极支持和广泛参与，是农村集体经济实现形式成功实践的重要条件。首先，作为一种生产关系，农村集体经济实现形式是有多种的。具体选择哪种实现形式，除了生产力因素外，另一个重要考量是农民意愿。根据农民意愿和需求选择、调整和完善农村集体经营方式与组织形式，即"能够调动群众的积极性"②，"让农民自主选择他们满意的经营形式"③，而不是背离农民意愿。其次，调动农民支持和参与农村集体经济的积极性，激发内生动力，需采取"使农民感到简便易行和容易接受的方法"④。这些方法，主要是平等互利的引导、示范和帮助等，即"不是采用暴力，而是通过示范和为此提供社会帮助"⑤，"真正可靠地把千百万农民群众吸引到自己方面来"⑥。通过有效的实现形式，让农民共享农村集体经济发展红利，在经济利益上使农民获得财产性收入等收入，真正成为受益者。进一步地，吸引农民主动加入农村集体生产经营活动中，增加工资性收入和经营性收入等各类收入，使农民持续获利和受益。最后，妥善处理集体利益与个人利益的关系，维护农民根本利益。保障和实现农民作为农村集体经济组织成员的各项权利，在农民自愿放弃土地承包经营权、宅基地使用权、集体收益分配权等权利时，给予合理的补偿。

---

① 习近平：《摆脱贫困》，福建人民出版社，1992，第144页。
② 《邓小平文选》第1卷，人民出版社，1994，第323页。
③ 中共中央党史和文献研究院编《习近平关于"三农"工作论述摘编》，中央文献出版社，2019，第52页。
④ 《列宁全集》第43卷，人民出版社，2017，第366页。
⑤ 《马克思恩格斯文集》第4卷，人民出版社，2009，第524页。
⑥ 《列宁全集》第37卷，人民出版社，2017，第365页。

三　政府与市场结合的原则

社会主义市场经济体制下，政府与市场作用的协同发挥，能够助推农村集体经济及其实现形式的长久发展。政府与市场在其中的作用范围和领域是不同的，应分清各自的作用边界和作用程度，并有机结合。首先，充分发挥市场的决定性作用。市场直接作用的范围和领域是广阔的，探索农村集体经济实现形式的各个环节中，凡是能由市场决定的环节，均应交给市场，政府不应过多干预。遵循社会主义市场经济规律，健全市场化的农村集体经济运行机制，积极探索和推广符合市场经济发展需求的、具有较强市场竞争能力的农村集体经营方式和组织形式，不断夯实公有制与市场经济在农村兼容的微观经营基础。其次，更好发挥政府的扶持作用。政府的间接作用范围和领域，主要在相关政策制定和实施，以及对市场主体的规范引导等方面。发展农村集体经济，需要政府"在经济、财政、银行方面给以种种优惠"[1]。尤其是对农村集体经济薄弱村，"依靠全国的财力"[2]，给予财政资金支持。这类资金也是重要的集体经营性资产，可投入集体经营中实现资产增值。对农村集体经济组织，予以税费减免和信贷优惠，并完善相关法律规定，保护其法人资格和市场主体地位。最后，完善农村经济体制。这既需要坚持市场导向，又需要发挥政府作用。应健全城乡统一、协调有序的市场体系，破除限制农村集体经济发展的各种障碍，不断增强农村集体经济的活力。

四　因地因时制宜的原则

我国农村情况千差万别，集体经济发展很不平衡。[3] 农村集体经济，既没有统一的实现形式，也没有同等的发展程度。尤其是各种经营主体和经营方式，"有各自的适应性和发展空间"[4]。探索农村集体经济实现

---

① 《列宁全集》第 43 卷，人民出版社，2017，第 368 页。
② 《马克思恩格斯文集》第 3 卷，人民出版社，2009，第 13 页。
③ 中共中央党史和文献研究院编《习近平关于"三农"工作论述摘编》，中央文献出版社，2019，第 144 页。
④ 中共中央党史和文献研究院编《习近平关于"三农"工作论述摘编》，中央文献出版社，2019，第 52 页。

形式，应突出差异化、特色化和多样化。一方面，根据本地实际情况选择适宜的实现形式。各地的经济基础、地理区位、历史文化等条件是不同的，农民集体拥有的资产类别和数量也是不同的。探索农村集体经济实现形式，既要考虑到不同的发展基础和发展条件，突出地方特色，又可以从集体资产入手，根据资产性质分类挖掘具体的经营方式和组织形式。宜农则农，宜开发生态旅游则搞生态旅游。① 另一方面，根据所处发展阶段探索实现形式。农村集体经济及其实现形式的发展，不能忽视"地区有先进、中间和落后的差别"②，不追求统一步调和同一速度。如农村改革试验区和率先进行集体经济发展试点的地区，在推进相关改革、探索实现形式中走在前列，应巩固和拓展这些成果，进一步创新集体经营方式和组织形式。其中可借鉴、可参考的实现形式和发展经验，可向其他区域适当推广。而在农村集体经济薄弱村和相关改革较晚的地区，探索实现形式的步伐相对缓慢，壮大集体经济也不可能一步到位、一蹴而就。应找准本地的节奏、节点和步骤，循序渐进、量力而行地探索实现形式。

第五节　探索农村集体经济实现形式的路径

对于进一步探索农村集体经济的多种实现形式，国家政策中明确指出了"积极探索盘活农村资产资源的方式方法"，"采取资源开发利用、统一提供服务、物业管理、混合经营、异地置业等多种实现形式"。③ 而要发展多种实现形式，需探索具体的、有针对性的路径。这些路径，可以从不同的维度进行探寻，包括农村集体资产的类型、村庄的类别、区域的划分等，且各个维度之间又有交叉。其中，农村集体资产是作为农村集体组织成员的农民集体所有的、关系到其切身利益与农村集体经济发展成效的关键资产；同时，国家政策中提到的实现形式均离不开各类

① 中共中央党史和文献研究院编《习近平关于"三农"工作论述摘编》，中央文献出版社，2019，第57页。
② 《斯大林选集》下卷，人民出版社，1979，第249页。
③ 《国务院办公厅关于完善支持政策促进农民持续增收的若干意见》，《中华人民共和国国务院公报》2016年第35号，第89～94页。

集体资产的利用和经营，实现农村集体资产保值增值也是探索实现形式的重要目的。《乡村振兴战略规划（2018—2022年）》中指出："引导农村集体经济组织挖掘集体土地、房屋、设施等资源和资产潜力，依法通过股份制、合作制、股份合作制、租赁等形式，积极参与产业融合发展。"[①] 前面的分析中，也阐述了农村集体资产这类内部要素的作用发挥。故本节将农村集体资产这一维度作为核心维度，根据不同的集体资产类型，分类进一步探究新型农村集体经济的多种实现形式。

一 基于集体资产类型探索新型农村集体经济实现形式的必要性

农民集体所有的各类资源、资金和资产，统称为农村集体资产。这些资产的类型，有不同的区分方法。依据移动方式，可分为动产和不动产；依据存在形态，可分为有形资产和无形资产；依据资产性质，可分为资源性资产、经营性资产和非经营性资产（见表5-4）。其中，资产性质的划分标准，便于农村集体产权的区分，以及资产的保护利用和经营管理等。按照该标准探索农村集体经济实现形式，是发展新型农村集体经济的必然选择。

表5-4 农村集体资产类型

资产类型	具体类目
资源性资产	土地、森林、山岭、草原、荒地、滩涂等
经营性资产	用于经营的房屋、建筑物、机器设备、工具器具、农业基础设施、集体投资兴办的企业及其所持有的其他经济组织的资产份额、无形资产等
非经营性资产	用于公共服务的教育、科技、文化、卫生、体育等方面资产

资料来源：《中共中央　国务院关于稳步推进农村集体产权制度改革的意见》，《中华人民共和国国务院公报》2017年第3号，第9~14页。笔者整理而得。

按照资产性质区分农村集体资产、探索实现形式，首先，有利于完善农村集体产权权能。三类农村集体资产的产权权能不同，新型农村集

---

① 《中共中央国务院印发〈乡村振兴战略规划（2018—2022年）〉》，《人民日报》2018年9月27日，第10版。

体经济也可以有不同的实现形式。习近平指出："建立健全集体资产各项管理制度，完善农村集体产权权能，发展壮大新型集体经济。"① 其中，农村集体资源性资产中的承包地是可以承包到户的、宅基地是赋予了农户资格权的，集体经营性资产是可以按份额或股份量化到农村集体经济组织成员的，集体非经营性资产是不能量化的。根据三类资产的不同性质分类探索新型农村集体经济实现形式，既是对农村集体所有制的基本遵循，又是对农村集体产权权能的丰富和完善。

其次，有利于强化农村集体经济组织职能。土地承包关系是农村集体经济组织成员身份确认的重要依据，集体经营性资产量化后仍由农村集体经济组织统一管理，集体非经营性资产也由组织运营管护。这三类资产是组织成员的主要财产。② 根据三类资产的不同性质探索新型农村集体经济实现形式，既能保障农村集体经济组织成员的资产权益，又能增强农村集体经济组织的资产管理等功能作用。

最后，有利于丰富农村集体经营方式。农村集体经营需要依靠一定的资产才能顺利开展。无论是发展适度规模经营，还是发展股份合作经营等，均需依托各类集体资产。上述三类资产也是农业农村发展的重要物质基础。③ 根据三类资产的不同性质探索新型农村集体经济实现形式，既能分类探寻农村集体经营方式和组织形式，又能增加集体经营收益。

二　基于集体资产类型探索新型农村集体经济实现形式的可行性

在新型农村集体经济实践中，按照三种类型的集体资产分类探索实现形式，也具有一定的可行性。一方面，农村集体产权制度改革等顺利推进。清产核资是这项改革的首项工作。2015 年开始的农村集体资产股

---

① 中共中央党史和文献研究院编《习近平关于"三农"工作论述摘编》，中央文献出版社，2019，第 64 页。

② 《中共中央　国务院关于稳步推进农村集体产权制度改革的意见》，《中华人民共和国国务院公报》2017 年第 3 号，第 9～14 页。

③ 《中共中央　国务院关于稳步推进农村集体产权制度改革的意见》，《中华人民共和国国务院公报》2017 年第 3 号，第 9～14 页。

份权能改革试点，是根据三种类型的集体资产分别开展的。2017 年起全国开始了第三次农村集体资产清产核资，历时 3 年，基本核清了农村集体资产，包括 65.5 亿亩集体土地等资源性资产，3.1 万亿元农村集体经营性资产，3.4 万亿元非经营性资产。① 摸清家底之后，按照集体资产类型分类探索新型农村集体经济实现形式有了明确的依据。清产核资不仅明确了三类资产的总量，而且明确了三类资产的分布情况，便于结合各地实际探索实现形式。特别是 2018 年以来，在扶持壮大村级集体经济试点过程中，国家有关部门选择的是 "具备发展集体经济的资产、资源、区位等基础条件的村"②。而资产和资源条件即为农村集体资产的存量和分布等情况，故在实践中也可根据农村集体资产类型分类探索多种实现形式。同时，各类资产产权制度改革推进不一、要求各异，也必须根据资产类型分类推进。③

另一方面，农村要素利用和产业发展的迫切需求。三类农村集体资产既是农村内部的特有要素，又是农村产业发展必备的内部投入。完成三类资产清产核资之后，集体资产归属更加明晰，在此基础上分类探索新型农村集体经济实现形式，能够促进要素优化配置，有针对性地盘活沉睡的资产；同时，能够优化农村产业体系，有指向性地壮大特色优势产业。

需要说明的是，由于非经营性资产由农村集体经济组织管护运营，侧重于公益性而非经营性，与生产经营活动不直接相关，不能通过市场流转交易④，故本书暂不探讨该类资产的实现形式。但是，资产属性是变化的。如闲置校舍等公共设施，开发盘活后能转化为经营性资产。⑤

---

① 赵阳主编《农村集体产权制度改革》，人民出版社，2020，第 109 页。

② 中央组织部、财政部、农业农村部印发的《关于坚持和加强农村基层党组织领导扶持壮大村级集体经济的通知》中有该项要求，参见《对十三届全国人大四次会议第 4075 号建议的答复》，中华人民共和国农业农村部网站，http://www.moa.gov.cn/govpublic/zcggs/202109/t20210929_6378666.htm，最后访问日期：2023 年 1 月 29 日。

③ 叶兴庆主编《农村经济调查与研究 第 3 部》，中国发展出版社，2018，第 88 页。

④ 《国务院办公厅关于引导农村产权流转交易市场健康发展的意见》中指出，现阶段通过市场流转交易的农村产权包括承包到户的和农村集体统一经营管理的资源性资产、经营性资产等。参见《国务院办公厅关于引导农村产权流转交易市场健康发展的意见》，《中华人民共和国国务院公报》2015 年第 4 号，第 24～27 页。

⑤ 赵阳：《深入推进农村集体产权制度改革的若干问题》，《农村经营管理》2020 年第 4 号，第 14～17 页。

本书在研究实现形式时，也是聚焦转化后的经营性资产，而非原来的非经营性资产。因此，本书将从资源性资产和经营性资产两种集体资产类型出发，分类探索具体的实现形式。

第六章 中国新型农村集体经济实现形式一：基于资源性资产保护利用的视角

农村集体所有的自然资源，具有稀缺性、地域性和不可再生性等典型特征。探索新型农村集体经济实现形式，促使资源成为可利用的资产，应在资源保护的基础上，将资源优势转换为经济价值和生态价值。而农村集体所有的资源是较为丰富且开发潜力较大的，各类资源性资产也可以采取不同的利用方式、经营方式和组织形式。本章从土地资源的保护利用和生态资源的保护利用两个方面，结合农村承包地"三权分置"改革、集体经营性建设用地入市改革和宅基地"三权分置"改革，以及生态文明体制改革和自然生态资源产权体系优化等新变化，分别探寻新型农村集体经济的多种实现形式。

第一节 农村集体资源性资产的类别

对于农村集体所有的资源性资产，国家法律和相关政策中均进行了明确。《民法典》中规定，这类资产涵盖"土地和森林、山岭、草原、荒地、滩涂"[①]。对这些资源性资产，可进一步区分类别。国家在划分主体功能区时，强调了"扩大绿色生态空间，保持农业生产空间"，其所

---

① 《中华人民共和国民法典》，法律出版社，2020，第55页。

指生态空间包括天然草地、林地、河流水面、湖泊水面、沙地、高原荒漠等，农业空间包括农业生产空间、农村生活空间。① 本书参考这种分类方法，将农村集体资源性资产大体分为土地资源和生态资源，并以这两类资源为核心分别挖掘新型农村集体经济实现形式。需要说明的是，虽然"四荒"地（荒山、荒沟、荒丘、荒滩）资源属于农村未利用地，但本书根据其生态功能和国家关于生态空间的划分，将其归结在生态资源中进行研究。

一　农村土地资源

土地是农民集体所有的数量最大、最重要的资产。② 马克思指出："土地本身对一切可能的，甚至非农业的生产部门来说，都是进行竞争的生产条件。"③ 按照用途，土地可分为农用地、建设用地和未利用地，④在农村集体土地中占比最大的是农用地。农村建设用地包括宅基地、集体经营性建设用地和公益性建设用地。按照用益物权，与农村集体经济发展相关的有土地承包经营权、建设用地使用权和宅基地使用权等，部分权属⑤已经通过确权登记颁证予以确认。故本部分研究的土地资源，主要集中在农村承包地、集体经营性建设用地和宅基地三类。根据全国农村集体资产清产核资结果，集体所有的65.5亿亩土地等资源性资产主要集中在西部地区，达37.1亿亩，占56.6%；中部地区为16.4亿亩，占25.0%；东部地区为12.0亿亩，占18.3%。⑥

探索新型农村集体经济实现形式，需要正确处理农民与土地的关系，用好用活农村土地资源。对于农村土地改革和利用，2021年中央一号文件中提到了土地承包期延长、集体经营性建设用地入市，以及探索宅基

---

① 《国务院关于印发全国主体功能区规划的通知》，中华人民共和国中央人民政府网站，http://www.gov.cn/zhengce/content/2011 - 06/08/content _1441.htm，最后访问日期：2023年1月29日。

② 黄延信、王刚：《关于农村集体产权制度改革几个重要问题的思考——赴四川省、广东省的调查报告》，《农业经济与管理》2016年第1期，第5~10页。

③ 〔德〕马克思：《资本论》第3卷，人民出版社，2004，第717~718页。

④ 《中华人民共和国土地管理法》（最新修正版），法律出版社，2019，第18页。

⑤ 确权登记颁证的主要是农村土地承包经营权和宅基地使用权等。

⑥ 赵阳主编《农村集体产权制度改革》，人民出版社，2020，第109页。

地所有权、资格权、使用权分置有效实现形式。① 一方面，农村改革政策中关于承包地流转、宅基地使用、集体经营性建设用地入市等规定，是探索新型农村集体经济实现形式时必须遵循并执行的。另一方面，在改革政策的支持下，探索多种有效的实现形式，采取多种方式盘活农村土地资源，能够提高土地利用效率，增加集体和农民收益。对于土地收益，马克思用地租进行了分析，他指出级差地租"是和土地本身产生的各种属性结合在一起的"②。其中，级差地租Ⅰ是由土地的肥力和位置引起的。农村集体经济组织通过土地整理和土地集中等多种方式发展适度规模经营，会带来级差地租Ⅰ的提高和相应收益的增加。因为肥力是与"农业中化学和机械的发展水平"③ 相关的，土地整理能够改善农村土地质量。对于土地的位置，马克思认为与地方市场和交通便利程度有关，也会受工农关系的影响。④ 伴随农村交通等基础设施条件的改善，以及城乡融合程度的提升，土地位置之间的差别将缩小。将分散的土地流转之后集中起来，能够增强土地的区位优势，提高农村土地的价值。级差地租Ⅱ是以同一土地上的连续投资有不同的级差生产率为基础的。⑤ 作为土地使用者，农村集体经济组织和工商企业等各类主体以农村土地为载体，增加投资、发展产业，也会带来级差地租Ⅱ的提高和相应收益的增加。这是由于"经营土地的资本的量已经增长"⑥，即在发挥土地自然属性的同时，强化了土地的经济属性。

二 农村生态资源

生态资源既是须保护的宝贵自然资源，又能够成为可利用的生态产品。从需求的角度看，人类需求包含对生态产品、农产品、工业产品以及服务产品等多种产品的需求。且伴随生产生活条件的改善，城乡居民

---

① 《中共中央 国务院关于全面推进乡村振兴加快农业农村现代化的意见》，《中华人民共和国国务院公报》2021 年第 7 号，第 14～21 页。
② 〔德〕马克思：《资本论》第 3 卷，人民出版社，2004，第 931～932 页。
③ 〔德〕马克思：《资本论》第 3 卷，人民出版社，2004，第 733 页。
④ 〔德〕马克思：《资本论》第 3 卷，人民出版社，2004，第 733 页。
⑤ 〔德〕马克思：《资本论》第 3 卷，人民出版社，2004，第 821 页。
⑥ 〔德〕马克思：《资本论》第 3 卷，人民出版社，2004，第 879 页。

对于优质生态产品的需求越发强烈。从供给的角度看，与城市相比，农村拥有的生态产品更加丰富，生态类型更加多元，生态资源优势更为突出。而生态优势通过一定的条件，也能转化为经济优势。恩格斯认为，劳动与自然界结合"才是一切财富的源泉"[1]。在新型农村集体经济发展过程中，可依托生态资源发展生态产业，发挥"生态农业、生态工业、生态旅游等生态经济的优势"[2]。尤其是在无土地资源、无特色产业、无经营收入的农村集体经济薄弱村，开发利用生态资源是增加集体经济收入的可行路径。

自然生态空间[3]确权登记后，明晰了农村集体所有权。在此基础上，促使生态资源的所有权与使用权相分离，适度扩大使用权的具体权能[4]。这些权能赋予了农村集体经济组织更加灵活多样的经营方式，其既可以自主开发生态资源，也可以与其他主体联合开发。在探索新型农村集体经济实现形式时，要实现生态产品的价值，既要考虑投入，又要考虑成本，从而促进产业生态化和生态产业化。参考学者们[5]在研究自然资源时建立的环保型内生经济增长模型来进行说明。

$$U(Y, a) = AK\alpha H\beta(\mu L)(1 - \alpha - \beta) - C(a) \tag{6-1}$$

如模型 6-1 所示，$U(Y, a)$ 为效用函数，Y 为长期的产出增长率，A、K、H、L 分别代表技术进步、物质资本积累、生态资源、人力资本，均是增长的内生变量；μ 表示从事生产必需的时间，$C(a)$ 表示环境负效用或环境污染的成本。α、β 是参数，$0 < \alpha < 1$，$0 < \beta < 1$，$1 - \alpha - \beta > 0$，$C(a) > 0$。若要实现经济增长，一方面，应使 $AK\alpha H\beta (\mu L)(1 -$

---

[1] 《马克思恩格斯文集》第 9 卷，人民出版社，2009，第 550 页。
[2] 习近平：《之江新语》，浙江人民出版社，2007，第 153 页。
[3] 包括水流、森林、山岭、草原、荒地、滩涂等，参见《中共中央关于全面深化改革若干重大问题的决定》，《人民日报》2013 年 11 月 16 日，第 2 版。
[4] 包括出让、转让、出租、抵押、担保、入股等，参见《中共中央　国务院印发〈生态文明体制改革总体方案〉》，《中华人民共和国国务院公报》2015 年第 28 号，第 4～12 页。
[5] 张莉娟等学者采用了焦必方构建的环保型内生经济增长模型，参见张莉娟等《自然资源资产管理体制的反思与改革思考》，载高延利、张建平、吴次芳主编《中国土地政策研究报告（2019）》，社会科学文献出版社，2019，第 294 页。

$α-β$）取得极大值，即提高生态资源利用效率，促进各要素的优化配置，树立山水林草湖是一个生命共同体的理念，提升生态功能和服务价值。[①] 另一方面，应考虑 $C（a）$ 的值，即不应损害农村生态环境，而应在保护的前提下利用生态资源，在美丽乡村建设过程中提高资源资产回报水平。

第二节 基于土地资源保护利用的新型农村集体经济典型实现形式

土地资源在全国各个地区的用途、数量和分布是有差异的，以土地资源保护利用为核心的新型农村集体经济也不只有一种实现形式，而是有多样化的实现形式。根据新型农村集体经济发展中土地资源的不同用途和保护利用情况，本书选择了土地股份合作型、生产服务型、存量盘活型三种具有代表性和推广性的实现形式进行深入研究。

这三种实现形式能够成为新型农村集体经济的典型实现形式，主要原因在于三个方面。首先，在土地资源集体所有权不变的情况下，具体的使用权得到了放活，在土地产权制度和产权关系上体现了"新型"。三种实现形式是伴随农村承包地"三权分置"改革、集体经营性建设用地入市改革和宅基地"三权分置"改革而发展起来的，并在发展中通过不同的流转方式实现了承包地经营权、集体经营性建设用地使用权和宅基地使用权的积极激活。其次，在经营方式和组织形式上体现了"新型"。三种实现形式在保护土地资源的前提下，分别通过土地股份合作社的股份合作经营、农村集体经济组织的统一服务、村集体与其他经营主体的合作经营等多种集体经营方式和组织形式，实现了土地资源的有效利用。而这些经营方式和组织形式，与以往的不同之处在于更加灵活、市场化程度更高、与农民的利益联系更加紧密。最后，在产业发展方面体现了"新型"。三种实现形式分别依托特色农业、农业生产服务业和

---

① 《中共中央　国务院印发〈乡村振兴战略规划（2018—2022 年）〉》，《人民日报》2018年 9 月 27 日，第 10 版。

乡村旅游业的发展，推动了农业现代化与农村产业融合发展。这与以往相比，更加突出农业的特色化、农业生产服务的规模化和农村新产业新业态的发展。

一 土地股份合作型实现形式

土地股份合作型是以农村承包地经营权入股为核心发展集体经营的一种实现形式。与 20 世纪 90 年代以来的传统土地股份合作不同，新型土地股份合作型实现形式是伴随农村承包地"三权分置"改革而形成的。在农村人口老龄化和劳动力外流的现实情况下，土地闲置、撂荒等问题日益突出，将分散、细碎的土地通过作价入股的方式集中起来发展新型农村集体经济，放活土地经营权，使"耕者有其田"转化为"耕者有其股"，成为新的选择。

（一）典型特征

党的十八大以来，农村承包地"三权分置"改革在各地逐步推开。伴随土地承包经营权确权登记颁证工作的完成，以及党的十九大提出的承包期延长政策①的实行，农民的土地承包权得以稳定下来，解除了其流转土地、放活经营权的后顾之忧，创造了开展土地股份合作的现实条件。土地股份合作型实现形式的发展需经过三个关键环节。

一是土地经营权入股。在坚持农村土地集体所有的基础上，通过农村承包地所有权、承包权、经营权分置制度的完善，促进经营权进一步放活，是利用承包地这类土地资源来发展农村集体经济的前提。土地经营权放活有多种方式，相较于出租、转让、互换等流转方式，入股这一方式更为灵活，经营权变成股权后农民收益权的实现形式更加多元。

二是土地股份合作社将土地集中。作为农村集体经济组织，这类合作社发挥纽带作用，将分散独立的小农户与新型农业经营主体连接起来。其可仅作为中介，将入股到合作社的土地再次流转给其他经营主体，统一签订流转合同，约定流转期限和分配方式。如安徽省新民社区成立了

---

① 即第二轮土地承包期到期后再延长 30 年。

该省首家农村土地股份合作社，由社区主任担任新民土地股份合作社理事长，在吸纳全社区约 10400 亩土地入股后，再将土地分片出租给农林企业经营，建立了"合作社 + 企业 + 农户"的组织形式。① 土地股份合作社也可作为直接经营主体，集聚土地资源发展规模经营。如贵州省塘约村在党支部的领导下，吸收农民的土地入股，组建村社一体的金土地合作社，到 2020 年底已发展 2000 余亩蔬菜产业和 1200 余亩经果林产业，形成了"党支部 + 合作社 + 农户"的组织形式。②

三是采取多种股份合作经营方式。根据直接经营主体的不同，股份合作经营方式可进一步分为独立经营、联合经营、委托经营。第一种是独立经营，由土地股份合作社自主开展经营活动，与作为股东的农民利益共享、风险共担。如陕西省赵家峁村成立了榆阳区首个村集体经济组织——赵家峁村股份经济合作社，630 名村集体成员成为股东，设置了土地股、人口股、劳龄股、房产股、资金股 5 类股份，占比最高的为土地股，达 38%，合作社集中开发土地等资源，农民按股份享受合作社规模经营收益。③ 第二种是联合经营，由于土地股份合作社自身资金、技术等要素相对缺乏，需与公司、经营大户、农民专业合作社等主体展开合作，按股份或比例分享收益。例如，贵州省天富刺梨产业园区引进了贵州宏财聚农投资有限责任公司投资参股、把控技术，建立了"平台公司 + 合作社 + 农户 + 村集体"的利益联结机制（见案例 6 - 1）。由于有工商资本的深度参与，这类经营方式在具体经营环节也属于混合经营。再如，山东省炬祥农民土地股份合作社吸收全村 1500 亩左右土地入股，并与经营大户展开合作、约定分成比例，再在合作社内部按照股份分给村民（见案例 6 - 2）。第三种是委托经营，土地股份合作社将土地出租、转包、再次入股到其他经营主体，不参与经营决策和从事经营活动，仅收取租金和分红，这也是一种典型的内股外租方式。如安徽省新民土地

---

① 《安徽土地改革新模式：农民以土地入股 年收入增 2.4 万元》，《每日经济新闻》2015 年 1 月 20 日，第 14 版。

② 根据实地调研资料整理而得。

③ 王刚：《一个"空壳村"产权改革观察》，载赵阳主编《农村集体产权制度改革》，人民出版社，2020，第 254 ~ 258 页。

股份合作社把入股后的土地流转给 5 家农林企业后，由企业自主种植苗木花卉和精品蔬菜，在合作社内部土地是股份、在外部则获得地租（见表 6 - 1）。[①]

案例 6 - 1　六盘水市土地股份合作型实现形式

六盘水市地处乌蒙山区，是全国"三变"*改革的发祥地。2014 年，六盘水率先开始了"三变"改革，探索出了致富增收的多种集体经济实现形式。其中，资源变资产主要聚焦土地等资源，在深化土地制度改革、理清土地产权后，通过存量折股、增量配股等方式，推动农村土地股权化，促使农民的土地经营权转变为股份，参股、入股到新型农业经营主体，集中发展山地特色农业，壮大农村集体经济实力。这一过程中，盘活了集体资源性资产，探索了基层组织新的设置方式，2015 年六盘水市在贵州省率先全面消除"空壳村"，2020 年村集体经济积累达 4.87 亿元、村均56.1 万元，作为"三变"主导产业的盘州市刺梨和水城红心猕猴桃成功入选第三批、第四批中国特色农产品优势区名单。

再以刺梨种植为例，六盘水市已经成为全国规模最大的刺梨种植基地。其中，位于盘关镇的天富刺梨产业园区，构建了"党建＋公司＋总社＋分社＋农户"的组织形式。党建和总社即以贾西村为核心区，并联合 7 个原来的贫困村，合建盘关镇天富刺梨园联村党委，成立农民专业合作总社。公司即国有企业贵州宏财聚农投资有限责任公司投资参股、把控技术。分社即 7 个村级合作社分别建立党支部，作为分社加入总社，负责具体经营管理。各村集体协调引导农民，以自家承包地经营权入股合作社成为社员和股东。入股后，第一阶段，刺梨种植初期，未产生效益，

[①] 《安徽土地改革新模式：农民以土地入股　年收入增 2.4 万元》，《每日经济新闻》2015年 1 月 20 日，第 14 版。

农户每年可获得每亩承包地 400 元的保底收入；第二阶段，刺梨挂果后，能产生效益，农户除保底收入外，还能获得二次分红收入。按照参股情况，建立了"平台公司＋合作社＋农户＋村集体"的利益联结机制，分红比例为园区 85%（包括聚农公司 43%、合作社 42%）、农户 10%、村集体 5%。除财产性收入外，农民到园区务工，还能获得每天至少 50 元的工资性收入。除土地入股外，村集体还整合扶贫资金，将贫困户每户 1 万元扶贫资金和每户 5 万元扶贫"特惠贷"折股量化到合作社，贫困户每年可分别获得 600 元和 3000 元的分红。刺梨产业园区共占地 3.12 万亩，覆盖 8 个村 3498 户 9446 人；2020 年生产刺梨 1840 吨、实现销售收入 736 万元。

＊"三变"即资源变资产、资金变股金、农民变股东。

资料来源：赵阳主编《农村改革试验区探索与发展》，人民出版社，2020，第 183～184 页；《一路实践一路收获》，《六盘水日报》2021 年 2 月 5 日，第 3 版；《刺梨园里的大变革》，《六盘水日报》2020 年 11 月 18 日，第 2 版。笔者根据上述文献和六盘水市人民政府网等相关资料整理而得。

案例 6-2　东平县土地股份合作型实现形式

东平县位于山东省泰安市，是财政部扶持村级集体经济发展试点县，在村集体领办土地股份合作社、开展土地股份合作经营等方面进行了探索。其主要做法为，先对家庭承包地进行确权，并颁发证书给农户，紧接着组建了土地股份合作社，引导农民自愿以承包地入股合作社，实行"租金保底＋分红"。

接山镇后口头村成立了泰安市第一个土地股份合作社——炬祥农民土地股份合作社，逐步吸收了全村 1500 亩左右土地入股、占比超过 95%。合作社与有资金、技术的经营大户展开合作，发展苗木、生姜种植等 7 大产业，产生效益后合作社与经营大户分成，再在合作社内部按照股份分给村民。

梯门镇西沟流村成立了宝泉土地股份合作社，吸纳流转的土地建设泉灵农场，种植了 10 多个品种的樱桃。村民除稳定的土地租金收入外，到基地打工还能获得薪金。樱桃园占地面积 2000 余亩，种植樱桃 5 万余株，每年为村集体增收 20 余万元；合作社长年务工劳动力达 40 余人，人均务工收入为 13000 元。

资料来源：韩俊主编《农村改革试验区改革实践案例集》，中国财政经济出版社，2019，第 109～112 页；《在土地里寻找乡村振兴突破口》，《大众日报》2019 年 6 月 16 日，第 5 版；《梯门镇西沟流村：樱桃树结出致富果 带动产业兴》，东平县人民政府网站，http://www. dong-ping. gov. cn/art/2020/6/2/art_47104_9175122. html，最后访问日期：2023 年 1 月 29 日。笔者整理而得。

表 6-1　土地股份合作型实现形式比较分析

园区/合作社	所在区域	经营方式	组织形式	分配方式	主导产业
天富刺梨产业园区	贵州省六盘水市	股份合作经营	党建＋公司＋总社＋分社＋农户	保底收入＋二次分红	刺梨产业等
塘约金土地合作社	贵州省安顺市	股份合作经营	党支部＋合作社＋农户	股份分成	香细蔬菜、经果林等
炬祥农民土地股份合作社	山东省泰安市	股份合作经营	合作社＋经营大户＋农户	租金保底＋分红	苗木、生姜种植等
赵家峁村股份经济合作社	陕西省榆林市	股份合作经营	合作社＋农户	股份分红收入	种植业、养殖业等
新民土地股份合作社	安徽省合肥市	股份合作经营	合作社＋企业＋农户	租金保底＋分红	苗木花卉、精品蔬菜

资料来源：笔者自制。

（二）积极作用

土地股份合作型实现形式通过对农村集体经营方式和组织形式等生产关系的优化调整，能够"适应科学种田和生产社会化的需要，发展适度规模经营"[①]，凸显了农村土地的市场价值。现有土地制度下，土地股

---

① 《邓小平文选》第 3 卷，人民出版社，1993，第 355 页。

份合作成为农村土地综合开发和整体利用的最主要形式。① 在新型农村集体经济发展上，这种实现形式的积极作用主要体现在三个方面。

首先，土地股份合作是破解"谁来种地""如何种地"难题的有效途径。一方面，在农村劳动力数量短缺和质量不高的双重压力下，通过入股将农民从土地直接经营者转变为股东，将土地股份合作社等培育成新型农业经营主体。这不仅使部分劳动力从土地中解放出来，降低了农业生产经营成本，减少了土地撂荒问题；而且使新型农业经营主体获得了一定规模的、必备的土地资源，提高了农村土地利用率和农业劳动生产率，以及农业经营集约化和组织化程度。另一方面，土地股份合作社是发展规模经营的主体之一。马克思认为在农业中应广泛采用现代方法，包括"灌溉、排水、蒸汽犁、化学处理"等，但这些方法要在农业中取得成效，需要"实行大规模的耕作"。② 在平整、连片的土地上，便于采用现代生产方法，提高农业现代化水平，特别是可使用大中型、自动化农机，提升农业机械化和智能化水平。如陕西省赵家峁村有 3/4 的青壮年进城打工，村庄"空壳"、集体"空心"现象较为严重，村集体领办股份经济合作社后，进行土地股份合作，在平整后的土地上集中发展设施果蔬、葡萄、山地苹果等现代农业，彻底甩掉了贫困落后的帽子。③

其次，土地股份合作是促进要素优化利用的有效方式。以内部土地要素为核心，推动资金、技术、人才等多种要素在农村集聚，按照投入比例参与分配，有利于土地股份合作社走出要素利用效率不高和投入不足的双重困境，促进内部要素与外部要素在农村集体经济发展中优势互补、深度融合。如贵州省天富刺梨产业园区建成全国规模最大的刺梨种植基地，既离不开农民的承包地入股，也离不开国有企业的资金和技术投入，以及扶贫资金和扶贫贷款的整合运用。

最后，土地股份合作是增加农村集体积累和农民收入的有效渠道。

---

① 苑鹏、刘同山：《发展农村新型集体经济的路径和政策建议——基于我国部分村庄的调查》，《毛泽东邓小平理论研究》2016 年第 10 期，第 23～28、91 页。
② 《马克思恩格斯文集》第 3 卷，人民出版社，2009，第 231 页。
③ 王刚：《一个"空壳村"产权改革观察》，载赵阳主编《农村集体产权制度改革》，人民出版社，2020，第 254～258 页。

一方面，对于资源利用所获得的经营收益较低乃至无收益的集体经济薄弱村，通过土地股份合作、发展特色产业，持续增强了集体经济实力，使土地资源真正成为可增值的集体资产。如山东省西沟流村宝泉土地股份合作社，建成 2000 余亩樱桃园，每年能为村集体增收 20 余万元。另一方面，对于农民来说，承包地入股后能获得租金、分红等财产性收入，使土地权益真正成为有保障的收益；作为农业工人参与到适度规模经营中，能够获得工资性收入，不离土不离乡也能就业增收；作为经营主体自主开展其他经营活动，能够获得经营性收入，改变了仅依靠土地的固有生产经营方式。当农民成为股东后，与土地经营主体结成了利益共同体，其收入与土地经营收益密切挂钩，必然更加关心生产经营情况、支持土地股份合作社相关工作。例如，贵州省海坝村通过土地股份合作，使农民获得保底分成 + 收益分红 + 务工收入 + 创业增收的四重收益，实现由"种植传统作物 + 家庭散养"向"产业工人 + 股东"的转变。[①] 再如，塘约村实行"村社一体、合股联营"的土地股份合作后，农民人均可支配收入从 2014 年的不足 4000 元增长到 2020 年的 23162 元。[②]

（三）适用范围

相较于传统土地股份合作局限在经济相对发达、非农产业发展条件较好的地区，新型土地股份合作型实现形式分布更广，包括众多集聚提升类村庄[③]及典型农业村庄。从形成原因看，前一种实现形式主要是由第二、第三产业外部拉动，后一种实现形式则是农业农村发展的内生驱动。但并不是所有的农业村庄均适宜发展新型土地股份合作型实现形式，而是需具备一定的基础和条件。

第一，需有一定数量的、可利用的土地资源。在土地资源相对丰富的中西部地区，土地股份合作有较大的推广价值。根据农业农村部门对

---

① 中国小康建设研究会主编《全国乡村振兴优秀案例》，中国农业出版社，2020，第 30 页。

② 笔者根据实地调研资料整理而得。

③ 集聚提升类村庄是现有规模较大的中心村和其他仍将存续的一般村庄，参见《中共中央国务院印发〈乡村振兴战略规划（2018—2022 年）〉》，《人民日报》2018 年 9 月 27 日，第 10 版。

土地承包经营权确权登记颁证工作的调查，该项工作对广大中西部地区和粮食主产区意义重大，在这些区域，农民依靠土地来解决生产和发展。① 同时，无论是分散到户的小块土地，还是不连片的细碎土地，在农民自愿的前提下，均可以通过入股的方式进行集中，创造土地股份合作的必备要素条件。而发达地区尤其是位于城市郊区的村庄，可利用的土地资源相对较少，不适宜采取土地股份合作型实现形式。

第二，需进一步明确土地产权。农民的承包地经营权入股，也是经营权的流转与放活。而流转的前提是归属清晰、主体清楚的土地承包经营权，即要先确权。这类确权，既可以是确权确地，也可以是部分地区实行的确权确股不确地。而确权是从试点开始的，越早试点并完成确权的村庄，其探索土地股份合作的步伐则越快。如贵州省塘约村2014 年就进行了包括土地承包经营权在内的农村集体财产权"七权"同确，赋予了村集体和村民各项权能，实现了所有权、经营权、承包权的分离。②

第三，需发展有特色、有市场的产业。土地股份合作收益的取得，需依托当地的产业。产业的选择，既要根据地形地貌和土壤质量等自然条件，突出特色；又要考虑投入产出、投资回报和市场销路等经济因素，凸显优势。通常可选择的是特殊的种植业，如水果和茶叶，一般亩产值均在上万元乃至数万元以上。③ 如山东省宝泉土地股份合作社、贵州省天富刺梨产业园区均发展的是特殊种植业，分别发展了樱桃、刺梨等主导产业，水果产量和产值均较高。

（四）约束条件

土地股份合作型实现形式的发展也存在风险和问题。一方面，经营风险和市场风险较难避免。部分种植业，如水果和茶叶虽亩产值较高，

---

① 《农业部就土地承包经营权确权登记颁证试点等情况举行发布会》，中华人民共和国中央人民政府，http://www.gov.cn/xinwen/2015－02/27/content_2822508.htm，最后访问日期：2023 年 1 月 29 日。
② 根据实地调研资料整理而得。
③ 柯炳生：《对"三变"改革的再思考》，《农村工作通讯》2020 年第 12 期，第 8～11 页。

但风险也较大，回报期也较长。① 对于经营主体来说，尤其是与土地股份合作社联合经营的公司、经营大户等主体，在短期乃至一段时期内，投资后未得到预期收益，则可能中途违约、退出合作；对于农民来说，一旦遭遇经营风险，则无法获得二次分红。同时，特色农产品的产量受自然条件影响较大、价格受市场需求影响而波动，一旦发生自然灾害或市场风险，导致产量减少或产品滞销，也无法保证经营收益的持续增加和农民分红的持续增长。尤其是社员对土地入股的分红期望具有刚性上涨态势，这无疑给经营者带来更大压力。②

另一方面，专业人才较为缺乏。相较于农民专业合作社引进职业经理人担任理事长，土地股份合作社理事长多由村支书、村主任兼任。不可否认的是，在乡村熟人社会中，当地能人的带动更能达到立竿见影的组织效果。但是，随着经营规模的扩大和产业链的延伸，对土地股份合作社经营管理水平的要求越发提高，部分村干部若未同步提高自身经营管理能力，将难以胜任管理职位。尤其是合作社激励约束机制不健全，村干部既未获得应有的报酬，又未受到严格的监督，制约了其带领合作社和农民发展集体经济的能动性。如陕西省赵家峁村股份经济合作社尚未建立经营管理人才激励机制，村干部兼任管理人员后，并未获得相应的报酬，难以推动集体经济的可持续发展。③

二　生产服务型实现形式

生产服务型是农村集体经济组织依托土地资源和组织优势为农业生产活动和农村产业发展提供服务的一种实现形式。其既是对 20 世纪 80 年代以来的集体统一服务的延续，又是在小农户和现代农业有机衔接的新形势下对统一服务的拓展和创新。不仅为小农户服务，而且适应规模经营的需要广泛服务于农村各类生产经营主体，为其提供覆盖产前、产中、产后的更广泛、更优质服务。在农业副业化和农民兼业化的现实下，种不了地、

---

① 柯炳生：《对"三变"改革的再思考》，《农村工作通讯》2020 年第 12 期，第 8 ~ 11 页。
② 赵翠萍等：《传统农耕村的土地股份合作社实践——豫省 L 村案例》，《农业经济问题》2018 年第 12 期，第 86 ~ 94 页。
③ 王刚：《一个"空壳村"产权改革观察》，《农村经营管理》2020 年第 4 期，第 30 ~ 31 页。

种不好地等现象较为普遍，不断探索服务规模经营、延伸服务领域，是推动土地资源适度集聚、促进农业专业化社会化服务的又一可行形式。

（一）典型特征

随着农业适度规模经营的发展以及农村产业的融合，对生产经营各个环节的要求越发提高。农村集体经济组织等服务组织提供的专业化、社会化服务，带来了生产效率和经营效益的一致提高。相较于土地股份合作中农村集体经济组织深度参与生产经营活动，生产服务型实现形式中农村集体经济组织侧重于开展与生产经营相关的各类服务，具体体现在三个方面（见表6－2）。

表6－2　生产服务型实现形式比较分析

村/合作社/公司	所在区域	经营方式	组织形式	服务领域
火田村	江西省上饶市	统一服务	村集体＋企业	土地管理服务
李党村	山东省高密市	合作服务	村两委＋企业＋农户	土地管理服务
姜堰区级为农服务综合体	江苏省泰州市	合作服务	合作社＋家庭农场＋农户	农机具存放、粮食烘干等
睦和龙哥果品专业合作社	重庆市涪陵区	统一服务	村两委＋合作社＋农户	物资供应、技术指导等
那乐村便民服务公司	广西壮族自治区百色市	统一服务	村集体＋企业＋农户	代购代销、代种代收等
苏家店村诚农农业服务有限公司	湖北省老河口市	统一服务	村集体＋企业	用工、机械等

资料来源：笔者自制。

一是农村集体经济组织成为服务主体。作为小农户与现代农业衔接的纽带，农村集体经济组织是开展农业生产性服务的重要主体。农村集体经济组织把土地集中起来后，可流转给农业企业等规模经营主体，并将其作为服务对象。如江西省火田村村委会引进了鲤鱼山农业开发有限公司，将全村3000亩土地流转给公司经营，并为其提供土地管理等生产服务，形成了"村集体＋企业"的服务组织形式。[①] 农村集体经济组织

也可以建立公司、合作社等经营性服务实体，将农户作为直接服务对象，不流转其土地经营权。2020 年，全国有 6.4 万个农村集体经济组织开展了社会化服务，服务了 708.7 万个小农户。[①] 例如，广西壮族自治区那乐村组建了集体性质的便民服务公司，依托桑园提供代收蚕茧、农资代购等服务，形成了"村集体 + 企业 + 农户"的服务组织形式。[②] 再如，重庆市睦和村村"两委"领办了睦和龙哥果品专业合作社，由村党支部书记担任理事长，实行分户经营、统一技术指导、统一商标品牌、统一物资供应、统一宣传推介、统一销售价格"五统一分"的果园管理模式，成片种植优质水果 2600 亩，形成了"村两委 + 专业合作社 + 农户"的服务组织形式。[③]

二是实行服务规模经营。根据农村集体经济组织的参与程度，服务规模经营可分为统一服务和合作服务。其中，统一服务由农村集体经济组织独立为经营主体提供服务，收取服务费用。如湖北省苏家店村村集体将 2230 亩土地流转给襄阳正大桑田种植公司，并成立诚农农业服务有限公司，提供用工、机械等服务，按照每亩每月 2 元的标准收费。[④] 合作服务是由农村集体经济组织与服务型企业、农民专业合作社等其他服务型规模主体发挥各自功能、联合提供服务，按约定比例提取服务费用。如山东省李党村的土地"流转 + 托管"孚高模式，村"两委"将土地化零为整、成方连片形成种植规模，组织职业农民对土地进行日常管理；孚高农业服务有限公司提供良种、生资等农业投入品和统防统治、机械作业等一条龙服务；农村信用合作社为土地托管提供资金支持（见案例 6 - 3）。多个服务组织还可以共同创办服务联合体和服务联盟，服务和带动各类经营主体，构建紧密的服务利益联结机制。如江苏省姜堰区在每个村以村集体领办合作社的形式创建了为农服务综合体，之后再吸纳区域内多

---

① 农业农村部农村合作经济指导司编《中国农村合作经济统计年报（2020 年）》，中国农业出版社，2022，第 3 页。
② 中共中央组织部组织二局组织编写《发展壮大村级集体经济案例选》，党建读物出版社，2018，第 267 页。
③ 农业农村部合作经济指导司、农业农村部管理干部学院编《全国农民合作社典型案例（一）》，中国农业出版社，2019，第 82～85 页。
④ 《老河口集体经济八仙过海》，《湖北日报》2017 年 9 月 25 日，第 9 版。

个经营主体和服务主体，共同建立镇域性的家庭农场服务联盟，构建了全过程、全方位的粮食生产服务链（见案例6-4）。

案例6-3 高密市生产服务型实现形式

高密市地处山东半岛腹地，是全国供销社综合改革试点县。市供销合作社积极推动土地托管服务，成立农业服务公司，与有关社区、村委（合作社）、农商行（信用社）联动，2020年，全市土地托管服务面积53.6万亩，四社共建村达267个，为村集体增加收入1100多万元。其中，探索实践了"流转+托管"孚高模式等土地托管模式，"3公里土地托管服务圈"在全国推行，宏基农业发展有限公司"整村托管"模式被纳入首批全国农业社会化服务典型案例。

大牟家镇李党村实践了"孚高模式"。村"两委"负责土地整合，将土地化零为整、成方连片形成种植规模，并组织职业农民对土地进行日常管理；农村信用合作社为土地托管提供资金支持；市供销社参股的孚高农业服务有限公司按照订单农业管理模式，提供良种、生资等农业投入品和统防统治、机械作业等一条龙服务。该模式取得了良好成效，壮大了村集体经济，村集体每年每亩土地可得到40元的组织服务费，并可得到30%的净利润分红；同时，提高了农民收入，带地入社农民不仅能获得每亩400元的固定回报，还能享受净利润分红。

资料来源：《高密市"土地托管"打通为农服务"最后一公里"》，《潍坊日报》2020年5月18日，第2版；《李党村1700亩土地有了托管服务》，《大众日报》2020年3月11日，第14版。笔者整理而得。

案例6-4 姜堰区生产服务型实现形式

姜堰区位于江苏省泰州市，是首批国家农产品质量安全县。

近年来，姜堰区深化农业服务组织和经营方式创新，形成了服务规模经营"姜堰模式"。这一过程中，推动村集体领办经济合作社，牵头建立为农服务综合体，服务村域范围内的农业经营主体。在此基础上，每个乡镇再优选 1~2 个辐射带动能力强的服务综合体，充分吸纳区域内家庭农场等经营主体与农业服务业企业等服务主体，共同建立镇域性的家庭农场服务联盟，为粮食生产全过程服务。

姜堰区为农服务综合体已达 101 个，家庭农场服务联盟达 20 家，促成了农业规模经营主体与社会化服务主体的紧密结合。以水稻生产经营为例，统一种植南粳 9108、南粳 5055 等优质品种后，稻谷每公斤售价比市场价高出 0.5 元，亩均增效达 300 元。村集体既是服务联盟的推进实施者，也是受益者，平均每村每年可获益 20 万~30 万元。每个服务联盟均能为农业经营主体提供覆盖水稻生产经营全过程的服务项目，并不断延伸服务内容，如电商、品牌创建等。"姜堰大米"获得国家地理保护产品认证，销量也大幅提升。

资料来源：农业农村部农村合作经济指导司编《全国农业社会化服务典型案例》，中国农业出版社，2019，第 20~23 页；《两千家庭农场，"姜堰模式"铸就农业高质量发展生力军》，《新华日报》2020 年 9 月 21 日，第 1 版；何军、朱成飞：《新结构经济学视角下新型农业经营主体发育与农村土地流转方式选择——以江苏省为例》，《东北师大学报》（哲学社会科学版）2020 年第 2 期，第 45~53 页。笔者整理而得。

三是服务领域较为广泛。农村集体经济组织与其他服务组织为经营主体提供了与生产经营相关的、有偿的各类服务。这些服务贯穿产前、产中、产后各领域和供、耕、种、管、保、收、储、运、销各环节。[①]根据农村集体经济组织服务领域，可分为单领域服务和多领域服务。如山东省李党村村"两委"主要提供的是土地管理领域的服务，姜堰区村级为农服务综合体则提供了农机具存放和粮食烘干等多领域的服务。

---

① 《农业现代化辉煌五年系列宣传之十四：社会化服务助推农业现代化》，中华人民共和国农业农村部网站，http://www.ghs.moa.cn/ghgl/202105/t20210527_6368581.htm，最后访问日期：2023 年 1 月 29 日。

（二）积极作用

生产服务型实现形式既保护和利用了土地等集体资源，又突出和发挥了农村集体经济组织的优势和功能，是促进新型农村集体经济发展的又一重要实现形式。

第一，生产服务型实现形式推动了科学种田和绿色生产。由农村集体经济组织等服务组织统一提供代耕代种、农资供应、农机农技、劳务用工、仓储运输、加工销售等服务[①]，不仅有利于优化农业经营方式，提高单位面积产量和土地利用效率，而且有利于应用先进技术，提高产业发展质量和效益。在农资供应等方面统一标准，在农机农技等方面统一作业，有利于保护地力，提高耕地质量，促进农业可持续发展。例如，江苏省姜堰区依托家庭农场服务联盟，实行农资集中配供及其废弃物回收利用，以减少农资流通环节，推行农业绿色生产方式，提高生态效益。[②] 再如，山东省宏基农业发展有限公司与村"两委"合作推行的"土地股份合作社 + 生产全托管"的经营模式，开展测土配方、统防统治之后，农药化肥用量减少了 20%，有效防治率超过 97%。[③]

第二，生产服务型实现形式促进了农村经营主体和服务主体的优势互补、互惠互利。通过服务供求双方的分工与合作，一方面，使作为供给方的农村集体经济组织和服务型企业等专门的服务组织，办理单个农户办不了、办不好、办起来不合算的事项，满足规模经营主体多重的、规模化的服务需求。另一方面，使作为需求方的农户和农业企业等经营主体得以实行连片种植、规模饲养，降低生产经营等各环节的成本，增强农产品市场竞争力。如河北省苏家店村村集体开展农业服务，不仅每年有 5.6 万元的集体经济收入，而且为襄阳正大桑田种植公司节省了

[①] 《巴中市农业农村局关于市人大四届四次会议第 032 号议案答复的函》，巴中市人民政府网站，http://www.cnbz.gov.cn/zmhd/ytabl/12955101.html，最后访问日期：2023 年 1 月 29 日。

[②] 《我区实行农资集中配供及其废弃物回收》，《姜堰日报》2019 年 1 月 11 日，第 3 版。

[③] 农业农村部农村合作经济指导司编《全国农业社会化服务典型案例》，中国农业出版社，2019，第 44 ~ 46 页。

10 万元的管理成本。[1]

第三，生产服务型实现形式带来了农村集体积累和农民收入的增加。与公共服务供给不同，开展生产性服务时，农村集体经济组织能够通过收取服务费来增加经营收入。如广西壮族自治区清华村通过蚕茧代购和化肥代销，每年收入 10 万余元。[2] 江苏省姜堰区建立家庭农场服务联盟后，平均每村每年可获益 20 万~30 万元。[3] 服务型规模经营收益的提高，也能使农民获益，尤其是通过技能培训、示范带动、物质激励等多种方式，提升了农村劳动力的专业技能与综合素质，壮大了新型职业农民队伍。如土地"流转＋托管"孚高模式，带地入社的农民获得了保底收益和净利润分红，实现了农民打工种地"两不误、同增收"，培育了以村干部、种地能手为代表的职业农民队伍，管理规模达到 400~600 亩的职业农民可获得固定工资收入和净利润分红。[4]

（三）适用范围

从通过提供服务增加集体经济收益的角度，生产服务型实现形式亦可称作服务创收型。该实现形式仍需在一定的条件下才能发展起来。一是有土地规模经营需求。从经营规模来看，农村集体经济组织的收益是与所服务的土地面积挂钩的。服务规模经营越大，农村集体经济组织获得的服务费用则越多。而要形成规模，则需有可集中连片的土地资源。紧接着，流转给农业企业等规模经营主体，这类经营主体不仅有对服务规模经营的需求，而且有按期甚至预先支付服务费用的能力。同时，为数不多的适度规模经营主体能够便利地实现统一决策、统一组织，与服务主体之间更容易达成交易共识。[5] 如湖北省苏家店村、江西省火田村均由村集体将土地流转给农业企业发展规模经营，并按照土地面积收取

① 《老河口集体经济八仙过海》，《湖北日报》2017 年 9 月 25 日，第 9 版。
② 《那坡力促贫困村集体经济"破零"》，《右江日报》2018 年 1 月 19 日，第 1 版。
③ 《两千家庭农场，"姜堰模式"铸就农业高质量发展生力军》，《新华日报》2020 年 9 月 21 日，第 1 版。
④ 《李党村 1700 亩土地有了托管服务》，《大众日报》2020 年 3 月 11 日，第 14 版。
⑤ 赵阳主编《农村集体产权制度改革》，人民出版社，2020，第 93 页。

土地管理服务费。

二是生产服务需求强烈。小农户是不可或缺的农业经营主体，但并不是所有小农户都能成为服务组织的服务对象，只有继续发展农业生产和接受统一服务意愿的农户才能享受服务。同时，农村集体经济组织须具备统一服务的能力，其带动和服务农户的数量越多，服务规模经营效益则越好。如重庆市睦和村人均耕地不足 0.8 亩，农民迫切需要增收致富，村集体成立合作社后，仍坚持承包地上的果树及收益属于各户所有，而农户按照合作社统一技术要求管理，实现了"民办、民管、民受益"。①

三是产业发展较为集中。在产业发展基础较好和发展特色鲜明，尤其是已经形成产业集聚的地区，依托具体的产业、行业和环节发展生产服务，成本较低、成效显著。例如广西壮族自治区那乐村，种蚕养桑是当地多年来的特色产业，村集体成立便民服务公司也是围绕该产业领域提供服务。再如江苏省姜堰区，家庭农场服务联盟依托水稻生产的各个环节开展全程服务，实现了降本增效，"姜堰大米"通过了国家地理保护产品认证。

（四）约束条件

与土地股份合作等相比，生产服务型实现形式受自然风险和市场风险等影响较小。但相应地，农村集体经济组织的经营收入相对固定、增长受限，这就造成了其发展生产服务的动力不强。一方面，在部分可利用的土地资源相对丰富的区域，农村集体经济组织会优先选择土地股份合作等能参与二次分红、土地增值收益相对较高的经营方式。另一方面，组建公司、合作社等经营性服务实体，需要资金、人力和技术等投入，单靠农村集体经济组织自身力量较难实现。如江苏省姜堰区政府扶持村集体牵头建设为农服务综合体，每家给予 100 万元补助。② 但对于财政资金相对紧缺的地区，给区域内每个服务实体提供资金支持的难度较大。

---

① 农业农村部合作经济指导司、农业农村部管理干部学院编《全国农民合作社典型案例（一）》，中国农业出版社，2019，第 82~85 页。

② 《两千家庭农场，"姜堰模式"铸就农业高质量发展生力军》，《新华日报》2020 年 9 月 21 日，第 1 版。

特别是建设农机具库、投入品仓库和恒温冷库等设施，以及购买服务设备，都需要较大的资金投入。

其次，农村集体经济组织带动和服务小农户成本较高。由于小农户之间合作关系松散，农作物的品种、播种期、成熟期和收获期往往不一致，很难统一进行田间管理，也很难做出统一购买决策和支付服务费用。[1] 相较于规模经营主体，农村集体经济组织为小农户提供生产服务的沟通、协调和组织等成本更高，这也影响了服务组织的积极性。

最后，生产服务的质量和标准不高。由于生产服务发展时间不长，尚未形成规模较大、管理规范、实力较强的农业服务业，也未建立统一的服务标准。市场化的经营性服务总体还处在粗放式增长、低水平竞争的阶段；除技术服务类有基本健全的体系和历史积累外，对经营性服务组织的行业管理刚起步，制度、政策、经验缺乏。[2] 服务组织提供的各类服务，其质量也未得到充分监管，容易造成与经营主体的要求不一致等问题，影响主体间的进一步分工与合作。

三 存量盘活型实现形式

存量盘活型是农村集体经济组织将闲置的宅基地和经营性建设用地等非农用地整理后发展乡村产业的一种实现形式。和20世纪90年代部分地区[3]将农用地转化为建设用地的方式不同，存量盘活型实现形式是在不改变农用地用途、不突破耕地红线的前提下，适度放活农村集体经营性建设用地、宅基地和农民房屋使用权，将闲置的宅基地和废弃的经营性建设用地转变为可利用、可开发、可经营的集体资产。

---

[1] 赵阳主编《农村集体产权制度改革》，人民出版社，2020，第95页。

[2] 《农业现代化辉煌五年系列宣传之十四：社会化服务助推农业现代化》，中华人民共和国农业农村部网站，http://www.ghs.moa.gov.cn/ghgl/202105/t20210527_6368581.htm，最后访问日期：2023年1月29日。

[3] 如广东省南海区是由村集体通过三区规划将原有的部分农村农业用地转化为农村集体经营性建设用地，建设成工业园区，通过出租、吸引投资的方式转让、租赁园区中土地或厂房使用权，获得集体收入。参见林乐芬等《农村土地股份合作组织发育、运行绩效与响应研究》，中国社会科学出版社，2018，第84页。

（一）典型特征

党的十八届三中全会后，农村集体经营性建设用地入市和宅基地制度改革等在部分地区开始试点。2020 年，新一轮农村宅基地制度改革试点开始实行。伴随农村集体经营性建设用地入市的逐步放开和宅基地"三权分置"改革的逐步推行，存量非农用地激活、乡村产业发展用地保障以及农村土地市场价值提升成为现实可能。国家法律和政策中也明确提出，鼓励乡村重点产业和项目使用集体经营性建设用地①，鼓励有一定经济实力的农村集体经济组织对闲置宅基地和闲置住宅进行统一盘活利用②。探索存量盘活型实现形式要注意三个重点环节。

首先，整合与流转非农用地。对于分布分散和位置不同的农村集体经营性建设用地，由农村集体经济组织统一整理后，可通过出让、租赁、入股等多种方式流转。对于多余的、荒废的宅基地与农房，在农民自愿有偿退出的前提下，进行非农用地使用权流转。

其次，开发与利用非农用地。非农用地使用权流转到农村集体经济组织后，可由其集中改造和自主开发。如江苏省鼎盛村、耕余村、登瀛村等 7 个村组建村级联合体后，回购了低效工业用地，在未新增建设用地的情况下投资建设了五棵松科技创业园，建成后再引进企业入驻，形成了"多村联合＋企业"的组织形式。③ 也可以由农村集体经济组织盘活后，将土地再次流转给其他经营主体改造和开发。通过农村集体经济组织收储闲置农房，既可以理顺市场关系，又增加了与企业对等谈判的"筹码"。④ 如浙江省岔路口村村委会通过租赁的方式获得闲置农房使用权后，再次租赁给工商资本开发，形成了"村集体＋企业＋农户"的组织形式。⑤

---

① 《中华人民共和国土地管理法实施条例》，《中华人民共和国国务院公报》2021 年第 23 号，第 5～13 页。
② 《农业农村部关于积极稳妥开展农村闲置宅基地和闲置住宅盘活利用工作的通知》，《中华人民共和国农业农村部公报》2019 年第 10 期，第 9～10 页。
③ 《苏州创新实践闲置土地更新利用，多个项目获评全省先进典型——存量空间资源这样盘活》，《苏州日报》2021 年 3 月 22 日，第 A02 版。
④ 《"宅改"，昆山"改"出了什么》，《新华日报》2020 年 8 月 31 日，第 5 版。
⑤ 《唤醒沉睡的农房》，《绍兴日报》2018 年 3 月 7 日，第 10 版。

最后，实行多种集体经营方式。非农用地盘活后，可由集体经济组织与其他经营主体合作经营，或开展股份合作经营。其中，合作经营又可进一步分成直接经营和间接经营。农村集体经济组织与企业等展开合作，共同分享经营收益与承担经营风险，属于直接经营。如江苏省淀山湖镇10个行政村组建了淀山湖强村联合发展有限公司，盘活了南榭麓自然村的闲置宅基地，建成"拾柒·隐"民宿后，与蜗窝集团合作运营。①间接经营即由农村集体经济组织盘活后交给企业等经营主体经营，这也是一种委托经营方式。如四川省青杠树村村集体盘活土地和存量建设用地后，租赁给成都山水居旅游有限公司建设蜀水别园乡村酒店，村集体除土地流转收入外，还获得了集体建设用地租金和酒店自建停车场收取的停车费两项长期性收入（见案例6-5）。股份合作经营即农村集体经济组织与其他经营主体合作经营后，根据盈利情况，按照股份进行分红。如在四川省战旗村调研时发现，村集体建成乡村十八坊后，为商户提供经营场所，商户销售产品的经营收入中，村集体均可按约定股份参与分红。存量盘活型实现形式比较分析如表6-3所示。

案例6-5　郫都区存量盘活型实现形式

郫都区位于川西平原腹心地带，是全国农村土地制度改革和集体产权制度改革试点地区，以及国家城乡融合发展试验区。在实践中，郫都先后探索出了"集体经济＋土地流转""集体经济＋土地入市""集体经济＋租赁入股"等多种模式。

唐昌镇战旗村率先开展了农村集体经营性建设用地入市探索，是四川省首个进行挂牌拍卖的区域。对于入市所获得的收益，除用于村内社会事业、集体福利和成员分红外，村集体将部分资金和土地等要素整合后进一步投资，自主发展乡村文化旅游产业，成为国家4A级景区。其中，村集体利用闲置的集体经营性建设用地，

---

① 《新业态激发乡村新动能》，《苏州日报》2021年5月24日，第A01版。

投资 300 余万元，建设了 80 余亩的民俗旅游仿古街"乡村十八坊"，展示了郫县豆瓣等制作工艺。此外，与周边区域联合打造战旗村五村连片核心示范区，协同盘活闲置的土地资源，再造川西林盘。如战旗村合作社通过租用方式流转了吕家院子现有住户的宅基地、林地和农用地以及闲置房屋，实行"农户＋村集体＋社会资本＋国有公司"多方资金（本）共营机制，村集体与农民的收益则是"保底＋溢价分红"。2020 年，战旗村景区实现全口径旅游收入 5803 万元，集体收入达 571 万元，村民人均收入提高到 2.78 万元。

三道堰镇青杠树村是盘活土地资源发展乡村旅游的典型。青杠树村组建了资产管理公司筹集资金，并进行了土地整理和村民集中居住。此后，将节约的集体经营性建设用地和空闲的村民房屋等集中整合，建设民宿、客栈、农家乐等，成功创建了国家 4A 级景区，入选了"中国十大最美乡村"。面积 1.8 平方公里的青杠树村，建起 300 多家民宿和餐饮，旅游收入上亿元。如蜀水别园乡村酒店，是由村集体将 41 亩土地流转和存量建设用地租赁给成都山水居旅游有限公司后建成的，酒店每年为青杠树村村集体创造直接收入 40 余万元，包括农用地流转收入、集体建设用地租金和酒店自建停车场收取的停车费。

资料来源：成都市郫都区乡村振兴工作领导小组编著《弄潮郫都 土地制度改革：成都市郫都区农村土地制度改革的实践与探索》《活力郫都 金融深化：成都市郫都区推动资本下乡的实践与探索》，四川人民出版社，2019；《产业振兴铸就发展引擎 郫都跑出乡村振兴加速度》，《郫都报》2020 年 5 月 18 日，第 4 版；《吕家院子 川西林盘"再造" 林盘绿了 产业红了》，《郫都报》2021 年 4 月 9 日，第 8 版；《产业兴农：感恩奋进书写精彩答卷》，《郫都报》2021 年 2 月 5 日，第 3 版；《蜀水别园：抓住乡村旅游风口 与最美乡村青杠树村同发展》，《郫都报》2021 年 3 月 30 日，第 8 版。笔者根据上述文献及实地调研资料整理而得。

表 6-3 存量盘活型实现形式比较分析

村/园区/公司	所在区域	经营方式	组织形式	产业业态
岔路口村	浙江省绍兴市	合作经营	村集体＋企业＋农户	休闲观光旅游

续表

村/园区/公司	所在区域	经营方式	组织形式	产业业态
莺河村	湖北省宜城市	合作经营	村集体＋商户	餐饮民宿
五棵松科技创业园	江苏省张家港市	合作经营	多村联合＋企业	物业服务
淀山湖强村联合发展有限公司	江苏省昆山市	合作经营	多村联合＋企业	乡村民宿
战旗村乡村十八坊	四川省成都市	股份合作经营	村集体＋农户	乡村文化旅游
青杠树村蜀水别园乡村酒店		合作经营	村集体＋企业＋农户	住宿观光

资料来源：笔者自制。

（二）积极作用

与土地股份合作型和生产服务型相比，存量盘活型实现形式的发展时间相对较短，但其在推动新型农村集体经济发展中的作用越发显著。

一是将沉睡的资源转化成了增值的资产。对于闲置的非农用地，通过农村集体经济组织盘活后，不仅解决了农村土地资源浪费与可利用土地资源不足并存的矛盾，为产业发展提供了所需的土地资源；而且凸显了农村土地资源的升值潜力，使农村集体资产的价值进一步显现。尤其是修缮无人居住、破败杂乱的房屋，将农房从单一业态发展成民宿、农家乐、乡村旅游、养生养老、文化创意等多样业态，使空心村变成了度假村。[1] 如湖北省莺河村将一户多宅的农房回购改造为仿古民居，原本濒临消亡的空心村成为宜城乡村旅游的靓丽"名片"（见案例6-6）。同时，在改造乡村住宅和建设乡村建筑的过程中，保留和展现了乡村的形态和风貌，传承和保护了乡村的历史和文化。如江苏省苏州市建设共享农庄（乡村民宿）时还原江南水乡的风貌，四川省郫都区盘活闲置宅基地时保护川西村落的形态，均体现了当地的乡土特色。

二是使要素由单向流动变成了双向高效流动。盘活非农用地，使农村有了可开发的土地资源，能够吸引工商资本等投向农村，实现了多种经营主体之间的合作与共赢。进一步地，有了可发展的产业，能够吸引外来人才和外出务工人员回到农村，实现了多种要素在城乡之间的良性

---

[1]　中国小康建设研究会主编《全国乡村振兴优秀案例》，中国农业出版社，2020，第39页。

互动和优化配置。如四川省战旗村合作社通过租用方式流转土地后，实行"农户＋村集体＋社会资本＋国有公司"多方资金（本）共营机制，建设了吕家院子，仅院内望丛釜火锅就解决了本地就业约 20 人。[①]

三是拓展了农村集体积累和农民增收的途径。对于农村集体经济组织来说，无论是合作经营还是股份合作经营，均能获得非一次性的、有增长潜力的经营收入。例如，浙江省前溪岙村凭借"闲置农房激活"项目每年增加村集体经营性收入 39.28 万元。[②] 再如，浙江省岔路口村村集体收入由有限且单一的方式转变成租赁闲置农房土地所有权权益费、流转土地管理服务费、入股项目分红等多种方式，村集体每年向承租方收取宅基地使用费 5 元/米^2，并获得民宿营业收入中 3% 的分红。[③] 对于农民来说，除财产性收入的增加外，到周边经营实体务工，可获得工资性收入，经营民宿、农家乐等，还能获得经营性收入，增收就业方式更加多元。如 2020 年在四川省天府新区茅香村不二山房调研时发现，村民流转旧宅后，可到公司担任保洁、保安等服务人员，每月工资达 3000 元。

> **案例 6-6　宜城市存量盘活型实现形式**
>
> 宜城市地处湖北省西北部，属全国农村土地制度改革和集体产权制度改革试点区域。在宅基地制度改革和宅基地使用权流转方面，宜城市对农户闲置宅基地和农房采取集体回购、合作共建、租赁经营、入股分红、抵押贷款等方式，适度放活使用权，让老屋焕发新活力。

---

① 《吕家院子　川西林盘"再造"林盘绿了产业红了》，《郫都报》2021 年 4 月 9 日，第 8 版。
② 中国小康建设研究会主编《全国乡村振兴优秀案例》，中国农业出版社，2020，第 40 页。
③ 《典型"空心村"变身旅游"精品村"》，《绍兴晚报》2018 年 12 月 5 日，第 A02 版；中国小康建设研究会主编《全国乡村振兴优秀案例》，中国农业出版社，2020，第 36 页。

流水镇莺河村针对一户多宅、"空挂户"、宅基地荒废等情况，在尊重民意的基础上，由村集体出资回购，或农户按照超出面积缴纳有偿使用费。其中，村集体将回购的宅基地进行改造后出租，发展农家乐、民宿、豆腐坊、酒坊等，宅基地也从原来的住宅之用变成了商业和服务业使用。并以此为核心，打造具有民俗特色的，集旅游、观光、住宿于一体的美丽乡村。通过将一户多宅的农房回购改造，原本濒临消亡的空心村成为宜城乡村旅游的靓丽"名片"，年接待游客突破8万人次，农家乐经营户月盈利5000元，集体经济每年增加12.5万元。

资料来源：《宜城"宅改"三年，转移农民4万人》，《湖北日报》2018年8月12日，第2版；《让闲置宅基地和农房"活"起来》，《湖北日报》2018年8月16日，第3版；《整旧立新，一个村落的华丽转身》，《湖北日报》2018年6月15日，第3版；《扮靓希望的田野》，《襄阳日报》2018年5月28日，第6版；《流水镇探索"四型"集体经济发展模式》，宜城市人民政府网站，http://yc.xiangyang.gov.cn/xwzx/xzdt/201905/t20190508_1685307.shtml，最后访问日期：2023年1月29日。笔者整理而得。

（三）适用范围

存量盘活型实现形式，是以非农用地开发利用为核心的。探索该实现形式，第一，需有非农用地资源。盘活非农建设用地的前提，是当地存在闲置的、可利用的集体经营性建设用地或宅基地。其中，地理区位较好和交通较为便利的农村，节余的集体经营性建设用地更容易流转和激活。如江苏省五棵松科技创业园离通锡高速三兴出口仅1公里。宅基地和农房闲置率较高的地区，更容易开展集中改造。根据中国社会科学院农村发展研究所的抽样调查，东部、中部、西部、东北部村庄宅基地的闲置率分别为13.5%、7.7%、11.4%和11.1%。[①] 有了空置的、节约的宅基地，才能进行盘活。如浙江省柯桥区选择岔路口村嵋山自然村作

[①]《农村近2500万套住房空置，东部空置率最高》，新浪财经，http://finance.sina.com.cn/roll/2019-04-29/doc-ihvhiqax5646577.shtml，最后访问日期：2023年1月29日。

为第一个闲置农房激活试点村，原因在于其有近 50% 的人员外出、40% 的农房闲置。[1]

第二，非农用地的产权和区位清晰。放活使用权的前置条件是确定所有权，即在农民集体作为所有权主体的基础上，保护农民的宅基地资格权，进而通过各种方式进行流转。在流转之前，各地均对宅基地进行了确权颁证，对集体经营性建设用地的范围和面积进行了测量记录。如调研发现，四川省郫都区早在 2010 年就完成了宅基地和房屋的确权，为 2015 年以来在农村土地制度改革和集体经济发展中先行先试奠定了基础。

第三，农村新产业、新业态发展潜力较大。盘活非农用地后，需与新产业发展相结合。通过民宿、农家乐等典型业态，结合观光、教育、养老等多种需求，发展乡村旅游和物业服务等，展现田园风光与乡土文化。同时，需与农业发展和美丽乡村建设相结合，综合利用资源要素，打造农村产业新形态和宜居乡村。例如，浙江省岔路口村实行"闲置农房激活计划"的闲置农房租赁给工商业主后，围绕嵋山石刻山旅游区开发，聚集了多种资源要素，共同发展包括观光、文创等在内的乡村旅游。[2] 再如，湖北省莺河村回购农房后，投资将其装修成农耕文化体验屋，紧接着进行村庄绿化、美化、亮化，实现村庄绿化美化与乡村旅游兴旺互促共进。[3]

（四）约束条件

相较于土地股份合作型发展种养殖业的投资回收期较长，存量盘活型实现形式发展农村第三产业的回报期有所缩短、更加注重乡土特色和业态拓展。但是，农村非农用地在数量上不及农用地，集中难度也更大。

---

[1] 中国小康建设研究会主编《全国乡村振兴优秀案例》，中国农业出版社，2020，第 39 页。

[2] 《唤醒沉睡的农房》，《绍兴日报》2018 年 3 月 7 日，第 10 版；赵青《绍兴：村庄蝶变》，《法人》2018 年第 12 期，第 19～22 页。

[3] 《宜城莺河村：农旅结合走出特色致富路》，《襄阳日报》2020 年 8 月 26 日，第 2 版。

一方面，存量非农用地资源相对较少。分区域看，东部发达地区的集体经营性建设用地资源总量处于优势，而中西部地区农村集体经营性建设用地资源禀赋处于劣势。① 尤其在土地相对分散的情况下，盘活中西部地区集体经营性建设用地所面临的资源限制和市场障碍则更多。

另一方面，农民退出宅基地的难度仍然较大。对于农民来说，宅基地不仅有住宅的功能，而且是其能够从城市返乡生活的重要保障。除一户多宅和超出使用面积等须退出的情形外，流转宅基地须尊重农民的意愿。而部分农民的流转意愿不强，制约了宅基地的改造利用。进一步地，当农民预期通过发展民宿等能够获利时，宁愿选择自主经营而非流转给农村集体经济组织。如湖北省莺河村在回购改造农房后带来了可观的收益，之后再想回购，农民则不愿意，都想自己改造经营或出租。② 而由农民自主经营，则容易造成哄抬价格等不正当竞争。同时，受农村土地利用规划长期缺失的影响，经营性建设用地、公益性建设用地和农村宅基地交相错落，导致地块聚整困难。③

此外，流转期限和流转价格对供求双方的影响也较为显著。各地在实践中，非农用地流转的周期和价格差别较大，尤其是宅基地，对于农民来说，其更关注流转的价格，对于经营主体来说，其更关注流转的期限。而一家一户的农民居住分散、信息不对称，与企业合作经常出现相互排斥防范、沟通不畅的问题。④ 这对联结农民和企业的农村集体经济组织的协调等能力要求较高。此外，整治散乱地块和修缮破旧房屋等均需要资金。如湖北省莺河村村集体改造 3 处农房，花费了近 10 万元。⑤ 对于集体经济实力较为薄弱的村庄，在缺乏资金等支持的情况下，难以依靠自身力量加以盘活。

---

① 成都市郫都区乡村振兴工作领导小组编著《弄潮郫都　土地制度改革：成都市郫都区农村土地制度改革的实践与探索》，四川人民出版社，2019，第 94 页。
② 《整旧立新，一个村落的华丽转身》，《湖北日报》2018 年 6 月 15 日，第 3 版。
③ 成都市郫都区乡村振兴工作领导小组编著《弄潮郫都　土地制度改革：成都市郫都区农村土地制度改革的实践与探索》，四川人民出版社，2019，第 94 页。
④ 《"宅改"，昆山"改"出了什么》，《新华日报》2020 年 8 月 31 日，第 5 版。
⑤ 《让闲置宅基地和农房"活"起来》，《湖北日报》2018 年 8 月 16 日，第 3 版。

四 对三种典型实现形式的比较

通过对以土地资源保护利用为核心的三种新型农村集体经济实现形式的分析（见表6-4），可以发现其具有一些共同之处。一是依托农村土地资源探索实现形式。土地股份合作型、生产服务型、存量盘活型实现形式分别利用和依托了农村承包地、集体经营性建设用地和宅基地资源，均是立足现有土地资源发展新型农村集体经济的实现形式。二是土地产权关系明晰。三种实现形式均在保持土地所有权不变的情况下，放活了承包地经营权和集体经营性建设用地、宅基地使用权。需要说明的是，生产服务型实现形式中农村集体经济组织虽未直接开展生产经营，但其服务对象如农业企业等，是在获得承包地经营权的基础上进行经营的，故这一实现形式中仍体现出了清晰的土地产权关系。三是土地利用效率得到提高。三种实现形式使土地这一内部资源性资产分别通过适度规模经营、服务规模经营、存量盘活得到利用，在促进要素优化配置的同时增加了集体积累。

表6-4 三种典型的以土地资源保护利用为核心的新型农村集体经济实现形式

实现形式	经营方式	组织形式	发展产业	推广应用
土地股份合作型	股份合作经营	土地股份合作社是纽带	种植业、养殖业等	适宜在聚集提升类村庄、土地资源丰富的村庄推广
生产服务型	统一服务/合作服务	农村集体经济组织是服务主体	农业生产性服务业	依托特色产业，发展服务规模经营
存量盘活型	合作经营/股份合作经营	村集体是中介	乡村旅游业等	适用于地理区位和交通条件较好的农村

资料来源：笔者自制。

三种实现形式的区别，主要表现在三个方面。一是经营方式和组织形式不同。在土地股份合作型实现形式中，土地股份合作社发挥纽带作用，一端联结农户，这是必备的组织形式要件，另一端可联结农业企业和经营大户等，开展股份合作经营。与土地股份合作型相比，另外两种实现形式的经营方式和组织形式更加复杂。在生产服务型实现形式中，农村集体经济组织作为服务主体，可独立或与其他主体合作，为农业经营主体提供统一服务或合作服务，拓展服务组织形式。在存量盘活型实现形式中，代行组织职能的村集体作为中介，主要通过合作经营和股份合作经营的方式，与其他主体共同开发，特别是发展了"多村联合＋企业"等组织形式。二是发展产业不同。土地股份合作型主要发展的是第一产业，包括特色种植业、养殖业等；生产服务型主要发展的是农业生产性服务业；存量盘活型主要发展的是农村第三产业，包括乡村旅游业等，且可促进产业融合发展。三是推广应用范围不同。土地股份合作型在规模较大的中心村等聚集提升类村庄具有一定推广价值，因为这些村庄仍将长期存续，同时，中西部地区的农村土地资源相对丰富，故也可在这些地区推广。生产服务型的服务规模经营，在农村特色产业发展基础较好的地区具有应用价值。存量盘活型则在地理区位和交通条件较好的农村更容易推广。

第三节　基于生态资源保护利用的新型农村集体经济典型实现形式

在保护的前提下利用生态资源，探索新型农村集体经济实现形式，目的是使宝贵的生态资源成为有价值的生态产品。对这些未承包到户的生态资源，在确权登记、还权赋能后，农村经济集体组织可灵活选择具体的实现形式。本书根据新型农村集体经济发展中生态资源的经营方式和保护利用情况，重点研究资源开发型和混合经营型这两种典型的实现形式。

以往农村集体经济的发展，在资源性资产中主要立足土地资源探索实现形式；而新型农村集体经济在此基础上，注重挖掘沉睡的生态资源价值，探索新的实现形式。在保护农村生态资源的前提下，首先，体现了生态资源产权制度和产权关系的"新型"。对于集体所有、未承包到户的生态资源，经过生态文明体制改革和自然生态资源产权体系的优化，通过生态资源使用权出租和入股等方式，在其所有权与使用权分离的同时放活了使用权。其次，体现了生态资源经营方式和组织形式的"新型"。相较于之前生态资源的重保护轻经营，两种实现形式通过农村集体经济组织的统一经营、股份合作经营与混合经营等多种经营方式和组织形式，在凸显生态功能的同时促进了生态资源的价值转化，实现了生态价值与经济价值的双赢。尤其是混合经营方式，推动了农村集体内部生态资源与外部社会资本的有机组合。最后，在推进产业生态化和生态产业化中体现了"新型"。两种实现形式，分别沿着农村特色产业绿色化发展道路，以及依托生态农业与生态旅游业等生态产业实现发展，凸显了保护生产力与发展生产力的统一。

一　资源开发型实现形式

资源开发型是通过对荒山、荒沟、荒丘、荒滩等生态资源的集中开发来发展新型农村集体经济的一种实现形式。与土地股份合作型依托农户承包地不同，资源开发型实现形式聚焦未承包到户的集体"四荒"地等资源，旨在保护自然生态的同时，将沉睡、荒废的"死资源"转变成流动、增值的"活资产"。在人均耕地面积和集体经济收入均较少的困境下，适度开发利用"四荒"地资源，放活生态资源的使用权，有利于实现经济效益与生态效益的双提升。

（一）典型特征

党的十八大后，生态文明建设被放在了更加突出的位置。伴随生态文明体制改革的深入推进，以及自然资源产权体系的逐步健全，农村自然生态资源集体所有权与使用权能够适当分离，进而在此基础上探索资源开发型等新的实现形式。具体来说，表现在三个方面。

一是荒山、荒沟、荒丘、荒滩等生态资源使用权有序流转。生态资源使用权可通过多种方式流转给经营主体。其中较为典型的方式是发包和出租，农村集体经济组织在其中收取承包费和租赁费。如宁夏回族自治区平罗县内的村集体将农村集体荒地发包给集体经济组织成员、出租给非集体经济组织成员，每年收取荒地承包费、租赁费200多万元（见案例6-7）。此外，生态资源的使用权还有抵押、担保、入股等多种权能。

案例6-7　平罗县资源开发型实现形式

平罗县地处宁夏平原北部，属国家农村改革试验地区。针对集体荒地资源较为丰富、农民和经营大户开垦集体荒地面积较大等情况，平罗县实行了有偿承包并进行确权登记颁证。在所有权方面，依法明确农村荒地属集体所有。在使用权方面，将经营权确权给开垦农户，颁发农村集体荒地承包经营权证；对集体经济组织成员以外承包开垦的荒地，签订租赁合同，颁发农村租赁经营权证。通过确权解决了部分村集体空壳问题，盘清盘活了农村集体荒地资源，每年收取荒地承包费、租赁费200多万元，并从中提取公积金。

宝丰镇兴胜村开发集体荒地资源壮大了集体经济。该村积极开发集体荒地资源，利用1547万元扶贫产业项目资金，建设羊产业扶贫基地。380多亩扶贫羊场由村党支部牵头成立的兴牧源农业发展专业合作社统一管理，按照"党支部＋合作社＋农户"的模式，统一购买种羊，统一饲养管理，统一防疫，统一销售；扶贫羊场已吸纳全镇9个村83户群众入园养殖，户均增收2.8万余元，带动村集体年收入增加12万元以上。

陶乐镇创新了集体经营方式。该镇实行村村联营、村企合作、企农利益联结模式，通过"合作社＋企业＋农户"的组织形式，开发沙荒地11800亩，壮大集体经济；这一过程中，打造肉牛肉羊养殖园区，培育万亩沙漠瓜菜"一镇一品"特色产业，引入新丝陆服饰有限公司等6家经营主体，发展了沙漠瓜菜、草畜一体化、劳务三大产业。肉牛肉羊养殖园区内，村集体牵头成立合作社，并招引养殖大户进入，收取租赁费，其中提取30%的费用用于村集体经济发展，每年增加集体收入8万元。

资料来源：韩俊主编《农村改革试验区改革实践案例集》，中国财政经济出版社，2019，第71～73页；《村集体发力羊产业　养殖户发展喜洋洋》，《宁夏日报》2021年8月4日，第3版；《宝丰镇："羊"起致富的风帆》，《宁夏日报》2020年9月14日，第7版；《陶乐镇：用脱贫攻坚"高分答卷"兑现承诺》，《宁夏日报》2021年2月10日，第4版；《庙庙湖村：产业处处兴　日子年年好》，《宁夏日报》2020年10月8日，第1版。笔者整理而得。

二是由农村集体经济组织进行开发。对于"四荒"地等生态资源，农村集体经济组织可自主开发，并带动农户共同发展相关产业。如辽宁省祝家村成立了南果梨专业合作社，将近万亩的荒山、荒坡、荒沟改造成果梨种植园；之后又成立了全体村民参股的股份经济合作社，并与专业合作社共同组建联合社，形成了"村集体＋合作社＋农户"的组织形式（见案例6-8）。农村集体经济组织也可与企业等经营主体共同开发生态资源，增强产业竞争力。如宁夏回族自治区陶乐镇采取"合作社＋企业＋农户"的组织形式开发沙荒地11800亩，引进6家企业等经营主体，发展沙漠瓜菜、草畜一体化、劳务三大产业。农村集体经济组织也可以对生态资源治理盘活后，将其流转给不同的主体开发。如内蒙古自治区阿荣旗将50万亩荒山、荒地、荒沟、荒滩、荒水有偿发包给农户，发展林、果、蚕、草、药产业，并将发包收益按股分红，形成了"集体＋农户"的组织形式。①

> **案例6-8　祝家村资源开发型实现形式**
>
> 　　祝家村位于海城市东部山区，是一个九山半水半分田的小山村。在支部书记的带领下，村里组建了南果梨专业合作社，把近万亩的荒山、荒坡、荒沟改造成通水、通电、通路的万亩果梨种植园，增加果农和集体的收益。"一村一品"特色产业发展效果明显，全村年产鲜果1200万斤。仅此一项人均收入达到2.6万元，村财利每年收入362万元。
>
> 　　2015年，祝家村被确定为国家级村集体资产股份权能改革试点村。以此为契机，祝家村又建立了集体所有、村民参股的海城市马风镇祝家村果镁股份经济专业合作社。合作社将村集体闲置的荒山与学校、厂房等资源，在评估之后通过以物折资的方式入

---

① 韩俊主编《农村改革试验区改革实践案例集》，中国财政经济出版社，2019，第93页。

股到南果梨合作社，并组建联合社；在"村集体＋合作社＋农户"的组织形式中，村集体所占股份由原来的8%增加到18%。

资料来源：韩俊主编《农村改革试验区改革实践案例集》，中国财政经济出版社，2019，第98页；《辽宁省海城市马风镇祝家村》，中华人民共和国农业农村部网站，http://nmfsj. moa. gov. cn/rwcz/mlxc_25688/201908/t20190830_6327020. htm，最后访问日期：2023年1月29日；《村集体入股合作社引来"长流水"》，《共产党员》2018年第3期，第32～33页。笔者整理而得。

三是通过集体经营获取收益。农村集体经济组织作为经营主体，开展统一经营，直接负责全过程的生产经营管理事务。如宁夏回族自治区兴胜村利用集体荒地建设了占地380.2亩的羊产业扶贫基地，并由党支部牵头建立兴牧源农业开发专业合作社，统一购买种羊，统一饲养管理，统一防疫，统一销售。统一经营也是资源开发中较为普遍的一种经营方式，如河南省源村村采取了统一经营方式来发展集体经济。此外，农村集体经济组织还可以将"四荒"地等资源折股量化，发展股份合作经营。如辽宁省祝家村果镁股份经济专业合作社将荒山和厂房等资产评估后以物折资入股到南果梨专业合作社，发展"一村一品"特色南果梨产业，村集体持股比例达18%。资源开发型实现形式比较分析如表6-5所示。

表6-5　资源开发型实现形式比较分析

农村集体	所在区域	经营方式	组织形式	开发资源
阿荣旗	内蒙古自治区呼伦贝尔市	合作经营	集体＋农户	荒山、荒地、荒沟、荒滩、荒水
兴胜村	宁夏回族自治区石嘴山市	统一经营	党支部＋合作社＋农户	荒地
祝家村	辽宁省海城市	股份合作经营	村集体＋合作社＋农户	荒山、荒坡、荒沟
源村村	河南省巩义市	统一经营	村集体＋农户	荒山、荒坡
下庄社区	云南省大理州	合作经营	集体＋企业＋农户	荒山、荒坡

资料来源：笔者自制。

（二）积极作用

保护和利用农村生态资源的过程，也是保护和发展农村生产力的探索。这一过程中，农村集体经营方式和组织形式得到了丰富，新型农村集体经济得到了发展，农村生产与生态并重得到了体现。

资源开发型实现形式首先改变了乡村资源匮乏的状态。在农用地等资源相对紧缺和稀少的地区，通过自主开发荒山、荒沟、荒丘、荒滩等生态资源，直接增加了集体可经营的资源性资产总量，使村庄摆脱了贫瘠荒芜的窘境。如宁夏回族自治区银河村开发本村荒地、荒山、河滩、沙漠等资源，发展乡村旅游壮大集体经济，村庄由穷村子变成了远近闻名的"网红"村，2020 年被评为"全国乡村旅游重点村"。① 尤其是在改善乡村生态环境和村容村貌的同时，带动了集体和农民致富增收，凸显了生态资源的自然价值和经济价值。如河南省源村村村集体在荒山、荒坡种植海棠、龙柏、紫薇等观赏绿化树，以及孔雀草、格桑花等各种花草共约 3 万棵，引导村民在房前屋后种植果树，打造"花园式"庭院，发展乡村旅游，2020 年集体经济收入达到了 47.5 万元。② 再如宁夏回族自治区兴胜村利用荒地建设扶贫羊场，吸纳了 83 户群众入园养殖，实现户均增收 2.8 万余元，带动村集体年收入增加 12 万元以上。

其次，实现了各类要素的有机组合。生态资源的开发并没有挤占其他集体资产的投入空间，而是将农村集体资源性资产的经营与财政资金、原有厂房等经营性资产的使用结合起来，发挥了 1＋1＞2 的产出效应。例如，宁夏回族自治区兴胜村在集体荒地上建设羊产业扶贫基地，争取到了扶贫产业项目资金 1547 万元，体现了资源与资金的有效结合。再如，辽宁省祝家村以物折资入股到南果梨专业合作社时，不仅盘活了荒山和闲置的厂房，而且涵盖了闲置的学校，促进了农村集体资源性、经营性和非经营性三类资产的优化利用。

---

① 《石嘴山多路径驱动乡村"蝶变"》，《宁夏日报》2020 年 11 月 3 日，第 2 版。
② 《误入桃花源！巩义竟然有这么一个"宝藏"村子》，巩义市人民政府网站，http://www.gongyishi.gov.cn/portal/gyzx/ztzl/zxdq/webinfo/2020/12/1607445257143975.htm，最后访问日期：2023 年 1 月 29 日。

最后，增强了农村集体经济的"造血"功能。利用"四荒"地等生态资源，发展特色农业、农产品加工业、乡村旅游、文化教育等多种产业，使农村集体经济组织获得了可持续的、内生性的经营性收入，转变了单纯依靠外部投入的"输血式"发展模式。如云南省下庄社区开发利用荒山荒坡等，并以出租、合作等方式引进企业建厂、学校办学，年集体经济收入达 350 万元以上。[1]

（三）适用范围

与依托农用地和建设用地等土地资源发展农村集体经济的实现形式不同，资源开发型实现形式更加强化资源的生态属性和发挥资源的生态功能。但在实践中，农用地和建设用地等资源相对丰富的地区，会优先选择土地股份合作型、存量盘活型等实现形式。而对于农村集体经济较为薄弱、资源性资产相对缺乏的地区，则会挖掘村庄内部生态资源的潜力，试图用活未利用的荒山、荒沟、荒丘、荒滩等生态资源，这类地区适宜探索资源开发型实现形式。

进一步用活未利用的生态资源，需厘清其权属。虽然自然生态空间统一进行确权登记后，明确了属于集体所有的自然生态资源，但要激活这些资源尤其是"四荒"地资源的使用权，需在清产核资的同时采取多种形式划分权能。如内蒙古自治区阿荣旗是将荒山、荒地、荒沟、荒滩、荒水定权之后再发包给农户。为调动经营主体的积极性，可参考承包地确权登记颁证的方法，赋予其更加明确的"四荒"地资源经营权。如宁夏回族自治区平罗县将经营权确权给开垦农户，颁发农村集体荒地承包经营权证，对其他经营主体颁发农村集体土地租赁经营权证。这也是分类放活生态资源使用权的一种方式。

此外，开发"四荒"地资源，需朝着产业生态化的方向发展。相较于单纯追求经济效益的产业发展，资源开发型实现形式是在生态环境保护的过程中发展产业。故在选择特色产业时，需在考虑资源禀赋的同时坚持生态优先，不过度利用资源；突出绿色发展，不破坏自然生态。如

---

[1] 《我州五种模式壮大村级集体经济》，《大理日报》2020 年 10 月 9 日，第 1 版。

内蒙古自治区阿荣旗利用荒山和荒地等资源建设蚕场，通过严格控制放养量和食叶量、狠抓柞林资源保护，实现经济效益和生态效益双丰收。①

（四）约束条件

发展资源开发型实现形式，也面临着潜在的问题和困难。一方面，农村集体经济组织创收增收渠道仍较狭窄。农村集体经济组织盘活"四荒"地等生态资源后，若将其流转给其他主体开发，不直接参与经营活动，则其只能获得发包和租赁等收入，无法取得其他经营性收入。如宁夏回族自治区平罗县兴胜村、惠农区银河村等部分村庄利用荒地、荒山等资源发展统一经营，依托养殖产业和乡村旅游业增加了经营性收入。但是，当地仍有相当部分的村庄只发包和租赁荒地、荒山等资源，缺乏集体经营的产业。如平罗县崇胜村村集体收入以荒地、沙坝承包为主，无村集体经营性收入，村集体经济增长乏力，产业发展动力不足。② 发包费和租赁费虽然也能为农村集体经济组织带来可观的收入，但单靠这些收入，而不通过经营管理和发展优势产业拓展增收渠道，则难以支撑集体经济的后续发展。

另一方面，农村集体经济组织与农民之间的联系不够紧密。与农民享有明确的土地承包权和宅基地资格权不同，"四荒"地等生态资源使用权大多未进一步划分成承包权、资格权等。在实践中，部分地区则并未将使用权划分到户，而是由农村集体经济组织集中利用和开发。虽然这能增加农村集体经济收入，改善作为农村集体经济组织成员的农民福利水平，但是，同土地股份合作型等实现形式中农民可获得保底收益和二次分红相比，资源开发型实现形式中农民能够从集体经营获得的直接收入较为有限，与农村集体经济组织之间的利益联结也不强。如云南省下庄社区开发使用荒山、荒坡后增加了集体资金，改善了基础设施和提

---

① 《阿荣旗白花花的蚕茧成了致富"银疙瘩"》，《内蒙古日报》（汉）2020 年 9 月 29 日，第 1 版。

② 《崇岗镇崇胜村 2020 年度薄弱村党组织整顿方案》，平罗县人民政府网站，http://www.pingluo.gov.cn/xxgk/zfxxgkml/zdgz/202006/t20200624_2145853.html，最后访问日期：2023 年 1 月 29 日。

升了服务水平，但在增加农民收入等方面的作用则不够明显。

二 混合经营型实现形式

混合经营型是将水流、森林、山岭等生态资源的使用权入股到农村集体经济组织以外的经营主体进而增收的一种实现形式。相较于资源开发型中生态资源使用权以承包、出租等为主，混合经营型实现形式以使用权的入股为核心，引入了社会资本壮大资源开发力量。伴随人民美好生活需要的增加，城乡居民为乡村生态产品付费的边际倾向逐步提高，[①]适当开发各类生态资源，增加生态产品供给，具有较强的市场需求和较大的发展空间。

（一）典型特征

在自然生态资源集体所有权和使用权分离等改革推进的同时，农业农村对社会资本等外部投资主体的开放程度也不断提高。立足独特的生态环境，在不改变集体所有的前提下，通过混合经营提高生态资源利用效率具备了内外部条件。而发展混合经营型实现形式要经过三个必备环节。

第一，生态资源使用权投资入股参股。与承包地经营权由农户作为主体入股不同，生态资源使用权由农村集体经济组织统一作价入股。根据入股的面积，折算成股份。需要说明的是，在实践中，生态资源使用权具体化为经营权。如贵州省岩脚村将 37.8 亩集体荒山、河滩地经营权折价入股贵州农熠农业开发有限公司，参照该市 28600 元/亩的土地补偿费标准作价，合计股金 108.1 万元。[②]

第二，由合作社、农业企业、经营大户等具体负责经营。农村集体经济组织可将生态资源经营权直接入股到外部经营主体，与社会资本合作，共同开发，联合经营。例如，重庆市庆丰山村以面积 5000 多平方米的天然溶洞资源入股，与经营大户合作发展溶洞泉水豆芽产业，形成了

---

① 叶兴庆：《迈向 2035 年的中国乡村：愿景、挑战与策略》，《管理世界》2021 年第 4 期，第 98～112 页。

② 黄延信主编《农村集体产权制度改革实践与探索》，中国农业出版社，2016，第 128 页。

"村集体＋经营大户"的组织形式及合股联营的经营方式。① 再如，甘肃省康盛村将400亩集体荒滩入股到金禹川农业旅游文化有限责任公司，发展冷链物流与育苗，形成了"村集体＋企业"的组织形式（见案例6-9）。在生态资源入股之后，也可依托产业园区建设，发展规模经营。如贵州省舍烹村将村集体的120亩银湖水面经营权入股旅游公司，并依托哒啦仙谷休闲观光农业示范园区，实施水上乐园项目开发，形成了"村集体＋企业＋产业园"的组织形式及参股合营的经营方式。②

案例6-9　金川区混合经营型实现形式

金川区是全国第二批农村改革试验区，也是甘肃省农村集体产权制度改革试点区。该区戈壁非耕地资源丰富，光热条件好，发展戈壁农业具有先天的资源、环境和气候优势，利用戈壁荒滩，建成了农业产业园区，为发展戈壁农业提供了良好基础。在这一过程中，通过入股的形式盘活了尚未承包到户的集体荒地和荒滩等资源，使发展红利惠及村民。

宁远堡镇东湾村是利用荒滩资源发展戈壁农业的典型。村集体通过村级资产清产核资，将1500亩集体荒滩、481.3亩集体弃耕地和90万元财政资金一并入股到鑫浩农业公司，建设千亩特色生态戈壁农业产业园，使昔日寸草不生的盐碱滩变成了农民增收致富的聚宝盆。同时，撬动社会资金6000多万元参与投入，村集体年可分红9万元，农户年可分红11万元。2018年开始分期建设千亩戈壁农业产业园，2020年春天120座戈壁高标准日光温室建成并投入使用，开展洋葱和红辣椒育苗，且已销售完毕。

双湾镇康盛村通过开发生态资源夯实了集体经济"家底"。村集体把400亩集体荒滩入股到金禹川农业旅游文化有限责任公司，

---

① 《百万村民成股东　"三变"改革激活重庆乡村》，《重庆日报》2021年6月4日，第2版。
② 农业农村部合作经济指导司、农业农村部管理干部学院编《全国农民合作社典型案例（一）》，中国农业出版社，2019，第105页。

建设冷链物流中心和育苗中心，每年村集体都能获得固定收益的分红，荒滩也从死的资源变成了活的资产。

资料来源：《戈壁滩上好春光》，《金昌日报》2020年4月15日，第1版；《东湾村：盐碱滩上趟出"致富路"》，《金昌日报》2021年4月26日，第2版；《化土成金的"金手指"》，《金昌日报》2018年6月8日，第2版；《荒滩可利用 光热即资源 东湾千亩戈壁农业产业园稳步发展》，金川政务网，http://www.jinchuan.gov.cn/zwyw/zwyw_6243/202006/t20200615_166768.html，最后访问日期：2023年1月29日。笔者整理而得。

第三，农村集体经济组织按股份参与分红。与资源开发型通过统一经营等使农村集体经济组织获得经营收入不同，混合经营型实现形式通过生态资源入股使农村集体经济组织和农民分别获得资产分红收入与财产性收入。在农村集体经济组织、农民与其他经营主体之间，按照生态资源使用权所占的股份进行分红。如贵州省岩脚村村集体和库区农户以水面经营权入股，分别占股10%和40%，项目投入运营后按股分红。混合经营型实现形式比较分析如表6-6所示。[①]

表6-6 混合经营型实现形式比较分析

村集体	所在区域	经营方式	组织形式	入股资源
岚溪村	重庆市城口县	混合经营	合作社+企业+农户	风景
庆丰山村	重庆市沙坪坝区	混合经营	村集体+经营大户	溶洞、泉水
舍烹村	贵州省盘州市	混合经营	村集体+企业+产业园	水域、水面
岩脚村		混合经营	村集体+企业+产业园	水域、荒山、河滩
东湾村	甘肃省金昌市	混合经营	村集体+企业+产业园	荒滩等
康盛村		混合经营	村集体+企业	荒滩

资料来源：笔者自制。

（二）积极作用

借助充裕的生态资源探索混合经营型实现形式，既是生态资源保护

[①] 韩俊主编《农村改革试验区改革实践案例集》，中国财政经济出版社，2019，第129页。

利用方式的创新，又是农村集体经营方式的创新。

一方面，使生态资源价值得到了有效转化。在保护修复生态环境、强化生态功能的同时，生态资源使用权入股直接使生态资源转换成了有价值且可分红的资产，以及可开发且有市场的产品，拓展了农村集体资源性资产的保值升值渠道，彰显了乡村的生态优势与后发优势。如贵州省舍烹村充分挖掘了生态资源的开发潜力，将水面、湿地、生态林、河沟等各类生态资源的使用权入股到生态旅游相关项目，每年可获得固定比例的分红，且随着经营收益的增加，分红也会增长（见表6-7）。

表 6-7　贵州省舍烹村生态资源入股和分红情况

入股形式	入股数目（亩）	占股（%）	入股项目	年分红（万元）
银湖水面经营权	120	10	水上乐园开发	2.76
湿地	320	5	生态观光旅游	0.34
生态林经营权	3817	2	休闲养生等	0.39
河沟开发利用	—	—	生态步道建设	0.5

资料来源：农业农村部合作经济指导司、农业农村部管理干部学院编《全国农民合作社典型案例（一）》，中国农业出版社，2019，第106页。笔者整理而得。

另一方面，使混合经营方式得到了充分应用。农村集体经济组织将生态资源使用权入股到其他经营主体之后，通过合股联营、参股合营等多种混合经营方式，调动了社会资本投资农业农村的积极性，有利于发挥外部经营主体的资金、技术、人才等多种优势，提高资源性资产的经营水平。对于集体内部来说，增强了农村集体经济组织的联合功能，丰富了农村集体组织形式。农村集体经济组织代行生态资源所有权、将使用权集中入股，能够将作为农村集体经济组织成员的农民联结起来，持续增加集体和农民的收益，使组织与农民之间的利益联系更加紧密。尤其是发展了"村集体＋企业＋产业园"等组织形式，通过园区的集聚和辐射效应，促进了生态产业化。如甘肃省东湾村将1500亩集体荒滩、481.3亩集体弃耕地和90万元财政资金一并入股到鑫浩农业公司，撬动社会资本6000多万元，不仅将生态资源、荒废资源和各类资金优化组合，弥补了农村集体经济组织自有资金不足的缺陷；而且依托"村集

体＋企业＋产业园"的组织形式，建设千亩戈壁生态农业产业园，实现
了生态产业的规模化、集约化发展。

（三）适用范围

以生态资源使用权入股为核心的混合经营型实现形式，在将生态功
能放在关键位置、生态资源较为丰富的地区，具有一定的推广价值。如
案例中的贵州省是国家生态文明试验区，重庆市城口县是国家重点生态
功能区，这些地区既重视生态环境保护和修复，为构筑生态安全屏障提
供支撑；又探索生态产品生产和供给，为处理好保护与发展的关系积累
经验。在这些地区，自然资源资产产权制度改革和绿色循环低碳发展等
能够先行先试，为发展混合经营型实现形式创造了条件。

一方面，自然生态资源产权清晰。水流、森林、山岭、草原、荒地、
滩涂等属于农村集体所有的资源确权登记后，需进一步界定产权主体权
利，明确资源的权属、面积、区位等详细信息。厘清生态资源产权和数
量之后，才能通过折股转变成其他经营主体和经济组织的股权。引入外
部投资前，应保证成员获得做股量化的收益权，并由村集体集中使用权，
形成与外部投资人谈判的条件。[①] 如重庆市城口县进行了生态资源普查
登记、生态产品价值评价核算，建立了生态资源台账和数据库。岚溪村
完成了清产核资、股权界定、股权量化等程序，进一步确权确股，成立
了包含 223 户集体经济成员的股份经济合作社，之后将风景资源以 495
万元折价入股，成功引入了市场主体盘活资源（见案例 6 - 10）。

另一方面，绿色发展方式明确。利用生态资源发展混合经营，只有依
托生态农业和生态旅游业等具体的生态产业，提供农产品和旅游产品等类
目多样的绿色产品，才能将生态优势持续转化成绿色发展动能。如表 6 - 6
中的村庄也是以发展生态农业和生态旅游业为主。此外，随着国家将碳达
峰、碳中和纳入生态文明整体布局，各地推进生态文明建设和绿色低碳产
业发展的力度将加大，混合经营型实现形式在农村的应用范围将更广。

[①]　杨帅、罗士轩、温铁军：《空间资源再定价与重构新型集体经济》，《中共中央党校
（国家行政学院）学报》2020 年第 3 期，第 110～118 页。

> **案例 6 - 10　城口县混合经营型实现形式**
>
> 　　城口县是长江上游重要生态屏障，属国家重点生态功能区中的秦巴生物多样性生态功能区。在促进生态资源价值转化中，该县首先进行了全域生态资源普查。城口县开展了生态资源普查登记、生态产品价值评价核算，创设了生态资源台账和数据库。之后，推进了生态产业化和产业生态化，生态经济占县域经济的比重近60%，对群众脱贫增收的贡献率为76%。
>
> 　　岚天乡岚溪村是重庆市首批38个"三变"改革试点村之一。该村完成了清产核资、股权界定、股权量化等程序，顺利成立村集体经济合作社，223户集体经济成员领到了股权证。为最大化发挥农村资源价值，该村率先开展生态资源价值实现试点，把自然资源变成生态资产，激活闲置河道、溪流等，壮大集体经济。比较有代表性的是将风景资源以495万元折价入股，与企业合股联营，发展乡村旅游，使村民分享旅游经营收益。在农业农村部公布的"2020年中国美丽休闲乡村"中，城口县岚天乡岚溪村成功上榜。

　　资料来源：《城口　生态优先作示范　绿色发展当标杆》，《重庆日报》2021年7月5日，第10版；《［区县］城口县岚天乡岚溪村上演"空壳村"变形记》，搜狐网，https://www.sohu.com/a/359989705_120054908，最后访问日期：2023年1月29日；《城口"三招"促"三变"壮大集体经济》，《重庆日报》2021年1月24日，第12版；《百万村民成股东　"三变"改革激活重庆乡村》，《重庆日报》2021年6月4日，第2版；《农业农村部办公厅关于公布2020年中国美丽休闲乡村的通知》，《中华人民共和国农业农村部公报》2020年第10期，第80~84页。笔者整理而得。

（四）约束条件

　　与资源开发型实现形式相比，混合经营型实现形式为农村集体经济组织和农民增收提供了新的渠道，但其发展受到了一些因素的制约。

　　一是生态资源评估定价较难。虽然明确了自然生态资源的所有权，整合了可开发的资源并放活了使用权，但在实践中各地生态资源的定价差异较大。尽管多数地区按照生态资源的面积衡量价值，然而，由于缺乏完善的定价机制，没有可参照的统一标准，部分生态资源的价值被低估。如贵州省新寨村，村集体将资源入股生态旅游项目，其中，3000 亩集体生态公益林入股仅分红 1.1 万元，而 2460 亩土地入股可分红 4.9 万元。[1] 尤其是开发后的产品价值信息，对农村集体经济组织及其成员是高度不对称的。[2]

二是与外部经营主体合作有风险。生态资源使用权所占股份的多少，直接关系到农村集体经济组织和农民的分红。在混合经营中，农村集体经济组织的股份占比仍不高，导致其后续入股的动力不强。如表 6 - 7 所示，贵州省舍烹村将 320 亩的村集体湿地用于合作社开发生态观光旅游项目，村集体仅占股 5%，年分红仅 0.34 万元。

三是生态产业投资回报缓慢。开发部分生态资源之前，需对其进行治理和修复，这需要政府和社会多方的资金投入，造成开发成本较高。之后，培育生态产品、建设产业园区，都需经过较长的周期才能得到回报。对于社会资本来说，在同时存在可盘活的非农用地资源和可开发的生态资源时，其会优先选择投资回收期较短的存量盘活型实现形式。如甘肃省东湾村将荒滩等入股发展戈壁生态农业，2018 年开始分期建设千亩戈壁农业产业园，2020 年春天 120 座戈壁高标准日光温室才建成并投入使用，进行洋葱和红辣椒育苗。但是，混合经营型实现形式所能创造的生态价值是不可忽视的。

三　对两种典型实现形式的比较

资产开发型和混合经营型均是依托生态资源进行探索的新型农村集体经济实现形式。两种实现形式，均是在理清生态资源产权、确定具体的权属和面积等之后，放活了荒山、荒沟、荒丘、荒滩以及水流、森林、山岭等生态资源的使用权，均促进了生态资源价值转化。

两种实现形式也存在具体的差别（见表 6 - 8）。一是生态资源使用

---

[1]　农业农村部合作经济指导司、农业农村部管理干部学院编《全国农民合作社典型案例（一）》，中国农业出版社，2019，第 106 页。

[2]　杨帅、罗士轩、温铁军：《空间资源再定价与重构新型集体经济》，《中共中央党校（国家行政学院）学报》2020 年第 3 期，第 110～118 页。

权放活的具体方式存在差别。资源开发型中，荒山、荒沟、荒丘、荒滩等生态资源主要是通过发包和出租等方式流转的；而混合经营型中，生态资源使用权是以入股为主的。二是经营方式和组织形式存在差别。资源开发型中，农村集体经济组织可自主也可与其他主体合作开发生态资源，发展统一经营和股份合作经营等。混合经营型中，农村集体经济组织统一将生态资源使用权作价入股到外部经营主体，按股份参与分红。三是发展产业存在差别。两种实现形式虽然均可发展农业，但资源开发型中还可发展农产品加工业，而混合经营型中则可发展生态旅游业。四是推广应用范围存在差别。在可直接利用的农用地等资源相对缺乏的地区，可通过用活村庄内部未利用的荒山、荒沟、荒丘、荒滩等资源，探索资源开发型实现形式。在生态资源较为丰富以及生态功能较为突出的地区，如国家生态文明试验区、国家重点生态功能区的农村，可在生态环境保护中适度开发利用水流、森林、山岭等生态资源，探索混合经营型实现形式。

表 6 – 8　两种典型的以生态资源保护利用为核心的新型农村集体经济实现形式

实现形式	生态资源使用权放活方式	经营方式	组织形式	发展产业	推广应用
资源开发型	发包、出租等	统一经营/股份合作经营等	农村集体经济组织进行开发	特色农业和农产品加工业等	可在能直接利用的资源性资产缺乏的农村推广
混合经营型	入股等	混合经营	农村集体经济组织作价入股	生态农业和生态旅游业等	可在生态资源丰富的农村推广

资料来源：笔者自制。

第七章　中国新型农村集体经济实现形式二：基于经营性资产经营管理的视角

农村集体所有的经营性资产，是以股份或者份额的形式量化到集体经济组织成员的。探索新型农村集体经济实现形式，应健全农村集体经济组织，推动集体经营性资产保值增值，有效增加集体经营收入和农民财产性收入。而经营性资产的形态和类别是有差异的，根据其不同的特性可选择相应的经营方式和组织形式。本章从农村集体经营性固定资产的经营管理和流动资产的经营管理两个方面，立足农村集体产权制度改革中的农村集体经营性资产股份合作制改革和资产股份量化等新情况，分别挖掘新型农村集体经济的可行实现形式。

第一节　农村集体经营性资产的类别

关于农村集体所有的经营性资产，在国家法律和相关政策中都进行了说明。较为详细和明确的提法，是将经营性资产划分成用于经营的房屋、建筑物、机器设备、工具器具、农业基础设施、集体投资兴办的企业及其所持有的其他经济组织的资产份额、无形资产等。① 国家在统计经营性资产时，专门单独统计了集体经济组织年度结束时仍存在的直接

---

① 《中共中央　国务院关于稳步推进农村集体产权制度改革的意见》，《中华人民共和国国务院公报》2017 年第 3 号，第 9～14 页。

用于经营的各种固定资产，包括房屋、建筑物、机器设备、工具器具及农业基础设施等资产。① 在进行农村集体资产清产核资时，规定经营性资产的核算包括"经营性固定资产、经营性在建工程、长期投资、无形资产以及用于经营的流动资产和农业资产"②。除经营性固定资产外的其他资产，则属于经营性非固定资产。但从农村集体资产总额来看，占比最大的为固定资产和流动资产，分别为 50% 和 40.7%。③ 除此之外的资产，对集体资产总额的影响则相对较小。故本章以农村集体经营性固定资产和经营性流动资产两类资产为核心，分别探究新型农村集体经济实现形式。

需要说明的是，2015 年起，农村集体经营性资产股份合作制改革逐步推进。在新发展阶段，国家专门强调"将经营性资产量化到集体经济组织成员，发展壮大新型农村集体经济"④。通过改革，不仅明确了农村集体经营性资产的归属，而且确定了农民所占的份额或股份，改变了"人人有份、人人无份"的状况。对于农村集体经济组织内部来说，通过股权设置和量化完成了股份合作制改革。对于农民来说，其获得了不同于用益物权的集体经营性资产股权。对于经营性资产来说，不仅可以采取股份合作经营，还可以通过混合经营等多种经营方式以及多种组织形式，增加经营收益和盈利能力，完善收益分配机制。故可根据经营性固定资产和流动资产的不同特性，分类研究多种集体经营方式和组织形式。

一 农村集体经营性固定资产

农村集体经营性固定资产是一种典型的实物资产，也是占据一定面积的有形资产。从权能来看，农民集体享有固定资产所有权，农民个人

---

① 农业农村部政策与改革司编《中国农村政策与改革统计年报（2019 年）》，中国农业出版社，2020，第 134 页。
② 《农业部 财政部 国土资源部 水利部 国家林业局 教育部 文化部 国家卫生计生委 体育总局关于全面开展农村集体资产清产核资工作的通知》，中华人民共和国农业农村部网站，http://www.hzjjs.moa.gov.cn/gzdt/201904/t20190418_6182298.htm，最后访问日期：2023 年 1 月 29 日。
③ 笔者根据《中国农村政策与改革统计年报（2019 年）》中统计数据计算而得。
④ 《中华人民共和国国民经济和社会发展第十四个五年规划和 2035 年远景目标纲要》，人民出版社，2021，第 74 页。

享有收益分配权。从资产分布来看，东部地区集体经营性固定资产总量最大，占比最高，达 65.6%；其次是中部地区，占比为 16.1%；西部地区占比 15.8%；东北地区占比最小，仅为 2.4%（见表 7 - 1）。与流动资产相比，固定资产流动相对缓慢，但经营风险则相对较小。探索多种有效的实现形式，目的在于提高集体经营性固定资产经营能力。一方面，对于正在经营的固定资产，应提高资产使用效果，增加资产收益率。另一方面，对于闲置状态或使用效率不高的固定资产，可通过多种盘活方式，提升资产运营活力。

表 7 - 1 2020 年全国农村集体经营性固定资产分布情况

地区	经营性固定资产（万亿元）	占全国的比重（%）
东部地区	6116.3	65.6
中部地区	1503.3	16.1
西部地区	1474.2	15.8
东北地区	227.8	2.4

资料来源：农业农村部政策与改革司编《中国农村政策与改革统计年报（2020 年）》，中国农业出版社，2021，第 62 页。笔者计算而得。

二 农村集体经营性流动资产

农村集体经营性流动资产是可在短期内周转的非实物资产。以流动资产经营管理为核心探索新型农村集体经济实现形式，目的在于防止资产流失，促进流动资产稳定良性运转。在流转资产中，根据农业农村部的统计，占比最高的为货币资金，达 53.8%。[1] 故流动资产经营管理的重心在于货币资金。货币资金根据资金来源渠道不同，又可以分为财政补助资金、集体积累资金以及土地补偿费等用于经营的其他资金。随着资金使用方式的越发灵活，在不改变资金使用性质的条件下，部分货币资金作为集体经营性资产，可投入到集体经营中，并在明确受益范围后，将经营后获得的收益按照股份分配给农民。其中，财政资金的种类较为

---

[1] 农业农村部政策与改革司编《中国农村政策与改革统计年报（2019 年）》，中国农业出版社，2020，第 44 页。

丰富，直接相关的主要包括扶持村级集体经济发展的资金、支持农业产业发展的资金和用于产业扶贫的资金三类。以第一类资金为例，2018 年起，国家在两年试点的基础上，明确 2018—2022 年在全国范围内扶持 10 万个左右的村发展壮大集体经济，到 2020 年已累计安排资金 289 亿元。① 其中，2020 年投入 75 亿元，在全国扶持了 2.1 万个行政村。② 对于试点村，每个村由中央财政一次性提供补助，再加上地方财政的补助，切实增加了农村集体经济组织可经营的货币资金。再以扶贫资金为例，2016—2020 年，中央财政连续 5 年每年增加了 200 亿元专项扶贫资金；③ 《乡村振兴战略规划》中也提到将这类资金"量化到农村集体经济组织和农户后"④，可进行入股。通过资金量化、入股参股等多种形式，整合各类货币资金，使资金变成股金，从而提高资金使用效益。

第二节　基于固定资产经营管理的新型农村集体经济典型实现形式

集体经营性固定资产的经营管理方式是不同的。在固定资产确权到户、量化到人后，可选择多种经营方式和组织形式来发展新型农村集体经济。本书依据固定资产的区位分布和经营管理状况，集中研究物业经营型和异地置业型两种代表性的新型农村集体经济实现形式。

两种实现形式在三个方面体现了"新型"。一是农村集体经营性固定资产经营管理中产权制度和产权关系的"新型"。两种实现形式均是在农村集体经营性资产股份合作制改革中发展的，均在物业资产这类固定资产股份量化后激活了其使用权，保障了农民的资产收益分配权。二是固定资

① 《关于政协十三届全国委员会第三次会议第 2667 号（农业水利类 237 号）提案答复的函》，中华人民共和国农业农村部网站，http://www.moa.gov.cn/govpublic/XZQYJ/202009/t20200918_6352317.htm，最后访问日期：2023 年 1 月 29 日。
② 《2020 年中国财政政策执行情况报告》，《中国财政》2021 年第 6 期，第 6～17 页。
③ 刘昆：《国务院关于财政农业农村资金分配和使用情况的报告——2020 年 12 月 23 日在第十三届全国人民代表大会常务委员会第二十四次会议上》，《中华人民共和国全国人民代表大会常务委员会公报》2021 年第 1 号，第 180～186 页。
④ 《中共中央国务院印发〈乡村振兴战略规划（2018—2022 年）〉》，《人民日报》2018 年 9 月 27 日，第 10 版。

产经营方式和组织形式的"新型"。农村集体经济组织与其他经营主体通过合作经营、股份合作经营和混合经营等多种方式，共同经营物业资产。特别是组建了新型农村集体经济组织，以及通过"多村联合＋企业"等组织形式，延伸和创新了农村集体组织形式。三是农村集体经济发展空间范围的"新型"。两种实现形式，分别对农村集体经济发展空间进行了就地与异地拓展，即与新型城镇化发展和乡村振兴等相结合提升本地存量物业资产经营管理能力，突破空间限制到外地开发和经营物业资产。

一　物业经营型实现形式

物业经营型是通过开发和运营集体所有的物业资产来增加经营收入的一种实现形式。在区位条件较好的地区，将房屋、建筑物、专业市场等集体经营性固定资产通过出租、入股等多种方式放活使用权，发展物业经济，形成稳定的增收机制，是促进集体资产保值增值的有效渠道。

（一）典型特征

属于农民集体所有的物业资产，由于在实物上不可切割到人，则应通过股份或份额的形式进行量化。部分地区集体经营性资产股份合作制改革开始较早，且随着改革范围的逐步扩大，在摸清家底和量化资产后，有利于持续推进物业资产的经营管理，提高资产利用率。具体来说，探索物业经营型实现形式要经过三个重要环节。

一是建设和改造经营性物业资产。对于物业资产，农村集体经济组织主要通过两种方式获得所有权。一种方式是新建和购置，如北京市北店嘉园社区利用 1.9 亿元征地补偿款建设了北店时代广场商业楼，面积达 9.2 万平方米。[①] 另一种方式是盘活和改造，如河北省王边村将 20 多处闲置的院落、房屋、窑洞对外租赁，[②] 浙江省七一村将村里延续七八十年的马路菜场改造成钢架大棚的农贸市场。[③]

二是由农村集体经济组织管理物业资产。物业资产的所有权及相应

---

① 赵景辉：《京郊社区股改之路》，《农村经营管理》2020 年第 6 期，第 26~28 页。
② 《集体经济年收入超 5 万元村达 4389 个》，《河北日报》2021 年 3 月 9 日，第 12 版。
③ 洪文滨主编《乡村振兴看浙江》，社会科学文献出版社，2020，第 44 页。

权能，由农村集体经济组织代表农民集体行使。从具体组织形式看，部分地区专门成立了经济合作社和股份经济合作社来负责管理。例如，浙江省沙中村由经济合作社管理办公大楼，形成了"经济合作社＋农民＋租户"的组织形式。再如，湖北省莲花村在每个村民小组成立股份经济合作社，村成立股份经济合作联合社，负责管理各级物业项目，形成了"股份经济合作联合社＋农民＋租户"的组织形式（见案例7－1）。未成立农村集体经济组织的地区，则由村委会进行管理。如河北省王边村由村委会统一管理和出租闲置物业资产，形成了"村集体＋租户"的组织形式。

案例7－1　莲花村物业经营型实现形式

莲花村地处湖北省鄂州城南新区中心，交通便利、发达，经济基础较好。该村探索了城中村集体经营性资产股份合作制改革路径，推进了农村集体产权制度改革，使集体经济内生发展动力持续增强。

2018年，莲花村完成"撤村并居"，社会事务与集体经济事务分别由社区和莲花股份经济合作联合社独立负责。同年12月，莲花村及管辖的16个村民小组全部完成改革，分别成立了联合社及股份经济合作社。设置了集体股和个人股，把经营性净资产量化到人、确权到户，全村3600余名村民享受到了改革红利。对于股权采取静态管理模式，保证了股权的稳定，提高了管理效益。之后，莲花村整合全社综合办公楼，打造出鄂州大学商业步行街市场、商业店铺、仓储设施等物业项目，统一对外出租，获取租金收入，走出一条收益稳、风险小的集体经营路子。原核定经营性房屋45009.42平方米，现盘活房屋面积5896.02平方米，同时新购门面面积3309.74平方米，经营性房屋面积增长了近20%。

资料来源：农业农村部政策与改革司：《用心用情用法做好"人"文章》，《农民日报》2020年8月20日，第6版；《振奋！凤凰街道莲花村上了新华社〈高管信息〉!》，鄂城区人民政府网站，http://www.echeng.gov.cn/zxzx/mtec/202008/t20200810_348477.html，最后访问日期：2023年1月29日。笔者整理而得。

三是通过多种经营方式运营物业资产。对于集体所有的物业资产，主要可采取三种代表性的经营方式。第一种为合作经营。由农村集体经济组织通过出租等方式将物业资产租赁给租户。如浙江省沙中村经济合作社将办公大楼对外招租增加集体经济收入。第二种为内股外租的股份合作经营。在股份合作经济组织内部，将物业资产量化成农民持有的股份；在外部，由组织统一对外租赁和招商，这也是股份合作制改革后较为常见的物业资产经营方式。如湖北省莲花村通过改革，设置集体股和个人股，使全村3600余名村民成为股东；之后，将鄂州大学商业步行街市场、商业店铺、仓储设施等物业资产统一出租。第三种为混合经营。将物业资产折算成农村集体经济组织持有的股份，并与其他经营主体共同经营。如云南省苴力村村委会以房屋整体入股的形式，与个体工商户合作经营日用百货。[①] 物业经营型实现形式比较分析如表7－2所示。

表7－2　物业经营型实现形式比较分析

社区/村	所在区域	经营方式	组织形式	经营物业
北店嘉园社区	北京市昌平区	股份合作经营	合作社＋农民＋租户	商业楼
龙西社区	江苏省苏州市	股份合作经营	合作社＋农民＋企业	商业楼
王边村	河北省邯郸市	合作经营	村集体＋租户	院落、房屋、窑洞
沙中村	浙江省温州市	合作经营	合作社＋农民＋租户	办公楼
苴力村	云南省大理州	混合经营	村集体＋个体工商户	房屋
莲花村	湖北省鄂州市	股份合作经营	合作联合社＋农民＋租户	步行街市场、店铺、仓储设施等

资料来源：笔者自制。

（二）积极作用

和以农业为主导产业的实现形式相比，物业经营型实现形式依托非农产业，受自然灾害和市场风险影响较小。同时，作为较为稳妥的经营方式和组织形式，物业经营型的突出作用还表现在三个方面。

---

① 《我州盘活村集体经济激发乡村振兴活力》，《大理日报》2018年9月19日，第2版。

第一，完善了农村集体资产经营管理机制。对于物业资产，由农村集体经济组织以出租和入股等方式进行经营，并发展现代服务业等非农产业，不仅使其有了长期稳定的经营性资产，而且将资产转换成了可循环周转的资本。从股份合作制改革后的成效来看，不仅核实了农村集体所有的存量物业资产，而且增加了可经营的资产数量。如湖北省莲花村原核定经营性房屋45009.42平方米，经过改革，现盘活房屋面积5896.02平方米，同时新购门面面积3309.74平方米，经营性房屋面积增长了近20%。从城乡融合程度来看，通过与城镇建设相结合来发展物业经营，提升了利用物业资产引进企业等主体入驻进而促进产业集聚的能力。如苏州市从以新建标准厂房、商业店面和打工集宿楼为主转向发展城镇综合体等，使村级经济与文商旅产业深度融合并提质增效；龙西大厦的顺利建设会进一步集聚高端服务业、金融产业，形成产业集聚效应和规模效应（见案例7-2）。

案例7-2 苏州市物业经营型实现形式

苏州市是全国城乡居民收入差距较小的地区。近年来，苏州市积极发展"一村二楼宇"，通过功能置换、回购储备等方式，对现有闲置或低效使用的办公用房、厂房、仓库、堆场等各类村级集体资源资产优化整合，拓展新的发展空间。

在资源配置方面，鼓励支持集体经济组织依托资源禀赋，以"一村二楼宇"发展为导向，引导项目建设优先向城镇规划区、各类开发区发展，开发领域优先向政府公益性载体方向发展，资源配置优先向最好的区域、地段发展。在发展方向方面，从以新建标准厂房、商业店面和打工集宿楼为主转向发展城镇综合体等，使村级经济与文商旅产业深度融合提质增效。

吴中区长桥街道龙西社区利用地处城南、商贸发达、交通便利的独特优势，推进集体经济发展。社区利用集体资本和吸纳农民资本及提前支付租金等方法，投资8000万元，改建综合用房共65500平方米，通过退二进三经营商业。其中，由龙西社区股份合作社投资建设了龙西大厦，合作社的股东是原龙西村的失地农民群体。龙西大厦的顺利建设会进一步集聚高端服务业、金融产业，形成产业集聚效应和规模效应，孵化服务吴中区乃至苏州市的产业资本。

资料来源：韩俊主编《农村改革试验区改革实践案例集》，中国财政经济出版社，2019，第61页；《对市十六届人大四次会议第0045号建议的协办意见》，苏州市人民政府网站，http://www.suzhou.gov.cn/szsrmzf/nyncjqt/202005/c3da608e815e4c378aca3707cadba233.shtml，最后访问日期：2023年1月29日；《对市十六届人大四次会议第0108号建议的协办意见》，苏州市人民政府网站，http://www.suzhou.gov.cn/szsrmzf/nyncjqt/202005/4ef6ddfff1a744a197e7ce0ee870b9bd.shtml，最后访问日期：2023年1月29日；《苏州市委副书记陈振一调研龙西社区集体经济发展》，苏州市吴中区人民政府网站，http://www.szwz.gov.cn/szwz/jddt/201408/048431caa3a84e7494b5225d05c7391d.shtml，最后访问日期：2023年1月29日；《"热力图"发布288小时》，苏州市人民政府网站，http://www.suzhou.gov.cn/szsrmzf/tpxw/202001/0725ee2d89cd4496abb6747e861dff69.shtml，最后访问日期：2023年1月29日；《吴中高新区：聚力打造高品质城市核心区》，《新华日报》2020年12月28日，第T35版。笔者整理而得。

第二，密切了农村集体经济组织与农民之间的利益联系。通过物业经营所获得的是整体性的集体经营收入，在经营方式上体现了"统"。这些收入，再由农村集体经济组织按照股份或者份额分配给农民，在分配方式上体现了"分"。通过"统""分"结合，使农村集体经济组织与农民之间的利益联结机制和收益分配机制更加有效。尤其是经过股份合作制改革，使农民的股权相对稳定和固化，保障了其收益分配权。如湖北省莲花股份经济合作联合社以股东为主体，对股权采取静态管理模式，保证了股权的稳定，提高了集体资产管理效益。

第三，推动了集体积累的增加和农民增收就业方式的多元化。物业资产出租和入股给农村集体经济组织带来的租金和分红收益也是相对稳定且可持续的，能够不断增强集体经济实力。尤其是租金收入的稳定性更强，受农村集体经济组织以外的经营主体影响较小。如浙江省沙中村经济合作社大楼的年租金达102万元。[①] 对于农民来说，除每年获得的财产性收入外，到本地经营实体就业，还能成为员工得到工资性收入。如北店嘉园社区的村民只要有在家就业意愿，均可到北店时代广场就业，

---

① 陈国胜等：《乡村振兴温州样本：强村之路》，浙江大学出版社，2020，第186页。

就业率达到了 95% 以上。[①]

（三）适用范围

选择物业经营型实现形式，需具备一些条件才能进一步发展。从资产存量来看，这一实现形式在有物业资产的经济发达村有较大发展空间。一方面，这类村庄具有存量物业资产，创造了盘活资产进而开展物业经营的物质条件。另一方面，村庄工商业相对发达，便于利用物业资产进一步发展相关产业。如浙江省沙中村村级集体资产主要有沙中村大酒店、经济合作社大楼、村委会大楼、海鲜市场、农贸市场、临时厂房等，约达 1.58 亿元，集体年收入 1000 余万元。[②] 故在农村集体经营性固定资产总量较高的东部地区，可进一步推广和发展物业经营型实现形式。

从区位条件来看，物业经营型实现形式在距离城市较近、处于交通要道附近的地区有较大发展潜力。利用地理区位和交通优势，能够吸引企业和商户等入驻，进而带来可观的租金和分红等收入。例如，江苏省苏州市在布局"一村二楼宇"项目时，引导其优先向城镇规划区、各类开发区发展；龙西社区利用地处城南、商贸发达、交通便利的独特优势，推进集体经济发展。再如，云南省苴力村是苴力镇政府所在地，离县城仅 19 公里，区位优势明显。

从推广范围来看，物业经营型实现形式在城郊融合类村庄具有参考和应用价值。由于这类村庄地处城市近郊区以及县城城关镇，与城市联系更加紧密，受到城市的辐射带动，有利于形成发展物业经济的市场条件。这类村庄不限于东部发达地区，全国其他地区的城郊融合类村庄，在城乡融合程度提升的过程中，通过新型城镇化拉动物业经营型实现形式发展，也是促进新型农村集体经济发展的重要渠道。如湖北省莲花村虽然位于中部地区，但是由于其地处鄂州城南新区中心，交通便利，通过物业项目为集体提供了持续稳定的租金收入。

---

① 赵景辉：《京郊社区股改之路》，《农村经营管理》2020 年第 6 期，第 26～28 页。
② 陈国胜等：《乡村振兴温州样本：强村之路》，浙江大学出版社，2020，第 186 页。

（四）约束条件

部分农村集体经营性资产股份合作制改革较早的地区，发展物业经营型实现形式的步伐较快，这些地区主要为东部发达地区。全国其他地区通过改革确定资产归属后也陆续在探索该实现形式。但是，从实现形式的发展程度以及农村集体经济组织的参与领域来看，伴随农村集体经济组织实力的增强，物业经营型实现形式并不是其唯一的选择，在发展该实现形式的同时会不断拓展产业领域，优化集体经营方式，进而探索其他有效的实现形式。这是因为，首先，在这一过程中，集体经济组织负责人的经营理念和经营管理水平得到提高，集体经济组织参与市场竞争和抵御市场风险的能力也会逐步增强，其经营业务的范围逐步扩大，发展现代农业项目、休闲旅游，入股或参股相应产业，经营性固定资产率[①]会降低。如北京、上海、广东、江苏集体经济已经不完全依赖经营性固定资产，经营范围由发包租赁向对外投资、生产经营服务等领域拓展。[②]

其次，物业经营型实现形式与城乡建设规划密不可分，并受到相关因素的制约。改造和盘活物业资产，不能超出规划范围，且有面积的限制。特别是新建和购置物业时，对于作为规划主体的政府来说，经营性物业的优先度不及非经营性物业。如苏州市在规划"一村二楼宇"的物业经济时，明确了开发领域优先向政府公益性载体方向发展，资源配置优先向最好的区域、地段发展。

最后，开发物业资产需投入一定的资金等，对农村集体经济组织整合利用各类要素的能力有较高要求。在开发资金不足的情况下，可灵活采取租金抵冲投资等办法吸纳投资，但这要求作为实施主体的农村集体经济组织积极招引，需要其具备较强的谈判能力和招商能力。如江苏省龙西社区利用集体资本和吸纳农民资本及提前支付租金等方法，投资8000万元，改建综合用房共65500平方米，通过"退二进三"经营商业。但对于缺乏相关能力的农村集体经济组织来说，在内部资金不足的

---

① 经营性固定资产率即经营性固定资产占经营性资产的比重。
② 赵阳主编《农村集体产权制度改革》，人民出版社，2020，第127~128页。

情况下，又缺乏外部投资，会造成物业资产改造所需资金不足的难题。

二　异地置业型实现形式

异地置业型是在农村集体经济组织所在地之外的区域开发和经营物业资产的一种实现形式。对于内部资源相对匮乏、区位条件相对较差以及集体积累相对较少的地区，突破村、乡（镇）、县等区域界限，到其他城镇和产业园区等地跨地区购买和建设厂房、办公楼、商铺等集体经营性固定资产，是一种跳出农业走出本地发展新型集体经济的实现形式。

（一）典型特征

异地置业型实现形式与物业经营型最大的差别，在于前者是在外地发展物业经济，故其也是一种飞地物业经济。而由于地理位置的不同，异地置业的发展环节更加复杂。

首先，选择异地置业区域。因城镇街道的区位条件较好、人口密度较高，以及产业园区的产业分布集中、集聚度较高，这两类区域是农村集体经济组织异地置业的首选。例如，浙江省地势偏远的大陈镇选择了位于市区、具有高物业收益区位优势的江东街道异地置业。① 再如，江苏省王官集镇的 17 个村在区位优势明显、配套设施齐全的龙河镇龙河工业园区选址置业（见案例 7-3）。

> **案例 7-3　宿城区异地置业型实现形式**
>
> 宿城区位于江苏省宿迁市，在产业扶贫中探索出了飞地同创、异地置业的脱贫致富模式。针对村庄自然条件差和农业生产基础薄弱的问题，通过鼓励位置偏远、基础薄弱、收入较低的贫困村，

---

① 《高水平"消薄"之路——镇街联建项目经典案例（三）》，义乌市人民政府网站，http://www.yw.gov.cn/art/2020/12/16/art_1229423186_59215044.html，最后访问日期：2023 年 1 月 29 日。

突破村域和镇域区域范围，走进发展条件优越镇村参与产业园区和基地建设，实现强村弱村优势互补。

王官集镇的唐圩村、苗圩村、仝李村都是省定经济薄弱村，一无产业规模，二无市场介入。而位于龙河镇的龙河工业园区区位优势明显，配套设施齐全。宿城区在龙河工业园区选址 41.5 亩，建设标准化厂房 3.9 万平方米，为 17 个省定经济薄弱村建设标准厂房。通过村外配置资产，将资金和项目放到龙河镇的工业园区，然后以招引项目收取租金的方式产生盈利。其中唐圩村单独规划建设的面积为 7000 平方米的群力标准化厂房已经招引项目入驻，厂房产权归唐圩村所有，收益由唐圩村统筹，年租金 45 万元。

资料来源：《宿迁宿城扬长避短 "飞" 出产业扶贫新模式》，宿迁网，http://news. sq1996. com/sqyw/2020/0105/303556. shtml，最后访问日期：2023 年 1 月 29 日。笔者整理而得。

其次，异地建设和购买经营性物业资产。因固定资产不在本地，故农村集体经济组织的物业资产所有权多数不是通过改造存量物业取得，而是主要经过兴建和购置获得。如浙江省国庆村等 22 个村在大云镇缪家村建设了中德生态产业园，[1] 安徽省红光村在复兴村新芜绿色包装产业园购置了写字楼。[2] 从所有权主体来看，主要包括由农村集体经济组织单独获得物业资产，以及由多村联合取得物业资产两种形式。如安徽省红光村独立购买写字楼出租，形成了 "村集体＋租户" 的组织形式；浙江省国庆村等 22 个村联合成立了大云投资管理股份有限公司共同开发物业，形成了 "多村联合＋企业" 的组织形式。[3]

最后，由各类经营主体运营物业资产。获得物业资产后，可由农村集体经济组织直接运营。第一类典型的经营方式就是通过租赁经营的方

---

[1] 《浙江嘉兴："飞地抱团" 促增收 激活乡村振兴新动能》，人民网，http://finance. people. com. cn/n1/2021/0713/c1004 – 32156214. html，最后访问日期：2023 年 1 月 29 日。

[2] 《以村级集体经济发展撬动乡村振兴》，芜湖市湾沚区人民政府网站，https://www. wanzhi. gov. cn/xwzx/xwdt/11522273. html，最后访问日期：2023 年 1 月 29 日。

[3] 姚杰、杭超：《"飞地抱团"：强村富民新通道——浙江嘉善县创新模式助推村集体经济发展》，《农村工作通讯》2020 年第 20 期，第 15～16 页。

式获取租金，这对于农村集体经济组织与租户来说，属于合作经营，如安徽省红光村就属于这类经营方式。此外，农村集体经济组织可以委托给企业经营，这也是一种合作经营方式。如广西壮族自治区六胜村购置黎村街铺面后，交由平台公司统一运营管理。[①] 第二类典型的经营方式是股份合作经营，即农村集体经济组织通过股份合作直接参与物业资产运营。如浙江省青街畲族乡9个村成立了平阳县富畲文化产业发展有限公司，在异地收购厂房，折股量化后发展租赁经济。[②] 第三类经营方式是混合经营，即农村集体经济组织入股后享受分红，由企业等经营主体运营物业资产。如广西壮族自治区平桂区24个贫困村参与入股及建设创业园区标准厂房，异地建成后由平顺道路建设有限公司统一管理经营，各村按照入股金额的5%获得分红收入（见案例7-4）。异地置业型实现形式比较分析如表7-3所示。

案例7-4　平桂区异地置业型实现形式

平桂区地处广西壮族自治区贺州市，在促进贫困村村级集体经济发展中探索了飞地经济。针对村集体经济收入相对薄弱村广泛存在的发展力量薄弱、造血功能贫乏等问题，建立跨村发展、保底分红的飞地抱团模式，通过合作、入股等方式，参与园区开发和物业投资等，探索出村企（村）异地合作抱团、村集体资产保值增值的新道路。

平桂区整合24个贫困村集体经济发展资金共计2831万元，与贺州市平顺道路建设有限公司合作，在创业园区异地投资建设标准厂房，标准厂房建成后，由平顺公司统一管理经营，入股项目的村按照入股金额的5%获得分红收入。通过发展飞地经济，有效突破了地域、人才、资金"三大壁垒"，将各村分散的土地和

---

① 《容县："开源节流"壮大村级集体经济》，《玉林日报》2019年8月27日，第A02版。
② 《青街发展租赁经济强村富民》，平阳县人民政府网站，http://www.zjpy.gov.cn/art/2021/1/12/art_1250937_58998831.html，最后访问日期：2023年1月29日。

資金整合起来，并选择规划符合产业发展导向的项目，抱团发展，使企业、村集体、村民群众都享受到发展带来的福利，达到"多赢"目的。

資料来源：贺州市平桂区委宣传部：《平桂区：众志成城摘"穷帽"脱贫攻坚战犹酣》，《广西日报》2019年10月21日，第5版；《"飞地抱团"破解村集体经济发展难题》，广西壮族自治区乡村振兴局网站，http://xczx.gxzf.gov.cn/gzzc/fpjy/t4391256.shtml，最后访问日期：2023年1月29日。笔者整理而得。

表7-3　异地置业型实现形式比较分析

区/乡（镇）/村	所在区域	经营方式	组织形式	异地置业
平桂区	广西壮族自治区贺州市	混合经营	多村联合+企业	创业园区厂房
青街畲族乡	浙江省温州市	股份合作经营	多村联合+企业	小微园区厂房
大陈镇	浙江省义乌市	混合经营	多村联合+企业	江东街道物业
王官集镇	江苏省宿迁市	合作经营	多村联合+企业	龙河工业园区厂房
红光村	安徽省芜湖市	合作经营	村集体+租户	新芜绿色包装产业园写字楼
国庆村	浙江省嘉兴市	股份合作经营	多村联合+企业	大云中德生态产业园厂房、办公楼
六胜村	广西壮族自治区玉林市	合作经营	村集体+企业	黎村街商铺

資料来源：笔者自制。

（二）积极作用

无论是在空间转换，还是组织形式，以及集体增收方面，异地置业型实现形式都发挥了重要作用。具体分析，主要表现在三个方面。

一是将农村集体经济的发展空间从本地开辟到了异地。与依托集体资产在当地发展不同，异地置业型实现形式将农村集体经济发展的地理位置拓展到了外地，打破了空间限制。且异地发展的范围日渐广泛，不仅突破了村域、乡（镇）域、县域的范围，而且还可以在市外和省外异地开发物业资产。如浙江省大云中德生态产业园三期为跨省、跨县域三地共建，即由浙江省嘉兴市嘉善县与浙江省丽水市庆元县、四川省九寨沟县展开合作，在嘉善县建设办公楼和厂房等，投产后将为庆元县83个村和九寨沟县48个村每年带来2200万元的收益。[①]

二是将农村集体经济的组织形式从以单个组织为主延伸到了多个组织的联合。虽然农村集体经济组织可独立在异地置业，但对于大多数农村来说，通过多村联合、抱团发展，既促进了组织之间的合作，又增强了建设、购置和管理物业资产的实力。如浙江省大陈镇7个村、广西壮族自治区平桂区24个村、江苏省王官集镇17个村等均是多村联合在异地置业后发展新型农村集体经济。特别是多村联合之后，通过集资入股等方式成立了企业这一独立的市场主体，使股份合作更加适应市场，提高了农村集体经济的市场竞争力。如浙江省大云投资管理股份有限公司和平阳县富畲文化产业发展有限公司，都是多村联合组建的，负责异地开发物业项目、收购厂房，发展物业经济。

三是使农村集体经济薄弱地区的集体积累实现了从无到有、从低到高的转换。对于农村集体资产缺乏和集体增收困难的薄弱村，通过强村带动弱村、弱村与弱村的合作，到区位优势和市场优势显著的地区异地置业，不仅直接破除了要素流动的障碍，增加了集体经营收入；而且增加了集体所有的经营性固定资产，从而使农村集体经济组织有了长期可运营管理的资产。如江苏省王官集镇联合异地置业的17个村均为省定经济薄弱村，其中唐圩村在龙河工业园区建设的群力标准化厂房面积为7000平方米，年租金达45万元，厂房产权也属于唐圩村。

（三）适用范围

从实践中可以看出，部分地区在消除农村集体经济薄弱村、"空壳村"的过程中探索了异地置业型实现形式。故这一实现形式，第一，从集体资产存量来看，适用于农村集体经济组织内部资源性和经营性资产缺乏的地区。在本地土地等资源性资产较为贫瘠和厂房等经营性资产较

---

① 《嘉善大云："飞地抱团"飞出强村富民"云空间"》，《浙江日报》2020年12月31日，第8版。

为匮乏的情况下，难以发展土地股份合作型和物业经营型等实现形式，到异地发展物业经济、拓展集体经济发展空间则成为一种互补的实现形式。如广西壮族自治区六胜村所在的容县，针对部分资源缺乏和发展空间小的村，引导村集体集中在县城和城镇等商业发达的区域购买门面、商铺等固定资产，获取经营收益。[①] 这些地区可从农村集体经济组织所在地之外获得和增加集体经营性固定资产，逐步改变无资产、少资产的窘境。

第二，从区位条件来看，适用于距离城镇较远、地理区位缺乏优势的地区。由于交通区位和自然地理条件的限制，引入外部要素投入本地农村集体经济较为困难。通过整合农村集体经济组织内部要素，集中到外地建设和购置物业资产，利用异地区位优势吸引和集聚各类要素发展本地集体经济，有利于促进优势互补。如浙江省赤岸镇离义乌城区较远，大多数村地处山区，交通不便，18 个村组团入股异地联建了位于飞凤路与华川北路交叉口、交通条件较好的飞凤物业楼。[②]

第三，从增收途径来看，适用于农村集体经营收益和集体积累较少的地区。由于在本地缺乏稳定的增收渠道，又亟待摆脱无收益、低收益的状况，这类农村集体经济组织在政策的支持下到异地置业的动力较强。如广西壮族自治区平桂区针对集体经济收入相对薄弱村在发展过程中普遍存在的造血功能贫乏等问题，通过跨村发展的飞地抱团模式，异地参与园区开发和物业投资等。

（四）约束条件

发展异地置业型实现形式，是从外部推动和从内部积累两个方向共同促进新型农村集体经济发展的有效形式。但是，由于农村集体经济基础的薄弱，一方面，需要政策的支持和推动。这不仅需要中央政策尤其是财政政策的支持，更需要地方财力的支持。例如，浙江省义乌市对2018—2020 年农村集体经济薄弱村改造、新建、购置物业项目按照投资

①　黄升余：《容县："开源节流"让村级集体经济旺起来》，《广西经济》2019 年第 7 期，第 64 页。

②　《赤岸镇创新发展壮大集体经济》，《义乌商报》2019 年 6 月 26 日，第 2 版。

总额的 70% 实行以奖代补，每个薄弱村不超过 100 万元。[①] 再如，浙江省嘉兴市到 2020 年底已累计建成飞地抱团项目 110 个，各级财政补助达 12.4 亿元。[②] 对于地方财力相对薄弱的区域，受资金的限制，能够补助异地置业的金额则相对较少。除了财政资金，还需要信贷等金融支持。如浙江省义乌市为助推集体经济发展，向 76 个村 23 个物业产业项目发放了贷款 3945 万元。[③] 在外部支持资金和内部可支配资金均不足的情况下，难以保证异地置业的投入。特别是部分产业园区建设是分期进行的，有些薄弱村前期参与投资建设了物业资产，在中后期需进一步参与和投入时，若资金等要素缺乏，则难以进一步扩大异地置业规模。

另一方面，需要农村集体经济组织经营管理能力的提升。无论是强村支持弱村还是弱村抱团发展，均需要农村集体经济组织在运营物业资产中发挥作用。但对于前期缺乏集体经营性固定资产的农村集体经济组织来说，由于相关经验不足，在获得厂房、写字楼、商铺等物业资产之后，如果不能提高村外配置和运营资产的水平，则将难以应对市场风险，影响资产的长效经营。即使将物业资产交由企业等主体实际运营，也需要农村集体经济组织的动态监管，以防资产闲置和低效使用。加之部分农村集体组织经营管理人才不足，也会影响物业资产的持续良性运营。此外，涉及多村联合置业时，由于突破了行政区划，涉及主体较多、层级较复杂，更需要建立健全利益共享、风险共担的机制。若机制不够完善，则容易给农村集体经济组织带来经营风险，造成利益受损。

三　对两种典型实现形式的比较

物业经营型和异地置业型两种实现形式，经营管理的均主要是商业楼、办公楼、厂房等固定资产，发展的均是物业经济。同时，均可实行

---

① 《乡村振兴 5000 万消薄资金怎么用？方法在这里！》，义乌市人民政府网站，http://www.yw.gov.cn/art/2018/5/21/art_1229129978_54447648.html，最后访问日期：2023 年 1 月 29 日。

② 《浙江嘉兴："飞地抱团"促增收　激活乡村振兴新动能》，人民网，http://finance.people.com.cn/n1/2021/0713/c1004-32156214.html，最后访问日期：2023 年 1 月 29 日。

③ 《和美乡村"众创"成城　全面打造新时代乡村振兴的"义乌样板"》，《义乌商报》2019 年 12 月 20 日，第 4 版。

合作经营、股份合作经营、混合经营等多种经营方式；均会涉及资产股份量化等问题。

由于所获得的集体经营性固定资产的区位分布不同，两种实现形式首先涉及的发展区域是不同的。物业经营型是在农村集体经济组织所在地，即社区内部就地发展物业经济；异地置业型则是在农村集体经济组织所在地之外，即社区外部异地发展物业经济。其次，组织形式不同。虽然两种实现形式中农村集体经济组织均是资产管理主体，但具体的组织形式存在差异。物业经营型中部分地区专门建立了经济合作社、股份经济合作社等新型集体经济组织管理物业资产，发展了"合作社＋农民＋租户"等组织形式。异地置业型中部分地区是多个村集体联合之后，建立企业等开发物业资产，发展了"多村联合＋企业"等组织形式。最后，推广应用范围不同。物业经营型是率先在有存量物业资产的经济发达村发展起来的，尤其是在这类资产总量较多的东部地区；进一步推广这种实现形式，考虑到发展物业经济的市场条件，在地处城市近郊区和县城城关镇的城郊融合类村庄具有应用价值。异地置业型则适宜在本地集体资产匮乏和区位优势缺乏的村庄推广，促使其利用异地区位优势拓展本地农村集体经济发展空间（见表 7 - 4）。

表 7 - 4　两种典型的以固定资产经营管理为核心的新型农村集体经济实现形式

实现形式	经营方式	组织形式	涉及区域	推广应用
物业经营型	合作经营/股份合作经营/混合经营	农村集体经济组织管理物业资产	社区内部	适用于城郊融合类村庄
异地置业型	合作经营/股份合作经营/混合经营	农村集体经济组织负责兴建和购置	社区外部	适宜在本地集体资产匮乏和区位优势缺乏的村庄推广

资料来源：笔者自制。

第三节　基于流动资产经营管理的新型农村集体经济典型实现形式

集体经营性流动资产可通过多种经营管理方式促进资产保值增值。货币资金等资产的流动性较强，在折股量化后可灵活采取多种有效的经营方式与组织形式。本书根据流动资产的来源渠道和经营管理状况，分别研究资产开发型和资本运营型两种代表性的新型农村集体经济实现形式。

两种实现形式的"新型"，主要表现在三个方面。一是农村集体经营性流动资产经营管理中产权制度和产权关系的"新型"。两种实现形式，分别通过财政补助资金折股量化、集体积累资金清产核资，在坚持资产集体所有的基础上放活货币资金这类农村集体经营性流动资产使用权和经营权，实现了财政资金变股金、集体积累资金变资本、农民变股东。二是流动资产经营方式和组织形式的"新型"。两种经营方式，分别凭借新型农业经营主体的股份合作经营和混合经营、农村集体经济组织与其他经营主体之间的混合经营，推动各类要素在农业农村的集聚整合，以及农村集体资本与国有资本和社会资本等的优化组合。三是在农村集体资产保值增值方面表现了"新型"。两种实现形式，分别发展了特色产业和投资经济，改变了之前财政资金分光用尽、仅依靠物业经营增加集体积累的集体资产经营管理方式，提高了财政资金的使用效益和集体资本的运营效率，是拓展集体增收渠道和促进集体资产保值增值的典型新型农村集体经济实现形式。

一 资产开发型实现形式

资产开发型是利用各级补助农业农村的财政资金发展特色产业的一种实现形式。在未改变中央、省级、市级和县级财政资金用途的前提下，将其量化为农村集体经济组织及农民持有的股份，并投入新型农业经营主体中获取收益、参与分红，也是资金变股金、农民变股东的典型形式。

（一）典型特征

与直接将财政资金发放给新型农业经营主体和农民的方式不同，资产开发型实现形式通过财政资金的灵活使用，将农村集体经济组织、农民与新型农业经营主体紧密联结起来。在乡村振兴中，国家也提倡"将符合条件的财政资金特别是扶贫资金量化到农村集体经济组织和农户后，以自愿入股方式投入新型农业经营主体"①。这种开发财政资金这一经营性流动资产的实现形式，主要有三个方面的突出特征。

第一，整合与量化财政资金。并不是所有的财政资金都能作为农村集体经营性流动资产并用于产业发展。在实践中，可用于实行资产开发型实现形式的财政资金主要为支持农业产业发展的、扶持村级集体经济发展的和推进产业扶贫的三类。对于这些资金，首先应进行清理，明确数额、性质及所有权主体。之后，可对其进行折股量化，确定农村集体经济组织及农民所占的比例。从产权的角度来看，这也是经营性流动资产所有权和使用权相分离的一种探索。例如，陕西省千阳县对财政扶贫资金实行三权分置，其所有权、使用权、收益权分属村集体、实施单位、村集体和贫困户（见案例7-5）。再如，重庆市永川区推行农业项目财政补助资金股权化改革，将财政支持农业产业发展项目资金的50%量化给项目所在地的农村集体经济组织和用于农户持股分红（见案例7-6）。

案例7-5 千阳县资产开发型实现形式

千阳县位于陕西省宝鸡市，是陕西省扶贫开发重点县。该县通过整合扶贫资金、实行集体控股，取得了集体经济发展和贫困户脱贫增收双赢。千阳县成立了产业脱贫办公室，专项推进村级集体经济发展，把6.5亿元产业扶贫资金投向所有贫困村集体经济组织，具体金额根据产业项目规模而定。对于产业扶贫资金，实行三权分置，脱贫攻坚期内，资金所有权、使用权、收益权分别属于村集体、实施单位、村集体和贫困户；脱贫攻坚期满后，资金的"三权"均属村集体全体村民。

在这一过程中，千阳县大力推进农村集体产权制度改革，引导所有贫困村成立村级集体经济合作社，涵盖65个村。扶贫资金入股到村集体经济合作社后，由合作社统一发展苹果、奶畜、蔬菜、

---

① 《中共中央国务院印发〈乡村振兴战略规划（2018—2022年）〉》，《人民日报》2018年9月27日，第10版。

养蜂等产业，按股份每年给予贫困户不低于 7% 的收益分红。其中，严格按照现代企业经营管理制度运营，各村级集体经济合作社设立股东大会、理事会、监事会三个机构，探索建立集体股权收益保障、收益分配等制度，实行集体股权专业化管理；按照按劳分配与按贫分配相结合的方式，向贫困户科学分配产业扶贫项目收益，实行多劳多得、少劳少得、重贫多分、轻贫少分；脱贫攻坚期内，资产收益按照 7∶2∶1 的比例，分给贫困户、用作集体积累、提取公益金等。产业扶贫资金注入 76 个村级集体经济组织后，带动了贫困村集体经济收入从负债到盈余，扭转了贫困户单家独户发展产业的局面，带动该县苹果、奶畜产业迅速壮大。

资料来源：程冠军主编《脱贫攻坚为什么能：案例解读精准扶贫》，人民出版社，2020，第 63~68 页；《千阳县：五措并举壮大村集体经济 激活乡村振兴产业兴旺引擎》，千阳县人民政府网站，http://www.qianyang.gov.cn/art/2021/3/26/art_13728_1362303.html，最后访问日期：2023 年 1 月 29 日；牛丽华：《浅谈行政村集体经济发展现状与对策建议——以千阳县为例》，《西部财会》2018 年第 8 期，第 77~79 页；胡军虎、郭玉梅：《扶贫资金管理机制助力脱贫攻坚的探索》，《西部财会》2019 年第 7 期，第 12~14 页。笔者整理而得。

案例 7-6 永川区资产开发型实现形式

永川区是全国农村改革试验区，地处重庆市西部。该区率先将财政资金部分量化给项目所在地农村集体经济组织和用于农民持股分红，以农业产业发展资金反哺农村、反馈农民，探索了农业项目财政补助资金股权化改革。在股权设置方面，财政补助资金的 50% 确定为项目所在地农村集体经济组织与农民持有的股份；在分红比例方面，组织与农民每年可享有持股金额的 5% 的固定分红。在实施范围方面，主要为单个项目在 50 万元以上的农业产业化项目，如农业综合开发农业产业化项目、特色效益农业产业项目、三次产业融合发展试点项目等。在经营方式方面，变企业独营为混合经营，农村集体经济组织及其成员只有分红权不享有经营决策权。在分红流程方面，项目红利汇入"财政支农资金农民持股分红资金"专用账户后，由区农业委员会发放到集体经济组织账户，项目持续分红不少于10年。通过改革，农企利益联结机制得以建立，集体、农民与企业共同发展的格局得以形成。

之后，重庆市全面推广永川经验，从2016年起在35个重点农业区县每年投入股权化改革涉农项目资金不少于3000万元，连续实施5年，项目存续期满由企业赎回集体和农户持有的股份。同时，参与对象从农业企业拓展到农民合作社，并确定其中补助资金的20%为集体经济组织的股份。

资料来源：赵阳主编《农村集体产权制度改革》，人民出版社，2020，第190～194页；韩俊主编《农村改革试验区改革实践案例集》，中国财政经济出版社，2019，第225～228页；卢向虎：《重庆农业项目财政补助资金股权化改革的实践探索》，《当代农村财经》2018年第12期，第48～51页；《重庆市永川区人民政府办公室关于进一步做好农业项目财政补助资金股权化改革试点工作的通知》，重庆市永川区人民政府网站，http://www.cqyc.gov.cn/zwgk_204/zfxxgkmls/zcwj_147152/gfxwj0410/202211/t20221109_11281524.html，最后访问日期：2023年1月29日。笔者整理而得。

第二，投入与利用财政资金。在明确资金所有权和收益主体后，可多样化使用财政资金。其中，有两类代表性使用方式。一类是将财政资金投入合作社。合作社既可以是由村集体领办的，也可以是由其他主体创办的。投入村集体领办的合作社时，可通过"合作社＋农户"的组织形式，处理村集体与农户的利益关系。如陕西省千阳县将6.5亿元产业扶贫资金直接投入贫困村集体经济组织，这些集体经济组织，在当地为专门成立的股份制集体经济合作社。入股农民专业合作社时，需村集体发挥纽带作用，通过"村集体＋合作社＋农户"的组织形式，协调三者之间的利益关系。如陕西省太平村在获得洛南县政府210万元的财政扶贫资金后，按照每户1万元为1股的标准将扶贫资金量化到210个贫困户，之后由村集体代持并投入中良核桃专业合作社。① 另一类是将财政资金投入农业企业。即通过"村集体 + 企业 + 农户"的组织形式，使财政资金使用效益能够惠及三方。如重庆市永川区股权化利用财政资金，构建了紧密的农企利益联结机制，并由农业企业负责使用资金。

第三，由新型农业经营主体进行经营。对财政资金这类经营性流动资产，主要可采取两种经营方式。一种是股份合作经营。即农村集体经济组织直接参与经营活动，与农民通过股份合作的方式共同发展特色产业。如甘肃省火站村将产业扶持资金 44.5 万元注入村党支部牵头创办的土蜂养殖农民专业合作社，并以集体持股、贫困户配股的方式，带领全村群众以及贫困户发展土蜂养殖产业。② 另一种是混合经营。即农村集体经济组织入股后不直接参与经营，仅依据股份获得分红。如重庆市万州区整合财政资金对每个村集体经济组织补助 40 万元，用于入股生态养殖场，村集体经济组织不参与项目经营，每年固定分红 5 万元。③ 资产开发型实现形式比较分析如表 7 - 5 所示。

表 7 - 5 资产开发型实现形式比较分析

区/县/村	所在区域	经营方式	组织形式	利用财政资金
永川区	重庆市	混合经营	村集体 + 企业 + 农户	支农资金
万州区	重庆市	混合经营	村集体 + 企业 + 农户	扶持集体经济资金
千阳县	陕西省宝鸡市	股份合作经营	合作社 + 农户	产业扶贫资金
秧田沟村	四川省巴中市	混合经营	村集体 + 合作社 + 农户	支农资金
火站村	甘肃省陇南市	股份合作经营	合作社 + 农户	产业扶贫资金
十八洞村	湖南省湘西州	股份合作经营	村集体 + 合作社 + 农户	产业扶贫资金
太平村	陕西省商洛市	混合经营	村集体 + 合作社 + 农户	产业扶贫资金

资料来源：笔者自制。

（二）积极作用

资产开发型实现形式在提高财政资金使用效益和推动产业扶贫等方

---

① 《推广典型模式 助力精准脱贫》，《陕西日报》2017 年 8 月 21 日，第 5 版。
② 赵阳主编《农村集体产权制度改革》，人民出版社，2020，第 135 页。
③ 赵阳主编《农村集体产权制度改革》，人民出版社，2020，第 192 页。

面的作用是显著的，直接促进了集体经营性流动资产的优化配置。

首先，资产开发是财政资金可持续利用的有效方式。将财政资金量化后再用于产业发展，既没有一次性分光用尽，而是以股份的形式保证了农民的收益权；又弥补了经营主体发展产业时资金不足的首要难题，再通过多种集体组织形式和经营方式带来了经济收入，使资金的补助性质拓展为发展性质。如湖南省十八洞村的扶贫资金并未直接发给贫困户，而是整合后参股苗汉子专业合作社，不仅充实了合作社发展资金，而且使贫困户获得了持续的分红。2017年以来，该村已连续4年向入股村民发放产业收益金。[①]

其次，资产开发是撬动要素投向农业农村的有效路径。在获得确定的财政资金后，其"四两拨千斤"的作用可吸引其他各类资金投入和集聚，充实农村产业发展资金。同时，资金与土地、人才等要素的紧密结合，创造了规模化发展特色产业的必备条件。如巴中市秧田沟村党支部将涉农项目资金80万元入股到快乐之舟养殖专业合作社，该合作社由致富带头人牵头成立，并自筹资金20万元，流转该村土地120亩，重点发展泥鳅养殖，村集体投入部分每年可获得增值收益3.6万元，实现了多种要素的有机整合。[②]

最后，资产开发是农村集体经营性流动资产收益分配方式的重要创新。流动资产经营管理后所获得的收益，在资产开发型实现形式中实行了多种分配方式，既通过保底分红保障了农村集体经济组织与农民的收益，又通过二次分配拓宽了农民的收入来源。尤其在部分地区，区分了贫困户和一般农民，在分配方式上优先考虑贫困户，使贫困户有了稳定的增收渠道，进而逐步解决了绝对贫困问题。例如，巴中市秧田沟村探索建立"二三四一"收益分配机制，即总利润的20%归村集体、30%归土地所有者、40%归在工程务工农民、10%归贫困党员和贫困群众。加上每亩400元、每年2%递增的土地租金，贫困党员和贫困群众每年享有

---

① 规划实施协调推进机制办公室编著《乡村振兴战略规划实施报告（2020年）》，中国农业出版社，2021，第174页。

② 《巴州区筑牢三道防线　引领创新扶贫》，四川在线巴中频道，https://bazhong.scol.com.cn/bzrj/201708/55981349.html，最后访问日期：2023年1月29日。

5 次收益，人均增收 2500 元以上，达到脱贫奔康要求。[①] 再如，陕西省千阳县农村集体组织将按劳分配与按贫分配相结合，重贫多分、轻贫少分，脱贫攻坚期内，资产收益依照 7∶2∶1 的比例，分给贫困户、用作集体积累、提取公益金等；脱贫摘帽后，收益由村集体负责分配，并从中提取部分来解决新出现的贫困问题。

（三）适用范围

资产开发型实现形式需依托财政资金进行发展，故推广该实现形式，离不开财政资金的投入。一是从投入区域来看，在脱贫地区和乡村振兴帮扶地区可进一步应用。在完成脱贫攻坚任务、消除绝对贫困之后，脱贫地区和脱贫人口的后续发展也需要财政资金的支持。在这类地区，可进一步发展资产开发型实现形式，进而巩固拓展脱贫攻坚成果和推进乡村振兴。财政部等 11 个部门关于继续支持脱贫县统筹整合使用财政涉农资金的政策中，也明确了脱贫县要将支持产业发展摆在优先位置，将整合资金优先用于产业项目。[②] 对于脱贫县及国家乡村振兴重点帮扶县，由于有财政对农业生产发展的持续支持，可进一步开发利用财政资金发展壮大优势特色产业和增加集体经济收入。

二是从投入后的经营主体来看，需选择运转良好的新型农业经营主体。财政资金投入后所获得的效益多少，与经营主体的经营管理情况直接相关。如重庆市永川区通过"村集体 + 企业 + 农户"的组织形式，利用财政支农资金发展混合经营时，择优选择有农业规模化和产业化经营经验的企业，确保其具备较强的技术支撑和管理经验。[③] 除企业外，合作社也是典型的经营主体。尤其是村集体领办的合作社作为经营主体时，更需要在资金使用、资产经营、收益分配等各个环节具备相应的能力。

[①] 《巴州区曾口镇秧田沟村扶贫动态》，巴中市巴州区人民政府网站，http://www.bzqzf. gov.cn/public/6597371/9623621.html，最后访问日期：2023 年 1 月 29 日。

[②] 《财政部 发展改革委 国家民委 生态环境部 住房城乡建设部 交通运输部 水利部 农业农村部 文化和旅游部 林草局 乡村振兴局关于继续支持脱贫县统筹整合使用财政涉农资金工作的通知》，《中华人民共和国国务院公报》2021 年第 19 号，第 38～40 页。

[③] 韩俊主编《农村改革试验区改革实践案例集》，中国财政经济出版社，2019，第 225 页。

如陕西省千阳县村级集体经济合作社严格按照现代企业经营管理制度运营扶贫资金，探索建立集体股权收益保障、收益分配等制度，实行集体股权专业化管理，充分保障村集体和全体村民权益。

三是从投入后的产业发展来看，需选择能够盈利的特色产业。农村集体经济组织和农民所持有的股份，需根据产业的盈利状况按比例进行分红。故除因地制宜外，还应考虑产业的发展前景和预期收益，优选、选准产业类别并确定规模，以保障经营主体和受益主体获利。

（四）约束条件

在集体积累资金不足的情况下，外部财政资金投入并转化为集体经营性流动资产，能够助推农村集体经济发展。但是，在明确经营性流动资产由农民集体所有的同时，应加强对财政资金的监管，尤其是在财政支农资金、村级集体经济发展资金和产业扶贫资金的使用范围、受益对象和资金绩效等方面，都需要严格规范并加以监督，避免少数人侵占集体资产。而部分村财务管理不够规范，大多是村会计代理，缺乏有效监督，极易造成村集体经营性资产流失。[1] 如贵州省岩博村将 200 万元财政资金量化到村集体和 36 户农民，但 36 户农民不是贫困户，由其占有财政资金（含扶贫资金）形成的资产，有失公允。[2]

紧接着，量化到人的股权是具有时限的。当财政资金投入项目实施期满后，农民的收益权是否需要继续保障以及能否得到保障，都需要根据实际情况加以明确。例如，重庆市在财政支农项目存续期满后，由企业赎回集体和农户持有的股份。再如，陕西省千阳县在脱贫攻坚期满后，确定资金所有权、使用权、收益权均归村集体全体村民。若未对后续资产归属及相应权能进行动态调整，容易造成多头占有和利益受损。特别是对于发展基础相对薄弱的地区及当地农民，一方面，一旦立即退出所占有的经营性资产股份，则容易导致集体资产不足进而增收乏力；另一

---

[1] 《全国政协委员崔波：建立健全村集体经营性资产监管机制》，《人民政协报》2021 年 3 月 11 日，第 20 版。
[2] 叶兴庆：《以产权制度改革提高资源配置效率》，《中国经济时报》2016 年 2 月 29 日，第 5 版。

方面，这些地区若仅依靠财政支持增加集体积累，而不是在集体积累增加后探索其他有效的实现形式，一旦缺少外部支持，也容易导致增收渠道狭窄进而制约集体经济持续发展。

此外，农村集体经济组织以外的农业企业和农民合作社等经营管理资产时，难以避免经营不善导致的资产损失。在这种混合经营方式中，农村集体经济组织只参与分红，不具体介入经营决策。一旦其他经营主体违约或遭遇经营风险，将会使农村集体经济组织及农民的收益减少。

二　资本运营型实现形式

资本运营型是利用农村集体积累资金进行投融资从而将其转化为经营资本的一种实现形式。在农村集体存量资金富余与集体经济收入增长受限的情况下，通过集体积累资金的合理流动与市场化运营，发展投资经济，既能盘活存量，提高集体资本回报，又能带来增量，拓展新型农村集体经济发展渠道。

（一）典型特征

党的十八届三中全会确立了混合所有制经济这种实现形式，明确了国有资本、集体资本与非公有资本可相互参股，助推了资本运营型实现形式的发展。以资本运营为核心的实现形式，旨在通过专业化、市场化、规范化运营，提高农村集体资本运营效率，推动集体资本稳健、优质、高效运转。达到上述效果要经过三个重要环节。

一是统筹与集中集体积累资金。在利用集体积累资金之前，应明确资金的总量、底数和在乡（镇）、村、组的分布情况。可结合农村集体产权制度改革，在完成集体积累资金这一经营性流动资产清产核资之后，再对闲置的、可运营的资金加以整合。如北京市温泉镇的集体资本运营管理，就是在镇、村两级产权制度改革与清产核资已全面完成的基础上开展的（见案例 7 - 7）。

案例 7－7　温泉镇资本运营型实现形式

温泉镇位于北京市海淀区，2018 年正式提出"资本立镇"理念。"资本立镇"是指在保障各村股东基准年化收益和年度分红基础上，搭建新型集体经济组织的类金融资本运营平台，通过自身经营沉余资金的收益实现造血功能，对地区产业发展提供资金支持和投融资服务，最终实现集体资本价值的指数级增值和效益的倍数级增长。

具体来讲，资本立镇的实施步骤为：统筹集体沉余资金，成立集体企业试水资本市场。在镇、村两级产权制度改革与清产核资已全面完成的基础上，温泉镇集体资金底数清、情况明，为统筹归集管理集体资本、做好资本运营管理奠定了良好基础。2018 年以来，先后成立了中关村创客小镇投资管理公司、北京兴泉资本有限公司等以资本运营为主营业务的集体企业。之后，以拓宽资本募集渠道实现扩规增效。以兴泉资本公司为核心，搭建类金融资本运营平台，探索股权类投资项目，努力健全融资担保公司、小额贷款公司、其他类基金管理人资格等金融类牌照，依法募集相邻乡镇资本及其他社会资本，逐步拓宽资本募集渠道，扩大资本管理规模。其中，北京兴泉资本有限公司成立于 2018 年 11 月，温泉镇 7 个村经济合作社按产权制度改革时确认的集体经济成员数量、在各村集体的比例，以投资入股方式，成为兴泉资本股东。同时，为了加强资本和运营的安全性，镇党委、政府对投资对象设置严格门槛，目前仅限区属国企委托贷款、银行理财、高流动和高安全性的信托计划和资管计划、镇域内在建工程项目配资、不良资产处置、房抵贷等业务方向。兴泉资本投资了 14 笔业务，累计投资金额 9.6 亿元，已到期的投资共 7 笔，全部按期回收，累计回收投资本金 5.1 亿元，实际履约安全率为 100%，已可保证在资金安全的前提下，实现 8% ~10% 的年化收益水平。

资料来源：《以新时代眼光破解集体经济发展难题　北京探索"资本立镇"新模式》，千龙网·中国首都网，http://beijing.qianlong.com/2020/0103/3476076.shtml，最后访问日期：2023年1月29日；《探索新路径推动集体经济高质量发展》，北京市海淀区人民政府网站，http://www.bjhd.gov.cn/zfxxgk/auto4566_51861/auto4566_58424/auto4566/auto4566_58443/202001/t20200117_4382985.shtml，最后访问日期：2023年1月29日。笔者整理而得。

二是管理与运营集体积累资金。农村集体积累资金可由农村集体经济组织直接管理，也可组建集体企业和合作社进行管理。具体来说，有三类典型的组织形式和运营方式。第一类是"村集体 + 企业"。农村集体经济组织将管理的资金直接投向政府性融资平台和企业等经营实体，以及投资金融产品，如吉林省佟家村将村集体 100 万元资金投入开发区融资平台。[①] 第二类是"企业 + 企业"。农村集体经济组织成立专门的集体资产运营公司后，再向企业等进行股权投资。例如江苏省农联村建立了苏州金农联创业投资有限公司，向江苏合志新能源材料技术有限公司投资了 1000 万元。[②] 第三类是"村集体 + 企业/合作社 + 农户"。与前两类将集体积累资金投向农村集体经济组织之外不同，这类组织形式和运营方式立足农村集体经济组织内部及相关主体，通过组建资金合作企业或资金互助社等金融服务组织，为农户等经营主体提供投融资服务。例如，福建省蓉中村与南安农商银行共同组建南安蓉中惠农金融合作有限公司这一村级担保公司，开设营利性的新型村级担保基金，面向该村农户和村办小微企业主提供贷款担保。[③] 再如，浙江省宜一村创办了村资金互助社，注册资本金 500 万元，为本村农户、企业、合作社等提供资金存贷款服务。[④]

---

① 《党建引领　激活乡村振兴"源头水"》，《长春日报》2018年1月10日，第10版。
② 《在嬗变中升华——解析我市村级集体经济转型发展之路》，张家港市人民政府网站，http://www.zjg.gov.cn/zjg/gcyw/201703/506e5c3958d24dbfb37b7e67c7e1458b.shtml，最后访问日期：2023年1月29日。
③ 中共中央组织部组织二局组织编写《发展壮大村级集体经济案例选》，党建读物出版社，2018，第196页。
④ 陈国胜等：《乡村振兴温州样本：强村之路》，浙江大学出版社，2020，第200页。

　　三是经过混合经营后获取资本增值收益。由于资本运营型涉及农村集体资本与国有资本、社会资本等多种资本的组合，故在经营方式层面主要为混合经营。农村集体经济组织所获得的收益也有多种类型，包括股息和利息等盈余。如北京市温泉镇 7 个村联合成立的北京兴泉资本有限公司，投资的 14 笔中已到期 7 笔，全部按期回收，并按 8% ~ 10% 的年化收益水平实现了资本价值增值。在农村集体经济组织内部，投资收益可根据农民等所占的股份进行分配。如东莞市村组集体投资理财所得的收益，在提留公积公益金后，再按集体股和个人股的比例进行切割（见案例 7 - 8）。资本运营型实现形式比较分析如表 7 - 6 所示。

案例 7 - 8　东莞市资本运营型实现形式

　　东莞市地处广东省中南部、珠江口东岸，在其经济格局中，农村集体经济与民营经济和外资经济三分天下。该市农村集体资产的规模总量与发展水平都位居广东省前列，但集体富余资金量大、收益率低的难题长期存在。为促进农村集体经济多元化发展，市里牵头搭建投融资平台，鼓励村（社区）以投资保本型理财产品、入股市信托等方式实现资本增值，推动农村集体经济从注重资产管理向注重资本运营转变。

　　2019 年，东莞市提出发挥农村集体经济组织存量资金规模庞大的特殊优势，鼓励认购持有相关项目的收益权信托，拓展投资形式，鼓励支持市属国企、银行开发符合村组集体资金需求的理财产品，拓宽村组集体投资渠道。2020 年，东莞村组拥有长短期理财产品投资 114.7 亿元，年收益 5.9 亿元，年收益率 5.1%。其中，29 个镇街 157 个村组集体经济组织持有东莞信托公司信托产品达 58.21 亿元。在"东莞信托·鼎信 - 滨海湾新区建设集合资金信托计划"项目中，村组集体资金投入后，用于滨海湾新区的产业发展和基础设施建设。村组集体投资理财所得的收益，纳入

┌───┐
村组集体经营收入核算，在提留公积公益金后，按集体股和个人
股的比例进行切割。
└───┘

资料来源：《东莞农村集体资产的"理财经"》，《南方日报》2019 年 12 月 17 日，第 A06 版；《创新驱动赋能集体经济　多元发展演绎经济传奇》，《东莞日报》2021 年 7 月 5 日，第 A07 版；《东莞拟试点职业经理人打理集体经济》，中华人民共和国农业农村部网站，http://www.moa.gov.cn/xw/qg/201408/t20140811_4005259.htm，最后访问日期：2023 年 1 月 29 日；《东莞信托：全力拓宽村组资金　投资重大项目建设渠道》，《东莞日报》2020 年 6 月 1 日，第 A08 版；《市人大建议、政协提案办理结果公开》，东莞市人民政府网站，http://www.dg.gov.cn/zwgk/jcgk/jytabljg/srdjyzxtabljggk/srdjybljggk/2020/content/post_3491375.html，最后访问日期：2023 年 1 月 29 日。笔者整理而得。

表 7 - 6　资本运营型实现形式比较分析

市/镇/村	所在区域	经营方式	组织形式	资本运营渠道
东莞市	广东省	混合经营	村组集体＋企业	投资信托等
温泉镇	北京市海淀区	混合经营	企业＋企业	股权类投资
农联村	江苏省张家港市	混合经营	企业＋企业	股权中长期投资
蓉中村	福建省南安市	混合经营	村集体＋企业＋农户	提供贷款担保
宜一村	浙江省温州市	混合经营	村集体＋合作社＋农户	投放贷款、吸收存款
佟家村	吉林省长春市	混合经营	村集体＋企业	投向政府性融资平台

资料来源：笔者自制。

（二）积极作用

发展资本运营型实现形式是农村集体积累资金保值增值的可行路径。特别是对于有较多集体积累的地区来说，资本运营是其集体经济转型发展的有效实现形式。

第一，资本运营型是与物业经营型等互补的一种实现形式。伴随资源环境约束的日益增强，以及城乡建设规划的严格约束，进一步发展物业经营型等实现形式的空间有限。在可支配的集体积累资金较为充裕的情况下，集体资本运营既弥补了单纯依赖物业经营增收途径较窄的不足，开辟了新型农村集体经济发展道路，又畅通了农村集体资金变资本的渠道，增强了集体经济发展后劲。

第二，资本运营型在优化集体经营方式和提升集体资本运营效率等方面具有优势。在集体资产产权和经营方式方面，无论是将集体积累资金对外投资，还是为其他主体提供投融资服务，均是放活农村集体经营性流动资产经营权和探索混合经营的重要形式。在资本运营和资本回报方面，农村集体资本与国有资本以及社会资本等非公有资本的多方面、多方式组合，不仅扩大了资本投入规模，提高了农村集体资本竞争力，而且推动了各种所有制资本共同发展，获得了比单种资本投资更高的收益率。例如，吉林省佟家村就是农村集体资本与国有资本有机组合的典型。再如，北京市温泉镇依托兴泉资本公司搭建类金融资本运营平台，依法募集相邻乡镇资本及其他社会资本，则是多个农村集体经济组织的集体资本与社会资本的有机组合。

第三，资本运营型能够通过投资引导进而促进要素向产业集中。经过资本运作，一方面，将集体资本投向重点行业和领域，能够充实资金力量，支撑产业发展。如东莞市村组集体通过信托参与东莞信托有限公司的"东莞信托·鼎信－滨海湾新区建设集合资金信托计划"等投资项目，不仅增加了村组集体资金收益，而且有效将资金投向了市镇产业发展和基础设施建设等项目。另一方面，将集体资本提供给农业经营主体等，能够破除经营资金不足和融资困难等障碍，推动特色产业发展。如浙江省宜一村针对本村各类经营主体发展迅猛、生产经营资金需求量大的实际情况，依托村资金互助社盘活了集体富余资本，解决了社员在生产经营上资金周转困难的问题。[1]

（三）适用范围

资本运营型实现形式的发展需依托农村集体积累资金的投入。故该实现形式，首先，从资产存量来看，适用于农村集体积累较多和集体经济实力较强的地区。具有一定数额的农村集体积累资金，是进行投融资和推动资本运营的必备条件，而集体积累资金这一经营性流动资产较为充裕的地区，往往农村集体经济也较为发达。例如，宜一村是浙江省乃

---

[1]　陈国胜等：《乡村振兴温州样本：强村之路》，浙江大学出版社，2020，第200页。

至全国有名的富裕村和先进村，集体资产达 2 亿多元。① 再如，农联村
2019 年村级可用财力达 7079 万元，② 所在的张家港市 2020 年村均可支
配收入已达 1249 万元。③ 在这些地区以及类似区域，可进一步推广资
本运营型实现形式。而在农村集体经济整体实力相对薄弱的地区，
则不宜采取资本运营型实现形式，如重庆、河南、陕西、青海、广
西、宁夏、江西等 7 省份经营性固定资产率高于全国平均水平，集体
经济仍然以物业经济为主。④ 需要说明的是，随着农村集体积累的增
加和集体经济实力的增强，在农村集体积累资金这一可支配的集体经
营性流动资产达到一定额度后，这些地区也可以探索资本运营型实现
形式。

其次，从市场竞争来看，资本市场具有复杂性和多变性，对农村集
体经济组织的资本管理等能力要求较高，故发展该实现形式也需要市场
化程度较高的农村集体经济组织。如重庆市农村集体经济组织以自有资
金对外股权投资的并不多见，主要原因在于集体经济组织经营管理能力
普遍较弱，参与市场竞争经验不足。⑤

最后，从运营安全来看，应选择安全性较好的投资产品。在增强集
体资本流动性的过程中，做出投资决策时，还应考虑到资本的安全性，
以免造成农村集体资产流失。例如，东莞市在安全有保障的前提下，为
农村集体资产理财，创造尽可能高的收益率。⑥ 再如，北京市温泉镇对
投资对象设置严格门槛，仅限于区属国企委托贷款、银行理财、高流动
和高安全性的信托计划和资管计划等业务方向，在已到期并回收的投资
中，实际履约安全率达 100%。

---

① 陈国胜等：《乡村振兴温州样本：强村之路》，浙江大学出版社，2020，第 198 页。
② 《赵建军：守护全村是我的使命》，苏州市人民政府网站，http://www.suzhou.gov.cn/
dyyqzjz/tpxw/202011/d84d9fc8072946738db7ec630a12a8a2.shtml，最后访问日期：2023
年 1 月 29 日。
③ 《"头雁领航"提质最大"强村群"》，《苏州日报》2021 年 1 月 30 日，第 A01 版。
④ 赵阳主编《农村集体产权制度改革》，人民出版社，2020，第 128 页。
⑤ 赵阳主编《农村集体产权制度改革》，人民出版社，2020，第 194 页。
⑥ 《我市农村集体经济转型方向：投资型经济》，东莞市人民政府网站，http://www.
dg.gov.cn/jjdz/dzyw/content/post_330511.html，最后访问日期：2023 年 1 月 29 日。

（四）约束条件

由于需在资本市场上流通农村集体积累资金，资本运营型实现形式难以避免市场风险和投资风险。且和农产品市场相比，资本市场的风险更大。同时，与银行定期存款保本保息不同，农村集体经济组织购买理财产品、参与信托、投向政府性融资平台等投资理财项目，即使选择的是安全稳健的投资产品，也会面临投资风险。比较典型的是三种投资风险：第一种是投资实现了盈利，但低于约定回报率；第二种是投资仅能收回本金；第三种是投资出现亏损。对于农村集体经济组织来说，首先，预期存在投资风险会影响其选择资本运营型实现形式的主动性。即使尝试发展资本运营，在面对多种投融资产品时，其也会优先选择甚至集中选择投资风险最小的产品，导致投融资渠道狭窄。其次，尽管发展了资本运营型实现形式，但由于发展时间不长，尚处于探索之中，尚未建立投资风险评估和风险补偿机制，一旦遭遇投资风险，可能给农村集体经济组织带来难以挽回的损失。最后，农村集体经济组织向各类经营主体提供投融资服务时，也会遇到贷款不能按期收回的风险，影响其进一步开展资金互助等业务的积极性。

此外，有关投融资方向、内容和渠道的决策，也是由农村集体经济组织做出的。但决策过程中，一方面，若农村集体经济组织缺乏专业的投融资意识和技能，会影响投融资效果和收益回报；另一方面，若缺乏投融资事项民主决策程序和投融资行为监督机制，容易引起决策风险甚至决策失误，导致集体资产被侵占，农民利益受损。

三 对两种典型实现形式的比较

资产开发型和资本运营型实现形式，都是以货币资金这一集体经营性流动资产经营管理为核心的。在两种实现形式中，资产都进行了清理和整合，明确了可经营管理的资产数额。同时，资产都进行了折股量化，成为农村集体经济组织与农民持有的股份，并作为后续收益分配的依据。

两种实现形式的差异主要表现在四个方面。一是资产来源渠道和投入主体的差异。资产开发型和资本运营型实现形式的资金分别来源于农村集体经济组织外部和内部，分别为各级补助农业农村的财政资金和农村集体积累资金。二是经营方式和组织形式的差异。资产开发型中财政资金可投入合作社和农业企业，农村集体经济组织发挥纽带作用，发展股份合作经营和混合经营等。资本运营型中农村集体经济组织管理的集体积累资金，由于涉及多种资本的组合，经营方式主要为混合经营。三是发展产业的差异。资产开发型和资本运营型涉及的主要产业不同，分别是特色农业和金融业等。四是推广应用范围的差异。脱贫地区和乡村振兴帮扶地区的后续发展需要财政资金的进一步投入，故这些地区可探索资产开发型实现形式。而资本运营型实现形式需借助自有的集体积累资金，故该实现形式在农村集体积累较多和集体经济实力较强的地区具有一定的推广价值（见表7-7）。

表7-7　两种典型的以流动资产经营管理为核心的新型农村集体经济实现形式

实现形式	经营方式	组织形式	资产来源	产业发展	推广应用
资产开发型	股份合作经营/混合经营	农村集体经济组织成为纽带	财政补助资金	特色农业等	应用于脱贫地区和乡村振兴帮扶地区后续发展
资本运营型	混合经营	农村集体经济组织成为纽带	集体积累资金	金融业等	适用于集体积累较多和经济实力较强的农村

资料来源：笔者自制。

第八章　促进中国新型农村集体经济实现形式多样化的政策建议

在实践中，新型农村集体经济可以有多种实现形式。且伴随主客观条件的变化，尤其是随着城乡融合程度和农业农村现代化水平的不断提高，新型农村集体经济实现形式将愈加丰富。前面的分析中，阐述了新型农村集体经济多种实现形式的约束条件。探索多样化的新型农村集体经济实现形式，需要破除这些制约其进一步发展的各类障碍，建立健全相应的保障机制。本章从探索建立新型农村集体经济实现形式评价机制、坚持和完善农村集体所有制、优化农村集体经营方式、拓展农村集体组织形式、强化农村集体资产管理五个方面，提出进一步推动新型农村集体经济实现形式多样化发展的政策建议。

第一节　探索建立新型农村集体经济实现形式评价机制

促进新型农村集体经济发展壮大，离不开多种有效的实现形式。判断新型农村集体经济的各种实现形式是否有效，应建立一套包括评价原则、评价指标体系和评价方法在内的评价机制进行客观评价。依托评价结果，不仅能够定量反映每种实现形式的优势和不足，而且能够为优化实现形式提供借鉴和参考。

一 确定评价原则

衡量新型农村集体经济实现形式的有效性，须根据新型农村集体经济发展需要，选取典型的评价指标，建立合理的评价指标体系，并运用适宜的评价方法。这些过程中，为达到良好的评价效果，均应遵循一定的评价原则，客观、本质地反映新型农村集体经济实现形式评估目标。

（一）系统性原则

农村集体经济实现形式不仅包含了集体经营方式和组织形式，而且涵盖了农村集体资产产权、要素利用和产业发展等多方面的内容。故评价新型农村集体经济实现形式时，应兼顾与归纳多个方面的评价内容和相应指标。特别是与最初集中发展农业不同，近年来新型农村集体经济及其实现形式的发展，不仅推动了特色农业发展，而且助推了农村产业融合，部分还涉及了非农产业发展。故筛选评价指标时，不能仅选择农业的数据，而应提取与新型农村集体经济实现形式相关的、较为综合的农业农村发展数据，充分体现新型农村集体经济实现形式的核心内容、关键要件和影响因素，进而建立完整的评价指标体系。

（二）代表性原则

新型农村集体经济及其实现形式所涉及的具体内容是丰富又繁杂的。在农村集体经济发展初期，仅有一种实现形式的发展和更迭，可从农业、农村、农民三个维度选择一些指标进行评价。但伴随实现形式的增加，从上述三个维度分别选择指标的难度较大，难以获得全面的数据、涵盖各方面内容。故进一步评价农村集体经济实现形式时，应突出重点，有所取舍，选取当时最能反映农村集体经济实现形式发展情况和发展成效的典型指标，进而呈现新型农村集体经济的本质属性和发展规律。

（三）独立性原则

新型农村集体经济实现形式的有效性是从多个方面加以体现的。评价新型农村集体经济实现形式时，会涉及多个层级的多个评价指标。这些指标是存在差异、相互独立、层次分明的，而不是交叉重叠的，更不是互为因果的。故在建立新型农村集体经济实现形式评价指标体系时，应明确各类指标的具体含义和计算方法，厘清各级指标的层次结构和逻辑关系，避免重复计算和相互干扰。

（四）可行性原则

评价新型农村集体经济实现形式，目的在于获得真实有效、标准统一的评价结果，并根据评价结果完善实现形式。而评价实现形式，须立足各类现实数据，通过可行的渠道收集数据。为保证数据可获得，应挖掘和选取统计数据，体现规范性和准确性；同时，可借助实地调研，适当、灵活地补充部分数据，展现可靠性和易得性。此外，为便于对实现形式本身进行纵向比较，以及与其他实现形式进行横向比较，选用各类数据时，统计口径和测算方法应保持一致。

二　构建评价指标体系

新型农村集体经济实现形式的内涵和外延涵盖了众多层级的众多评价指标，故须从中筛选具有典型性和代表性的指标，根据一定的层次结构构建评价指标体系。依照本书对农村集体经济实现形式的概念界定、框架设计和分类研究，将从农村集体经营方式、集体组织形式和集体资产管理三个维度着手，在分类分层评价的基础上构建有机评价指标体系。

（一）农村集体经营效果维度

农村集体经营方式是否有效，是衡量新型农村集体经济及其实现形式发展成效的核心指标之一。反映在定量指标上，就是通过集体经营增强农村集体增收能力，提升集体经营能力，降低集体经营成本，进而可细分为3类6项评价指标（见表8-1）。首先，从农村集体经营的总体效果来看，能促进集体增收是核心指标，具体选取集体经济收入增速和人均集体经济收入两个指标，分别测算集体经济收入增长程度和人均水平。其次，从农村集体经营能力来看，通过各类集体经营活动所获得的收入是核心指标，具体选择经营收入占比、发包及上交收入占比、投资收益占比三个指标，分别量度各类经营活动带动农村集体经济增收的水平。最后，从农村集体经营成本来看，开展集体经营活动的支出是核心指标，具体选用经营支出占比这一指标，计算集体经营支出在农村集体经济组织总支出中的比重。

表 8 - 1　农村集体经营效果评价指标

一级指标	二级指标	单位	指标说明
集体增收能力	集体经济收入增速	%	（本年集体经济收入 - 上年集体经济收入）/ 上年集体经济收入 ×100%
	人均集体经济收入	元	集体经济收入/农户总数
集体经营能力	经营收入占比	%	经营收入/总收入 ×100%
	发包及上交收入占比	%	发包及上交收入/总收入 ×100%
	投资收益占比	%	投资收益/总收入 ×100%
集体经营成本	经营支出占比	%	经营支出/总支出 ×100%

资料来源：笔者自制。

（二）农村集体经济组织能力维度

农村集体经济组织的组织带动能力，是评价新型农村集体经济及其实现形式发展成效的又一核心指标。体现在可量化指标上，就是发挥了农村集体经济组织各项功能特别是经济功能，有效带动了农民增收就业，提高了集体收益分配水平，减少了组织管理成本，进而可细化为 3 类 7 项评价指标（见表 8 - 2）。一是从农村集体经济组织带动能力来看，能否促进农民增收和就业是核心指标，具体提取农村集体经济组织带动农户增收占比和农村集体经济组织带动农户就业占比两个指标，分别计算农村集体经济组织带动的农户增收数在农户总数中的比重、带动的农户就业数在农村就业劳动力总数中的比重。二是从农村集体经济组织分配水平来看，能否优化收益分配结构是核心指标，具体选择提取公积金和公益金比例、提取应付福利费比例、农户分配比例、外来投资分利比例四个指标，分别测算各类收益分配在集体可分配收益中的比重。三是从农村集体经济组织管理成本来看，能否降低成本是核心指标，具体选用管理费用占比这一指标，量度管理费用在农村集体经济组织总支出中的比重。

表 8 - 2　农村集体经济组织能力评价指标

一级指标	二级指标	单位	指标说明
集体经济组织 带动能力	农村集体经济组织带动农户增收 占比	%	农村集体经济组织带动农户 增收数/农户总数×100%
	农村集体经济组织带动农户就业 占比	%	农村集体经济组织带动农户就业 数/农村就业劳动力总数×100%
集体经济组织 分配水平	提取公积金和公益金比例	%	提取公积金和公益金/可分配 收益×100%
	提取应付福利费比例	%	提取应付福利费/可分配收益× 100%
	农户分配比例	%	农户分配/可分配收益×100%
	外来投资分利比例	%	外来投资分利/可分配收益× 100%
集体经济组织 管理成本	管理费用占比	%	管理费用/总支出×100%

资料来源：笔者自制。

（三）农村集体资产运营管理效果维度

有效的新型农村集体经济实现形式能够促进集体资产保值增值。在探究新型农村集体经济的多种实现形式时，本书是依据农村集体资产的不同类型分类挖掘的。表现在评价指标上，就是通过农村集体资产运营管理，增加了农村集体积累，增强了集体资产运营和偿债能力；通过农村集体产权制度改革，确定了农民所持有的资产股份（份额），进而可细分为4类6项评价指标（见表8-3）。第一，从农村集体资产积累情况来看，能否获得集体积累是核心指标，具体提取资源性资产总面积、经营性资产总额、非经营性资产总额3项指标，分别表示3类农村集体资产的总量和分布情况。第二，从资产运营能力来看，能否促进集体资产周转和提升运营效率是核心指标，具体选用总资产周转率这一指标，计算周转额占资产的比重。第三，从资产偿债能力来看，能否减少集体负债和实现盈余是核心指标，具体选取资产负债率这一指标，测算集体负债总额占资产总额的比重。第四，从农村集体产权制度改革的进展来，能否将集体资产按股份（份额）量化是核心指标，具体选择成员股占比这一指标，核算农村集体成员股东占股东总数的比重。

表 8 - 3　农村集体资产运营管理效果评价指标

一级指标	二级指标	单位	指标说明
资产积累情况	资源性资产总面积	亩	土地资源等集体资源总和
	经营性资产总额	元	用于经营的集体资产总和
	非经营性资产总额	元	用于公共服务的集体资产总和
资产运营能力	总资产周转率	%	周转额/资产×100%
资产偿债能力	资产负债率	%	负债总额/资产总额×100%
资产股份量化	成员股占比	%	成员股东/股东总数×100%

资料来源：笔者自制。

（四）农村集体经济实现形式评价指标体系

从三个维度细化评价指标之后，应将其结合起来，形成完整的新型农村集体经济实现形式评价指标体系。这一指标体系包含三个层级，涵盖农村集体经营效果、农村集体经济组织能力、农村集体资产运营管理效果 3 类一级指标，囊括 19 项三级指标（见表 8 - 4）。各个指标的权重，将在获取数据并进行处理后，使用熵值法进行测度。

表 8 - 4　农村集体经济实现形式评价指标体系

一级指标	二级指标	三级指标	单位
农村集体经营效果	集体增收能力	集体经济收入增速	%
		人均集体经济收入	元
	集体经营能力	经营收入占比	%
		发包及上交收入占比	%
		投资收益占比	%
	集体经营成本	经营支出占比	%

续表

一级指标	二级指标	三级指标	单位
农村集体经济组织能力	集体经济组织带动能力	农村集体经济组织带动农户增收占比	%
		农村集体经济组织带动农户就业占比	%
	集体经济组织分配水平	提取公积金和公益金比例	%
		提取应付福利费比例	%
		农户分配比例	%
		外来投资分利比例	%
	集体经济组织管理成本	管理费用占比	%
农村集体资产运营管理效果	资产积累情况	资源性资产总面积	亩
		经营性资产总额	元
		非经营性资产总额	元
	资产运营能力	总资产周转率	%
	资产偿债能力	资产负债率	%
	资产股份量化	成员股占比	%

资料来源：笔者自制

三　应用评价方法

对于多个评价指标，处理数据、确定权重、测算分值，都需要采取适宜的评价方法。可选择的评价方法较多，关键在于依据被评价系统的特点选取适宜的方法。[1] 例如，孙梦洁、陈雪原使用灰色关联度分析法对农村集体经济发展水平进行了比较分析，但该方法主要研究的是农村集体经济收入水平的影响因子。[2] 而本书着重评价的是发展成效，而非影响因素。再如，层次分析法（AHP）在农村经济发展评价中应用较为广泛，但该方法完全依靠主观评价决定优劣，主观判断对结果影响很大。[3]

[1]　杜栋、庞庆华编著《现代综合评价方法与案例精选》第4版，清华大学出版社，2021，第11页。

[2]　孙梦洁、陈雪原：《中国农村集体经济发展评价》，载陈雪原等《中国农村集体经济发展报告（2020）》，社会科学文献出版社，2020，第65～95页。

[3]　杜栋、庞庆华编著《现代综合评价方法与案例精选》第4版，清华大学出版社，2021，第143～144页。

而本书的评价更侧重于客观评价结果，故本书应用熵值法来对新型农村集体经济实现形式进行评价。熵值法可以根据各项指标的差异程度，利用信息熵值，对指标权重进行调整。设有 m 个需评项目，n 项评价指标，建立原始数据矩阵 $C = (c_{ij})_{m \times n}$。对于某项指标 c_j，指标值 c_{ij} 的差距越大，其在综合评价中所起的作用则越大。[①] 需要说明的是，目前全国农村集体资产监督管理数据库仍处于试运行中，且部分地区新型农村集体经济及其实现形式的发展处于起步阶段，评价数据还不齐全，故本书并未具体运用数据进行评价。

第二节　坚持和完善农村集体所有制

集体经济是集体所有制在经济领域的具体体现。[②] 探索多样化的新型农村集体经济实现形式，无论是在理论上还是在实践中，均是在农村集体所有制的前提和框架下进行的。有效的集体经营方式和组织形式，也是能够壮大新型农村集体经济、完善和巩固农村集体所有制的。前面的分析中，论述了坚持农村集体所有制的必要性。进一步挖掘实现形式，一方面，应坚持农村集体所有制；另一方面，有效的实现形式，又有利于对其进行完善。

一　坚持农村集体所有制

在不同时期、不同地区和不同产业，农村集体经营方式和组织形式是存在差异和发展变化的。但是，始终坚持农村集体所有制，是其朝着社会主义方向和共同富裕目标发展的保证。如由于实行的是这种所有制，人民公社制度本质上是社会主义性质的制度。[③] 从所有制构成来看，不仅因客体的不同而存在差别，更重要的是因主体的不同而存在社会性质

---

① 黄祖辉等：《现代农业的产业组织体系及创新研究》，科学出版社，2019，第 205 页。
② 崔超：《发展新型集体经济：全面推进乡村振兴的路径选择》，《马克思主义研究》2021 年第 2 期，第 89～98 页。
③ 简新华、聂长飞：《新中国 70 年农地制度、农业经营方式的演进和农村集体经济发展》，《经济研究参考》2019 年第 21 期，第 5～11 页。

上的差别。① 故坚持农村集体所有制，应从主体和客体两个方面加以明确。

一方面，明晰农村集体所有制的主体。所有制的主体不同，导致了生产经营目的和方式的差别。对于集体所有制，《宪法》中的提法为"劳动群众集体所有制"，故集体所有制的主体为劳动群众。由于存在城镇与农村的差别，农村集体所有制的主体为在农村范围内的劳动群众，即农民集体。农民集体的范围并不是无限和开放的，而是有边界和条件的。首先，从主体范围来看，农民集体的范围并不是全体农民，而是作为农村集体经济组织成员的农民。如农村部分外来人口，在当地开展农业生产经营活动，在身份上可看作农民，但由于户籍未迁入，未取得农村集体经济组织成员身份，不属于农民集体的范畴。这也是农村集体所有制与全民所有制的不同之处，即主体范围并不是全部覆盖，仅包含部分劳动群众。其次，从层级范围来看，农民集体分属乡（镇）、村、组三个层级。同一层级中，农民只能作为一个集体经济组织内部的成员。再次，从主体关系来看，强调农民集体，突出的是平等性和共享性。与私有制以个体为中心不同，农村集体所有制注重的是农民集体这一整体，而不是单独的农民个人。在集体中，农民均为权利主体和受益主体，相互并不排斥。最后，从主体变化来看，农民集体是相对稳定的。进入和退出农村集体经济组织并不是自由的，而是需满足特定的条件，故集体所有的界限是不会轻易变动的。

另一方面，厘清农村集体所有制的客体。所有制的实现，更重要的是既定条件下如何安排使用财产权。② 而财产权使用之前，应确定有哪些财产，这就是所有制的客体所涉及的问题。所有制客体的不同，会引起财产权使用的不同，带来生产经营效果和收益的差别。对于农村集体所有制的客体，《民法典》中提到了"动产和不动产"，《示范章程》中明确了"集体资产"，故集体资产是农村集体所有制的客体。而集体资

---

① 吴宣恭：《破除"所有制中性论"的错误认知》，《当代经济研究》2020 年第 2 期，第 62 ~ 68、113、2 页。
② 刘灿：《农村土地产权制度改革的理论逻辑与实践经验：新中国 70 年》，全国高校社会主义经济理论与实践研讨会第 33 次年会会议论文，天津，2019，第 84 ~ 107 页。

产的类别和细目是较为丰富的，且总量和数额会随集体积累的增加而增长。前面的分析中，确定了资源性资产、经营性资产和非经营性资产三类集体资产，不同资产的性质和特征，也是进一步探索新型农村集体经济实现形式的依据。其中，作为资源性资产，土地对于"三农"发展的特殊性和重要性尤为突出，其也是农村集体所有制的重要客体。习近平指出："坚持农村土地集体所有制性质。"① 故进一步探索农村集体经济实现形式，应继续并牢固坚持农村土地集体所有制，避免土地私有化和非农化。

二 完善农村集体所有制

农村集体经济与其实现形式，二者是内容与形式的关系。多种有效的实现形式，在增加农村集体积累的过程中，能够壮大农村集体经济，从而完善和巩固农村集体所有制。而农村集体实现形式的发展，是受多种因素影响的。前面的分析中，论证了农村集体产权制度、要素配置机制、农村产业体系三个方面的影响因素。在具体探究各类实现形式时，也说明了上述影响因素的具体作用。故丰富新型农村集体经济实现形式，完善农村集体所有制，可以从上述三个方面进一步探索。

一是构建规范化的农村集体产权制度。在社会主义国家，对于集体所有制的财产权利，是应进行扶持和帮助的。② 在农村探索有效实现形式中，安排使用财产权，从事社会财富的生产尤为重要。③ 而如何使用财产权，需要从制度上明确规定，并在实践中加以应用。前面的章节中，分析了产权制度的重要性和具体应用。目前，农村集体产权制度改革等正在推进，农村"三变"改革的经验正在推广。这一过程中，清晰的产权和明确的权能，都是推广应用土地股份合作型、存量盘活型、资源开发型、混合经营型和物业经营型等多种实现形式的必备条件。故应完善

---

① 《习近平谈治国理政》第 3 卷，外文出版社，2020，第 261 页。
② 吴宣恭：《破除"所有制中性论"的错误认知》，《当代经济研究》2020 年第 2 期，第 62～68、113 页。
③ 刘灿：《农村土地产权制度改革的理论逻辑与实践经验：新中国 70 年》，全国高校社会主义经济理论与实践研讨会第 33 次年会会议论文，天津，2019，第 84～107 页。

农村集体产权制度，特别是完善农村承包地制度、宅基地制度、集体经营性建设用地入市制度和集体经营性资产产权制度等，通过法律化、制度化和规范化的产权安排，推动农村集体经营活动的开展和集体财富的积累。

二是健全市场化的要素配置机制。所有制与市场机制这一经济运行机制是相互作用的。从单一实现形式到多种实现形式的拓展过程，也是市场机制与农村集体所有制有机结合的过程。进一步探索农村集体经济实现形式，促进传统要素与现代要素的优化组合，以及内部要素与外部要素的深度融合，都离不开市场化的要素配置机制。应在畅通国内大循环中的城乡要素循环的过程中，充分发挥价格机制和竞争机制等市场机制的作用，有效引导资源要素配置，促使要素在城乡之间双向高效流动，在推动新型农村集体经济及其实现形式发展的同时提高配置效率。

三是完善多元化的农村产业体系。产业是农村集体经济发展的载体。在农村集体经济及其实现形式发展过程中，所涉及的产业领域和产业环节不断增多。在前面的分析中，阐述了涵盖特色农业发展、农村三次产业融合发展以及新产业新业态发展的农村产业体系。在各种具体实现形式实践中，产业体系除了立足农业农村内部，还应注重城乡之间的产业互动与融合。通过城市的辐射带动，发展多产业业态，逐步缩小城乡产业发展差距。尤其是在城郊融合类村庄和集体经济实力较强的村庄，与城市联系密切、产业发展基础较好，可立足产业园区建设，适度扩大产业规模，促进产业集聚，提升城乡融合发展程度。

第三节　优化农村集体经营方式

作为农村集体经济实现形式的必备要件，集体经营方式是否优化，直接关系着实现形式是否有效。推进集体经营发展，不仅包含如何经营即经营方式自身的问题，而且涉及谁来经营、在增加经营收益的同时如何化解经营风险，以及如何促进集体经营等问题。前面的章节中已经分析了典型的集体经营方式，本节从农村集体经营主体发展和经营风险防范两个方面进行研究。

一 提升农村集体经营主体发展质量

新型农村集体经济发展中，并不只有农村集体经济组织这一经营主体集中经营一种方式，还有其与其他经营主体的合作经营、混合经营等多种经营方式，包含多种经营主体。而农村股份经济合作社、农民专业合作社、农业企业等经营主体均是由社员、员工等组成的，其负责人和带头人如理事长、董事长等可统称为经营者。故农村集体经营主体的发展质量，可从经营主体这一整体和经营者这一负责人两个方面进行提升。

一方面，提升农村集体经营主体经营水平。各类经营主体的经营理念和经营实力，均会影响集体经营收益。在经营理念上，应处理好经营规模与发展质量和效益的关系，更加注重质量和效益，不盲目扩大经营规模。在保证质量和效益的过程中，适度提升规模经营水平和服务规模水平。特别是在生产服务型实现形式中，对于公司和合作社等经营性服务实体，应建立统一的服务标准，根据服务标准提供规范化和专业化的经营性服务，有效提高服务质量。在经营实力上，可从信息获取、品牌建设、市场营销、业态创新等方面，不断提升经营主体的信息化、特色化、市场化、创新化运行水平，特别是提高在生产经营活动中运用云计算、物联网和人工智能等的能力。同时，可通过产业协会和产业联盟等平台，将各类经营主体联合起来，形成共同发展新型农村集体经济的经营合力。

另一方面，提升农村集体经营主体经营者素质。负责人和带头人的素质和能力，关系着农村集体经营主体的发展与集体经营方式的选择。研究发现，采用自主经营和控股经营方式的村，是由于拥有头脑活、敢创业、会经营的领头人。[①] 针对土地股份合作社中专业人才较为短缺，以及经营性服务组织需要人才支持等问题，可从培育带头人和引进带头人两个层面加以解决。在培育带头人上，着力提高集体经营主体带头人的经营能力、服务能力和投资能力，使其成为"有文化、懂技术、善经营、会管理"[②] 的高素质经营者。可依托高等院校和职业院校等教育机

---

① 赵阳主编《农村集体产权制度改革》，人民出版社，2020，第195页。
② 《中华人民共和国乡村振兴促进法》，中国法制出版社，2021，第9页。

构，以及专业培训机构，为经营者提供线上线下继续教育和技能培训，增强其综合素质与职业技能。特别是在推进乡村人才振兴的过程中，部分地区陆续成立了专门的乡村振兴培训学院。如在四川省郫都区调研时发现，该区在战旗村创办了全国首个以乡村振兴为主题的培训学院——四川战旗乡村振兴培训学院，对农村集体经济经营管理人才等定期开展专题培训。这类乡村振兴培训学院，也可为农村集体经营主体经营者提供相关培训。在引进带头人上，多渠道引进各类人才加入集体经营主体，担任负责人，进而通过人才带动资本、技术和信息等进入农村。其中，在城市就业创业的乡贤不仅具备一定的经济实力和经营素质，而且乡土情怀浓厚；职业经理人经营管理专业性较强。这两类人才返乡入乡成为集体经营主体带头人的优势明显，可作为重点引进对象，积极发挥其在集体经营中的示范带动作用。

二　健全农村集体经营风险防控机制

集体经营收益与经营风险是相生相伴的。在农村集体经营中，获得经营收益的同时，经营风险是较难避免的。但通过有效的风险防控机制，能够降低各类风险，减少集体经营的损失。而风险防控机制，应覆盖集体经营全过程。在做出经营决策和开展集体经营的过程中，应强化风险评估和预防；在发生经营风险之后，应及时进行风险处理和补偿。

一方面，健全风险评估和预防机制。各类经营主体面临的经营风险种类较多，故以农村集体经济组织这一经营主体为中心，将经营风险分成内部经营风险和外部经营风险两类。在内部经营风险层面，针对土地股份合作社经营的水果、茶叶等特色农业风险较大、易受自然灾害影响等问题，可完善农业保险制度，适当扩大政策性保险覆盖面，拓展商业性保险业务范围。开发和创新特色农产品保险品种和期货品种，增强应对农产品生产经营各个环节风险的能力。在外部经营风险层面，针对农村集体经济组织与外部经营主体合作的风险，应提前评估经营收益和预判可能面临的经营风险，并根据经营主体的经营责任，健全风险共担机制。可探索建立履约保证金等风险保障制度，约束外部经营主体的经营行为，防止中断经营给农村集体经济组织和农民造成的损失。如重庆市永川区在集体资产开发和混合经营时，明确农业企业要统一缴纳履约保证金（2年分红金额），确保其履行分红义务。① 可借鉴永川经验，在混合经营方式中适时推广履约保证金制度。此外，针对资本运营中的投资风险，应建立健全投资风险评估和预警机制。严格审查投资项目，通过第三方评估等多种评估方式，客观评估投资项目的前景、收益和风险；可设置风险红线，利用互联网和大数据信息技术，实时监测投资风险变动情况。

另一方面，健全风险处理和补偿机制。在经营风险出现之后，须迅速应对。根据风险所导致的资产损失额度和影响的经营主体范围，进行风险补偿。风险补偿的主体通常有两类，一类是由保险公司补偿。如江苏省淮安市开发了村集体经济收入保险，将村集体经营性收入、集体资源承包收入、投资收益等纳入保险标的，明确因自然灾害、意外事故、市场行情等造成未达目标收入的，由保险公司负责赔偿。② 另一类是由当地政府直接补偿。如广东省东莞市东城街道建立了村组投资项目的本金风险补偿和收益回报保障机制，确定若投资项目出现亏损，由街道按照村组投资本金亏损额的20%进行补偿。③ 可参考上述两类补偿方式，给予农村集体经营主体一定的物质补偿，弥补经营风险所带来的经济损失，为新型农村集体经济持续发展提供保障。

第四节　拓展农村集体组织形式

在农村集体经济发展中，农村集体经济组织发挥着纽带和桥梁作用。通过"合作社＋农户""村集体＋农户""村集体＋合作社＋农户""村集体＋企业＋农户"等多种组织形式，在壮大新型农村集体经济的同时

---

① 韩俊主编《农村改革试验区改革实践案例集》，中国财政经济出版社，2019，第225页。
② 《我市在全国首创村集体经济收入保险》，淮安市人民政府网站，http://www. huaian. gov. cn/col/16657_173466/art/16250688/16258147764288eavkxyI. html，最后访问日期：2023年1月29日。
③ 《市人大建议、政协提案办理结果公开》，东莞市人民政府网站，http://www. dg. gov. cn/zwgk/jcgk/jytabljg/srdjyzxtabljggk/srdjybljggk/2016/content/post_348899. html，最后访问日期：2023年1月29日。

丰富了其实现形式。进一步探索实现形式，应在强化农村集体经济组织功能的过程中，继续拓展农村集体组织形式。而拓展组织形式，既需要对已有的组织形式进行延伸和创新，又需要构建利益协调机制，保障农村集体组织形式的稳定和长效发展。

一　延伸和创新农村集体组织形式

农村集体经济组织作为农户与市场之间的中介，在联结各个市场主体时可采取多种组织形式。将农村集体经济组织本身和作为组织成员的农户作为不变要件，将各类市场主体作为可变要件，可形成和发展多种农村集体组织形式。从横向来看，农村集体经济组织可以与竞争力强的市场主体展开合作，弥补单打独斗的缺陷，进而延伸农村集体组织形式。从纵向来看，农村集体经济组织可以开阔发展视野，与社区外的市场主体进行联合，跳出社区发展农村集体经济，进而创新农村集体组织形式。

一方面，延伸农村集体组织形式。经过农村集体产权制度改革，各地建立了经济合作社和股份经济合作社等新型农村集体经济组织。由其或村集体直接组织带动农户，是较为普遍的一种组织形式。除此之外，还可以根据农村集体经济发展基础和发展条件，探索适宜的组织形式。第一种可推行的是"党支部＋合作社＋农户"的村社一体型组织形式。由村党支部领办和组建集体所有的合作社，能够发挥农村基层党组织的凝聚作用和组织优势，在推动乡村组织振兴中发展集体经济。如贵州省塘约村创办的村集体合作社和山东省烟台市党支部牵头建立的专业合作社，均属于这种组织形式。其是先有支部，后有合作社，是党组织和合作社的高度融合。[①]在土地股份合作和生态资源开发等过程中，可进一步推广和发展这种组织形式。第二种可推行的是"村集体＋合作社＋农户"的村社联合型组织形式。农村集体经济组织可与农民专业合作社和供销合作社等合作经济组织展开合作，扩展合作层次，扩大合作规模，在生产、经营和流通等多个环节实现优势互补。在资源开发、资产开发和生产服务等过程中，可进一步挖掘这种组织形式。第三种可推行的是"村集体＋企业＋农

---

① 江宇：《"烟台经验"的普遍意义》，《开放时代》2020 年第 6 期，第 13～26 页。

户"的村企联手型组织形式。农村集体经济组织可同国有企业和民营企业等企业进行合作，扩宽合作领域，促进集体内部资产与外部资金、人才、技术和信息等有机结合。在存量盘活、资源开发、资产开发和资本运营等过程中，可进一步应用和扩充这种组织形式。如甘肃省东湾村和贵州省舍烹村等依托产业园区建设，形成的"村集体 + 企业 + 产业园"组织形式，就是村企联手的延伸形式。

另一方面，创新农村集体组织形式。相较于之前聚焦农村集体经济组织所在地、以社区为界限扩充集体组织形式，在农村市场开放程度越发提高的情况下，到社区外合作、打破区域范围和行政边界的限制，可成为农村集体经济组织新的尝试和发展。尤其是大部分集体资产集中在村一级，这也是村庄与村庄通过合作实现共同富裕的重要渠道。2020 年底，全国村级集体资产总额占整个农村集体资产的比重达 77.6%。① 可通过村村组织合作，探索促进村级集体资产保值增值的组织形式。第一种可探索的是弱村和弱村抱团取暖式组织形式。农村集体经济实力相对薄弱和集体积累相对较少的地区，可与其实力相当的地区联合发展，共同整合现有资产，开发集体资源，增加农村集体经济收入。在异地置业和土地股份合作等过程中，可通过这种组织形式，形成多村发展联合体直接发展农村集体经济，也可由多村共同组建企业、合作社等市场主体来发展，将组织形式拓展为"多村联合 + 企业/合作社"。第二种可探索的是强村带弱村结对帮扶式组织形式。由实力较强的农村集体经济组织对口支援和帮助基础薄弱的组织，带动资产经营和产业发展，这也是先富帮后富的典型形式。在资产开发和异地置业等过程中，可进一步采取这种组织形式。第三种可探索的是强村与强村强强联合式组织形式。在农村集体经济发展基础较好和集体积累较多的农村集体经济组织之间，可通过集聚资源要素，集中经营集体资产，在拓宽农村集体经济发展空间中实现互利共赢。在资本运营和物业经营等过程中，可进一步推广这种组织形式。

---

① 农业农村部政策与改革司编《中国农村政策与改革统计年报（2020 年）》，中国农业出版社，2021，第 147 页。

二　完善农村集体经济组织利益协调机制

农村集体组织形式涉及多个参与主体。各个主体之间，又存在多对利益关系。作为联结各个主体的核心组织，农村集体经济组织应处理好与其他主体之间的利益关系。通过合理、有效的利益协调机制，增强各个主体发展新型农村集体经济的动力与潜力。

一方面，完善农村集体经济组织与农民之间的利益协调机制。农村集体经济组织代行农民集体所有的各项权能时，应处理好集体利益与个人利益的关系，各项决策和各类事务均应充分代表农民利益。应完善农民利益表达机制。畅通农民利益表达渠道，使农民能够及时向农村集体经济组织反映利益诉求，保障农民参与经营决策的权利，提高农民在农村集体经济发展中的参与度和满意度。特别是在农村集体资产股权量化、股份设置、股份管理和股权退出等各环节，均应尊重农民意愿，接受农民监督，防止农民利益受损。并且，应构建紧密的利益联结机制。在农村集体资源性资产保护利用和经营性资产经营管理中，可采取"保底收益＋二次分红""优先雇工＋多重收益"等多种利益分享模式，保证农民能够从农村集体经济发展的各个领域获得资产增值收益。针对"四荒"地等资源开发中农村集体经济组织与农民之间的利益联系不紧密等问题，可将资源开发后所获得的经营收益，在征求全体农村集体经济组织成员同意后，提取一部分并按照一定比例分配给农民，促使其共享直接的物质利益。

另一方面，完善农村集体经济组织与其管理者之间的利益协调机制。理事长及理事会成员等，均属于组织内部管理人员。发挥其带头发展农村集体经济的能动性，应完善农村集体经济组织管理者激励机制。在经济利益方面，可将管理人员的报酬待遇与农村集体经济发展成效挂钩。根据农村集体经营收益增长情况，给予管理人员绩效奖金和创收奖励。例如，安徽省芜湖市提出出台村级集体经济发展激励办法，明确从管理费用中提取部分资金用于奖励村干部和集体经济组织负责人。[①] 再如，

---

① 《关于印发〈推动新型农村集体经济高质量发展具体举措〉的通知》，安徽芜湖三山经济开发区网站，https://ssjkq.wuhu.gov.cn/openness/public/6604221/30792201.html，最后访问日期：2023年1月29日。

江苏省提出从本年收益中提取部分资金，用于发放本集体经济组织理事长、理事会成员及主要经营管理人员的奖励绩效。① 而山东省提出从当年度集体经营收益增量中拿出一定比例给予对发展集体经济做出突出贡献的人员奖励。② 可根据收益增幅设置奖励区间，收益增长越多，奖励标准则相应提高。在政治利益方面，可将带动农村集体经济发展能力作为管理人员提拔晋升的重要依据。对于在农村集体经济发展中贡献较大、带动农民就业增收效果显著的管理人员，在评优评先和干部招考等方面予以倾斜。如云南省对发展村级集体经济做出突出贡献的村干部，在公务员招录时同等条件下优先录用。③ 同时，应完善农村集体经济组织管理者约束机制。在职责履行、决策落实和权力行使等方面，健全监督、问责与处分机制，避免内部少数人控制等问题。尤其是对村"两委"干部兼任农村集体经济组织负责人的情况，可将农村集体经济发展情况和集体资产保值增值情况等纳入干部责任目标考核中，并根据当地实际设置具体考核指标。

第五节　强化农村集体资产管理

农民集体所有的各类资产，是探索农村集体经营方式和组织形式的内在依托。前面的研究中，根据集体资产的不同类型分类探究了多种新型农村集体经济实现形式。适应新型农村集体经济实现形式多样化发展需要，应对农村集体资产进行规范化、常态化、信息化和标准化管理，从而既丰富农村集体经营方式和组织形式，又促进农村集体资产保值增值。

①　《关于发展壮大新型农村集体经济　促进农民共同富裕的实施意见》，江苏省农业农村厅网站，http://nynct. jiangsu. gov. cn/art/2021/8/17/art_11977_9977578. html，最后访问日期：2023 年 1 月 29 日。

②　《对十三届全国人大四次会议第 5751 号建议的答复》，中华人民共和国农业农村部网站，http://www. moa. gov. cn/govpublic/zcggs/202109/t20210929_6378651. htm，最后访问日期：2023 年 1 月 29 日。

③　《云南保山发展壮大村级集体经济　总收入过亿》，中华人民共和国农业农村部网站，http://www. moa. gov. cn/xw/qg/202008/t20200804_6349789. htm，最后访问日期：2023 年 1 月 29 日。

一　加强农村集体资产监督管理

农村集体资产的数量、分布和变动等各个方面的情况，均会影响新型农村集体经济及其实现形式的发展。故应在各个环节重视农村集体资产监督管理，形成能够增加农村集体积累和防止农村集体资产流失的良性循环机制。具体来说，从农村集体资产规范化和常态化监管的角度来看，应加强相关制度建设；从农村集体资产信息化和标准化监管的角度来看，应推动专门的平台建设。

一方面，完善农村集体资产监督管理制度。对于农村集体资产的数量、产权、使用和负债等各个层面，均需要进行监督管理。首先，完善农村资产清产核资监管制度。在全国范围内完成农村集体资产清产核资之后，农村集体资产的总额和分布情况等均已经核实。然而，资产是在变化着的。故应将农村集体资产清查、核对、登记等作为常态化的工作，按年度定期清产核资。其次，完善农村集体资产产权流转交易监管制度。在推进农村产权流转交易市场和交易平台建设中，应进一步完善市场监管制度和交易办法，细化交易流程和规则，保证产权交易活动公开、透明。特别是对于新兴的产权线上交易市场，应制定专门的市场监管制度，规范线上产权流转交易。最后，完善农村集体资产运营监管制度。农村集体经济组织的财务是独立核算的，应完善农村集体经济组织财务管理制度和审计监督制度，严格集体资产使用，纠正和处理挪用侵占集体资产以及浪费资金、资源等问题。进一步地，完善农村集体资产负债监管制度。对农村集体资产负债比例进行实时监管和定期清理，严格控制负债规模，防范和化解农村集体经济债务风险。特别是对于历史遗留债务较高的地区，应重点关注债务增减情况，着力降低资产负债率。

另一方面，用好农村集体资产监督管理平台。在各地实践中，部分地区已经建立并运行了具有地方特色的农村集体资产监督管理平台。例如，在贵州省调研时发现，当地利用大数据优势，建立了贵州省农村集体经济组织综合服务平台，设置了农村集体资产管理模块，实现了集体资产监管线上化和过程化。再如，广东省东莞市的"东莞村财"App、江苏省张家港市的农村集体"三资"智慧管理平台，均是地方性的信息化、数据化农村集体资产监督管理平台。但是，若缺乏全国性的、统一的平台，容易造成标准不一、信息不全，制约跨区域农村集体经济组织之间的联合与合作。故应开发全国农村集体资产监督管理平台，将各地的资产监督管理平台纳入同一平台，整合省市县乡村各个层级的农村集体资产信息，共享各类数据。2021年8月，全国农村集体资产监督管理平台上线试运行，农村集体资产清产核资管理、产权管理和资产财务管理等系统功能开始使用。一体化平台的建设和使用，能够发挥信息化、网络化、智能化优势，动态、远程、及时监管农村集体资产的存量和增量，应依托该平台改进农村集体资产监督管理模式，提升农村集体资产清查、管理和交易等能力。此外，还可运用区块链等先进技术，健全农村集体资产大数据库，使农村集体资产数据分析和监督管理更加高效便捷。

二　推进农村集体资产分类管理

本书在研究新型农村集体经济实现形式时，是立足各类农村集体资产的不同性质和属性，分别分析具体的经营方式和组织形式的。在农村集体资产管理中，也应根据资源性、经营性、非经营性资产的类型划分，分类管理各类资产，分别核算集体资产的利用、经营、运营和收益等情况，提高集体资产市场化配置效率。

一是推进农村集体资源性资产保护利用。对土地资源和生态资源等集体所有的资源性资产，一方面，由于资源的不可再生，需突出保护，凸显生态价值。故在土地等资源性资产管理中，应严格用途管控，杜绝耕地非农化、宅基地违规占用和生态环境受损害，保护自然生态环境。另一方面，由于资源的可开发性，需合理利用，挖掘经济价值，探索出有效的新型农村集体经济实现形式。而有效的实现形式，离不开农村承包地和宅基地的"三权分置"以及经营权、使用权等权能的激活。故应注重资源性资产产权管理，稳定土地承包关系，实行土地等资源确权登记颁证，通过流转双方签订书面合同等规范的方式，解决放活资源性资产经营权、使用权的后顾之忧。如国家相关部门2021年发布了《农村土地经营权入股合同（示范文本）》[1]，详细规定了农村土地（耕地）经营权入股土地用途、期限和股份分红及支付方式，有利于规范经营权入股流程和发展土地股份合作型实现形式；其中明确了签订合同的双方可选择按股分红、保底收益＋按股分红两种股份分红方式中的一种，有利于保障农民入股后获得稳定的收益。特别是宅基地确权登记颁证工作尚在进行之中，且随着城乡融合程度的提升，部分农民退出宅基地的意愿会增加。故应在加快推进宅基地确权登记颁证的同时，及时登记并更新宅基地等资产变动情况。同时，可参照《农村土地经营权出租合同（示范文本）》和《农村土地经营权入股合同（示范文本）》等，促使流转双方签订宅基地和集体经营性建设用地使用权流转合同，规范流转流程。

对于"四荒"地等未承包到户的资源，以及水流、森林和山岭等生态资源，也可适度放活使用权，并进行确权登记颁证。如宁夏回族自治区平罗县将集体荒地经营权确权到开垦农户，并颁发农村集体荒地承包经营权证。可参考这种资源性资产产权管理方法，创新资源性资产盘活与开发途径。同时，针对生态资源价值评估机制不完善等问题，可参考农村土地经营权流转管理经验，建立和完善生态资源使用权流转市场，逐步解决生态资源价值被低估的难题。如截至2020年底，全国已有1474个县（市、区）、2.2万个乡镇建立农村土地经营权流转市场或服务中心，为流转双方提供产权交易、权益评估、流转价格指导等服务。[2] 故应加强生态资源使用权流转管理，通过专业化的流转服务，在促进使用权流转中发展混合经营型等实现形式。

二是推进农村集体经营性资产经营管理。和其他类型的集体资产相比，经营性资产的盈利特点更为鲜明。经营性固定资产和流动资产的经营管理，一方面，能够给农村集体经济组织带来经营性收入等收益。故

---

[1] 《农业农村部 国家市场监督管理总局关于印发〈农村土地经营权出租合同（示范文本）〉和〈农村土地经营权入股合同（示范文本）〉的通知》，中华人民共和国农业农村部网站，http://www.moa.gov.cn/govpublic/zcggs/202109/t20210928_6378541.htm，最后访问日期：2023年1月29日。

[2] 《对十三届全国人大四次会议第3646号建议的答复》，中华人民共和国农业农村部网站，http://www.moa.gov.cn/govpublic/zcggs/202109/t20210923_6377456.htm，最后访问日期：2023年1月29日。

应在明晰经营性资产权属的前提下，采取更加灵活多样的经营方式和组织形式，提升农村集体经营性资产经营管理能力。尤其是针对近年来脱贫攻坚、美丽乡村建设等投入财政资金后形成的资产确权难、移交难等问题①，应明确这些资产属农民集体所有。同时，可将形成的经营性资产交由农村集体经济组织直接经营管理，或通过股份合作、混合经营等方式获取收益。另一方面，能够给农民带来财产性收入。故应巩固和拓展农村集体经营性资产股份合作制改革成果，强化股份管理并改进管理方式，保障农民的收益分配权。对于集体股和个人股的比例设置，以及股份的静态与动态管理方式，各地实践中存在差异，应根据当地新型农村集体经济及其实现形式发展需要予以优化调整。此外，对于收益较低、对农民增收作用有限的经营性资产，可逐步向非经营性资产转化改造。② 这类资产主要是经营性固定资产，如闲置的、盈利特点不强的房屋和设施等，可根据农村公益事业发展需要，改建成公共服务场所。但是，农村集体经营性资产应尽可能地通过多种经营方式和组织形式凸显盈利特点，激发资产增收潜能。

三是推进农村集体非经营性资产管护运营。与经营性资产不同，非经营性资产突出的是公益性，且资产并未通过改革量化到人。针对部分地区农村集体非经营性资产管护主体责任不明等问题③，应明确管护主体是农村集体经济组织，并强化其责任履行与监督，发挥非经营性资产在农村公共服务和公益事业发展中的作用，提高资产利用率。同时，由于资产属性是可以变化的，对于闲置的、废弃的非经营性资产，可由农村集体经济组织进行开发，将重心从管护转向经营，进而增加经营收益、拓展集体增收渠道。

---

① 赵阳主编《农村集体产权制度改革》，人民出版社，2020，第 115~116 页。
② 黄季焜等：《农村集体经营性资产产权改革：现状、进程及影响》，《农村经济》2019 年第 12 期，第 1~10 页。
③ 赵阳主编《农村集体产权制度改革》，人民出版社，2020，第 116 页。

第九章　结论与展望

一　研究结论

本书通过对中国农村集体经济实现形式的研究，阐述了农村集体经济实现形式的相关理论和历史演进，分析了农村集体经济实现形式发展面临的现实困境，说明了在新发展阶段探索农村集体经济多种实现形式的必然性。在此基础上，构建了农村集体经济实现形式的分析框架，并根据农村集体资产的类型，结合典型案例，分别从资源性资产保护利用和经营性资产经营管理的视角分类探究了新型农村集体经济的多种典型实现形式，提出了促进实现形式多样化的政策建议。根据前面的研究，得出了六点主要结论。

（一）探索农村集体经济实现形式，是在坚持农村集体所有制的基础上，挖掘农村集体资产的经营方式和组织形式

本书在界定农村集体经济实现形式时，根据相关理论和相关政策，将其阐释为"能够适应农村集体经济发展需要的经营方式和组织形式"。结合现实实践的进一步分析，本书认为，探索农村集体经济实现形式，离不开一个基础、一个客体、两个要件。一个基础即农村集体所有制。作为一种生产关系，农村集体经济实现形式的性质是由生产资料所有制决定的。有效的实现形式，前提是坚持农村集体所有制，保证生产资料由农民集体所有。一个客体即农村集体资产。农村集体资产是重要的生产资料和内部要素，可根据资产的不同类型探索多种实现形式。两个要件即集体经营方式和集体组织形式。选择何种经营方式，意味着如何解决集体资产的经营问题，有效的经营方式是能够提高集体经营收益的。

这一过程中，需要由农村集体经济组织来带动和组织农民，联合和协调各类市场主体，实现集体与个人共同发展，进而逐步走向共同富裕。

（二）同一个农村集体经济组织，可以探索多种农村集体经济实现形式

新型农村集体经济的实现形式并不只有一种，而是随着其发展主客观条件的变化，尤其是伴随城乡融合程度和农业农村现代化水平的不断提高，不断丰富和拓展的。影响农村集体经济实现形式的因素是多方面的，包括制度环境和生产力水平等。从生产关系的角度看，实现形式不仅有所有制等层面的内在规定，还有产权制度层面的具体影响。从生产力的角度看，实现形式的多样化，离不开作为生产资料的各类要素多样化利用，以及能够促进增收的产业多样化发展。在规范清晰的产权制度下，建立健全要素配置机制，完善农村产业体系，能够推动新型农村集体经济实现形式的多样化。在实践中，经过农村产权制度改革，通过要素的多样化利用和产业的多样化发展，能够探索出多种集体资产经营方式和组织形式。故在同一个农村集体经济组织内部，既可以整合集体资产集中发展一种农村集体经济实现形式，又可以利用各种类型的集体资产、发展多种实现形式。如在四川省战旗村调研时发现，该村不仅利用闲置的集体经营性建设用地发展了存量盘活型集体经济，而且依托土地股份合作活了土地资源，增加了农村集体积累。

（三）以土地资源保护利用为核心，可探索土地股份合作型、生产服务型和存量盘活型等实现形式

土地是农民集体所有的数量最大的资产。土地资源在各个地区的用途、数量和分布是有差异的，以农村承包地、集体经营性建设用地和宅基地资源保护利用为核心的农村集体经济也不只有同一种实现形式，而是有多样化的实现形式。根据农村集体经济发展中土地资源的不同用途和保护利用情况，可探索三种具有代表性和推广性的新型农村集体经济实现形式。第一种实现形式是土地股份合作型。农村承包地"三权分置"改革之后，农民的承包地经营权入股，由合作社将土地集中，发展

股份合作经营。该种实现形式可在集聚提升类村庄等推广，需根据地形地貌和土壤质量等自然条件，并考虑投入产出、投资回报和市场销路等经济因素，依托特色种植业和养殖业等产业取得收益。第二种实现形式是生产服务型。适应规模经营需要，由农村集体经济组织依托土地资源和组织优势为农村各类经营主体提供生产经营相关的、有偿的服务，实行服务规模经营。在产业发展基础较好和发展特色鲜明，尤其是已经形成产业集聚的地区，立足具体的产业、行业和环节发展生产服务，成本较低、成效显著。第三种实现形式是存量盘活型。在农村集体经营性建设用地入市改革和宅基地"三权分置"改革等推动下，农村集体经济组织将闲置的宅基地和集体经营性建设用地等非农用地整理后，实行多种集体经营方式，发展乡村旅游等相关产业。在地理区位较好和交通较为便利的农村，节余的集体经营性建设用地更容易流转和激活；在宅基地和农房闲置率较高的地区，更容易开展集中改造。

（四）以生态资源保护利用为核心，可探索资源开发型和混合经营型等实现形式

与城市相比，农村拥有的生态产品更加丰富，生态类型更加多元，生态资源优势更为突出。对这些未承包到户的生态资源，伴随生态文明体制改革、自然生态资源所有权和使用权分离改革的深入推进，在生态资源确权登记、还权赋能后，根据其经营方式和保护利用情况，农村经济集体组织可灵活选择具体的、新的实现形式。一种具有代表性的新型农村集体经济实现形式是资源开发型。农村集体经济组织集中开发未承包到户的荒山、荒沟、荒丘、荒滩等生态资源，并通过统一经营和股份合作经营等方式，发展特色农业和农产品加工业等产业。在农村集体经济较为薄弱、可直接利用的资源性资产相对缺乏的地区，可挖掘村庄内部生态资源的潜力，用活未利用的生态资源，探索资源开发型实现形式。另一种具有代表性的新型农村集体经济实现形式是混合经营型。农村集体经济组织将水流、森林、山岭等生态资源的使用权作价入股到外部经营主体，与社会资本合作，共同开发生态资源，发展生态产业。该种实现形式在将生态功能放在关键位置、生态资源较为丰富的地区，具有一定的推广价值。

（五）以经营性固定资产经营管理为核心，可探索物业经营型和异地置业型等实现形式

农村集体经营性固定资产是典型的实物资产，也是占据一定面积的有形资产。在农村集体经营性资产股份合作制改革和对物业资产这类固定资产进行股份量化之后，依据固定资产的区位分布和经营管理状况，可探索两种代表性的新型农村集体经济实现形式。一种实现形式是物业经营型。农村集体经济组织将房屋、建筑物、专业市场等集体经营性固定资产通过出租、入股等多种方式放活使用权，并通过多种经营方式和组织形式发展物业经济。城郊融合类村庄地处城市近郊区以及县城城关镇，与城市联系更加紧密，受到城市的辐射带动，有利于形成发展物业经济的市场条件，可推广物业经营型实现形式。另一种实现形式是异地置业型。农村集体经济组织突破村、乡（镇）、县等区域界限，到其他城镇和产业园区等地跨地区异地购买和建设厂房、办公楼、商铺等集体经营性固定资产，并通过多种经营方式和组织形式开发、运营物业资产。对于本地土地等资源性资产较为贫瘠和厂房等经营性资产较为匮乏的村庄，可到异地发展物业经济、拓展集体经济发展空间。

（六）以经营性流动资产经营管理为核心，可探索资产开发型和资本运营型等实现形式

农村集体经营性流动资产是可在短期内周转的非实物资产，由于货币资金等资产的流动性较强，在折股量化后可灵活采取多种有效的经营方式与组织形式。根据流动资产的来源渠道和经营管理状况，可发展两种典型的新型农村集体经济实现形式。一种典型实现形式是资产开发型。在未改变中央、省级、市级和县级财政资金用途的前提下，将其量化为农村集体经济组织及农民持有的股份，并投入新型农业经营主体中获取收益、参与分红，这也是资金变股金、农民变股东的典型形式。在脱贫地区和乡村振兴帮扶地区，完成脱贫攻坚任务、消除绝对贫困之后，后续发展也需要财政资金的支持，可进一步利用各级补助农业农村的财政资金发展资产开发型实现形式。另一种典型实现形式是资本运营型。在

清产核资之后，农村集体经济组织利用农村集体积累资金进行投融资，经过混合经营获取资本增值收益。在农村集体积累较多和集体经济实力较强的地区，可进一步推广资本运营型实现形式。

二 研究展望

针对本书研究中存在的不足以及研究不够深入、充分的部分，将在今后进一步深入研究。

（一）根据农村集体资产属性的动态变化，探索非经营性资产的实现形式

农村集体非经营性资产的总额是较大的，全国农村集体资产清产核资数据显示，非经营性资产为3.4万亿元。对于公益性显著的农村集体非经营性资产，应优先用于农村公共服务和公益事业发展。同时，参照资产清产核资情况，对于闲置、废弃、利用效率不高的非经营性资产，结合新型农村集体经济实践，可进一步研究非经营性资产转化为经营性资产的具体经营方式和组织形式。如闲置的学校等非经营性固定资产，能否参考经营性固定资产的物业经营，将资产量化后通过改造和盘活，发展物业经济，进而增加集体经营收入，将在下一步研究中进行探讨。

（二）完善新型农村集体经济实现形式评价指标体系，分析实现形式的有效性

在目前构建的新型农村集体经济实现形式评价指标体系基础上，进一步完善指标体系。充分挖掘相关统计数据，并进一步进行调研，发放问卷，综合运用各类数据，对不同的实现形式进行定量分析。特别是伴随全国农村集体资产监督管理平台的投入使用，有关农村集体经济组织发展和集体资产管理等的数据将更加全面。在下一步的研究中，将结合数据分析与实地调研，进一步探究新型农村集体经济实现形式的评价指标和评价方法。

（三）把握农村集体资产的复杂性，研究多种集体资产综合利用视角下的实现形式

目前的研究，主要集中在以单一类型的农村集体资产利用为核心的实现形式。但随着农村集体各类资产经营权、使用权的进一步放活，将多种类型的资产集中起来进行综合开发利用，也是拓展新型农村集体经济实现形式的可探索途径。例如，将农村集体资源性资产中的土地资源，以及水流、山岭等生态资源的经营权、使用权一齐流转，发展生态化的集体经济；再如，将空闲厂房等经营性固定资产和闲置学校等非经营性固定资产一齐开发，由农村集体经济组织集中发展物业经济。但是，这涉及不同类型的农村集体资产组合问题，集体经营方式和组织形式将更加复杂，今后还需要进一步分析和研究。

参考文献

一 著作

《马克思恩格斯文集》第 1～10 卷，人民出版社，2009。

〔德〕马克思：《资本论》第 1～3 卷，人民出版社，2004。

〔德〕马克思、恩格斯：《共产党宣言》，人民出版社，2018。

《列宁全集》第 7 卷，人民出版社，2013。

《列宁全集》第 11、27、29、33、35～37、41、43 卷，人民出版社，2017。

《斯大林选集》上、下卷，人民出版社，1979。

《毛泽东文集》第 6～8 卷，人民出版社，1999。

《邓小平文选》第 1、2、3 卷，人民出版社，1994、1994、1993。

中共中央文献研究室编《邓小平思想年编：1975—1997》，中央文献出版社，2011。

《江泽民文选》第 1、2 卷，人民出版社，2006。

《胡锦涛文选》第 1～3 卷，人民出版社，2016。

习近平：《之江新语》，浙江人民出版社，2007。

习近平：《摆脱贫困》，福建人民出版社，1992。

《习近平谈治国理政》第 3 卷，外文出版社，2020。

中共中央党史和文献研究院编《习近平关于"三农"工作论述摘编》，中央文献出版社，2019。

中共中央文献研究室编《建国以来重要文献选编》第 2～15 册，中央文献出版社，2011。

中共中央文献研究室编《十二大以来重要文献选编》上、中、下，中央文献出版社，2011。

中共中央文献研究室编《十三大以来重要文献选编》上、中、下，中央文献出版社，2011。

中共中央文献研究室编《十四大以来重要文献选编》上、中、下，中央文献出版社，2011。

中共中央文献研究室编《十五大以来重要文献选编》上、中、下，中央文献出版社，2011。

中共中央文献研究室编《十六大以来重要文献选编》上、中、下，中央文献出版社，2005、2006、2008。

中共中央文献研究室编《十七大以来重要文献选编》上，中央文献出版社，2009。

中共中央文献研究室编《十八大以来重要文献选编》上，中央文献出版社，2014。

〔美〕道格拉斯·C. 诺思：《经济史中的结构与变迁》，陈郁等译，上海三联书店、上海人民出版社，1994。

〔美〕道格拉斯·C. 诺思：《理解经济变迁过程》，钟正生等译，中国人民大学出版社，2013。

〔美〕道格拉斯·C. 诺思：《制度、制度变迁与经济绩效》，杭行译，韦森译审，格致出版社、上海三联书店、上海人民出版社，2014。

〔美〕道格拉斯·诺思、罗伯斯·托马斯：《西方世界的兴起》，厉以平等译，华夏出版社，1999。

〔美〕D. 盖尔·约翰逊：《经济发展中的农业、农村、农民问题》，林毅夫等编译，商务印书馆，2004。

〔美〕费景汉、古斯塔夫·拉尼斯：《劳动剩余经济的发展》，王月等译，华夏出版社，1989。

〔美〕兰斯·E. 戴维斯、道格拉斯 C. 诺思：《制度变迁与美国经济增长》，张志华译，格致出版社、上海人民出版社，2019。

〔美〕罗纳德·H. 科斯等：《财产权利与制度变迁——产权学派与新制度学派译文集》，刘守英等译，格致出版社、上海三联书店、上海人民出版社，2014。

〔美〕西奥多·W. 舒尔茨：《改造传统农业》，梁小民译，商务印书馆，2009。

〔英〕阿瑟·刘易斯：《经济增长理论》，郭金兴等译，机械工业出版社，2015。

〔日〕速水佑次郎：《发展经济学——从贫困到富裕》，李周译，社会科学文献出版社，2003。

〔日〕速水佑次郎、〔美〕弗农·拉坦：《农业发展：国际前景》，吴伟东等译，商务印书馆，2014。

陈国胜等：《乡村振兴温州样本：强村之路》，浙江大学出版社，2020。

陈雪原等：《中国农村集体经济发展报告（2020）》，社会科学文献出版社，2020。

成都市郫都区乡村振兴工作领导小组编著《活力郫都　金融深化：成都市郫都区推动资本下乡的实践与探索》，四川人民出版社，2019。

成都市郫都区乡村振兴工作领导小组编著《弄潮郫都　土地制度改革：成都市郫都区农村土地制度改革的实践与探索》，四川人民出版社，2019。

程恩富主编《中外马克思主义经济思想简史》，东方出版中心，2011。

程冠军主编《脱贫攻坚为什么能：案例解读精准扶贫》，人民出版社，2020。

《辞海　经济分册》，上海辞书出版社，1980。

崔红志等：《创新体制机制：发展壮大农村集体经济》，中国社会科学出版社，2018。

戴中亮、蒋永穆、李苑凌：《小农户与现代农业有机衔接：路径和政策》，人民出版社，2020。

《当代中国的农业合作制》编辑室编《当代中国典型农业合作社史选编》上、下册，中国农业出版社，2002。

《当代中国的农业合作制》编辑委员会编《当代中国的农业合作制》上、下，当代中国出版社、香港祖国出版社，2009。

杜栋、庞庆华编著《现代综合评价方法与案例精选》第4版，清华大学出版社，2021。

丰凤：《土地流转与农村集体经济发展关系研究》，中国社会科学出版社，2018。

高鸿业、吴易风、刘凤良主编《研究生用西方经济学（微观部分）》第
　　二版，经济科学出版社，2000。

规划实施协调推进机制办公室编著《乡村振兴战略规划实施报告（2020
　　年）》，中国农业出版社，2021。

国家统计局编《中国统计年鉴》1993、2000—2022，中国统计出版社，
　　1993、2000—2022。

国家统计局农业统计司编《农业合作化和1955年农业生产合作社收益分
　　配的统计资料》，统计出版社，1957。

郭强：《农村集体产权制度的创新过程解析与发展路径研究——以北京市
　　为例》，经济管理出版社，2018。

韩长赋主编《新中国农业发展70年　政策成就卷》，中国农业出版社，
　　2019。

韩俊主编《农村改革试验区改革实践案例集》，中国财政经济出版社，
　　2019。

韩俊主编《新中国70年农村发展与制度变迁》，人民出版社，2019。

洪文滨主编《乡村振兴看浙江》，社会科学文献出版社，2020。

洪银兴等：《新中国经济史论》，经济科学出版社，2019。

黄少安、车贵主编《农村股份合作制的多维考察》，山东人民出版社，
　　1996。

黄延信主编《农村集体产权制度改革实践与探索》，中国农业出版社，
　　2016。

黄祖辉等：《现代农业的产业组织体系及创新研究》，科学出版社，2019。

《辉煌70年》编写组编《辉煌70年——新中国经济社会发展成就
　　(1949—2019)》，中国统计出版社，2019。

林乐芬等：《农村土地股份合作组织发育、运行绩效与响应研究》，中国
　　社会科学出版社，2018。

林毅夫：《制度、技术与中国农业发展》，格致出版社、上海三联书店、
　　上海人民出版社，2014。

刘守英：《中国土地问题调查——土地权利的底层视角》，北京大学出版

社，2017。

罗必良等：《中国农业经营制度：理论框架、变迁逻辑及案例解读》，中
国农业出版社，2014。

罗静：《中国农村集体经济发展困境及治理研究》，四川大学出版社，
2014。

农业农村部合作经济指导司、农业农村部政策与改革司编《中国农村经营
管理统计年报》（2015—2018 年），中国农业出版社，2016—2019。

农业农村部农村合作经济指导司编《全国农业社会化服务典型案例》，
中国农业出版社，2019。

农业农村部合作经济指导司、农业农村部管理干部学院编《全国农民合
作社典型案例（一）》，中国农业出版社，2019。

农业农村部农村合作经济指导司编《中国农村合作经济统计年报（2020
年)》，中国农业出版社，2022。

赵阳主编《农村集体产权制度改革》，人民出版社，2020。

赵阳主编《农村改革试验区探索与发展》，人民出版社，2020。

农业农村部政策与改革司编《中国农村政策与改革统计年报》2019、
2020，中国农业出版社，2020、2021。

农牧渔业部计划司：《农业经济资料（1949—1983)》，农业出版社，1983。

史敬棠等编《中国农业合作化运动史料》下册，三联书店，1959。

夏征农、陈至立主编《辞海》第六版缩印本，上海辞书出版社，2010。

王曙光《农村集体经济发展与乡村振兴》农本·第七辑，企业管理出
版社，2020。

王曙光：《中国扶贫——制度创新与理论演变（1949—2020)》，商务印
书馆，2020。

魏后凯等：《中国农村发展 70 年》，经济科学出版社，2019。

魏后凯、杜志雄主编《中国农村发展报告（2020）——聚焦"十四五"
时期中国的农村发展》，中国社会科学出版社，2020。

吴宏耀主编《2021 年农村改革试验区改革实践案例集》，中国农业出版
社，2021。

武力主编《中华人民共和国经济史》1949～1999 上册，中国经济出版

社，1999。

吴宣恭等：《产权理论比较——马克思主义与西方现代产权学派》，经济
　　科学出版社，2000。

叶兴庆主编《农村经济调查与研究　第3部》，中国发展出版社，2018。

张晓山等：《农村集体产权制度改革论纲》，中国社会科学出版社，2019。

张宇等主编《中国特色社会主义政治经济学：制度·运行·发展·开
　　放》，高等教育出版社，2018。

张卓元主编《政治经济学大辞典》，经济科学出版社，1998。

赵佳丽：《改革开放40年：湖北农村集体经济》，中国社会科学出版社，
　　2018。

《中共中央国务院关于"三农"工作的一号文件汇编（1982—2014）》，
　　人民出版社，2014。

中共中央组织部组织二局组织编写《发展壮大村级集体经济案例选》，
　　党建读物出版社，2018。

《中国共产党农村基层组织工作条例》，人民出版社，2019。

中国社会科学院语言研究所词典编辑室编《现代汉语词典》第7版，商
　　务印书馆，2017。

高延利、张建平、吴次芳主编《中国土地政策研究报告（2019）》，社会
　　科学文献出版社，2019。

中国小康建设研究会主编《全国乡村振兴优秀案例》，中国农业出版社，
　　2020。

《中华人民共和国村民委员会组织法》，中国法制出版社，2018。

《中华人民共和国国民经济和社会发展第十四个五年规划和2035年远景
　　目标纲要》，人民出版社，2021。

《中华人民共和国民法典》，法律出版社，2020。

《中华人民共和国土地管理法》（最新修正版），法律出版社，2019。

《中华人民共和国宪法》（最新修正版），法律出版社，2018。

《中华人民共和国乡村振兴促进法》，中国法制出版社，2021。

中华人民共和国农业部编《新中国农业60年统计资料》，中国农业出版
　　社，2009。

中央财经领导小组办公室编《中国经济发展五十年大事记》（1949.10—1999.10），人民出版社，1999。

宗锦耀主编《农村一二三产业融合发展理论与实践》，中国农业出版社，2017。

二　期刊

《财政部关于印发〈扶持村级集体经济发展试点的指导意见〉的通知》，《中华人民共和国财政部文告》2015年第11期。

《财政部　发展改革委　国家民委　生态环境部　住房城乡建设部　交通运输部　水利部　农业农村部　文化和旅游部　林草局　乡村振兴局关于继续支持脱贫县统筹整合使用财政涉农资金工作的通知》，《中华人民共和国国务院公报》2021年第19号。

陈光国：《关于〈中华人民共和国农民专业合作社法（修订草案）〉的说明——2017年6月22日在第十二届全国人民代表大会常务委员会第二十八次会议上》，《中华人民共和国全国人民代表大会常务委员会公报》2018年第1号。

陈军亚：《产权改革：集体经济有效实现形式的内生动力》，《华中师范大学学报》（人文社会科学版）2015年第1期。

陈利浩：《关于基本经济制度实现形式的思考和建议》，《民主与科学》2020年第2期。

陈全功：《新型农村集体经济形成的动力主体与路径解析》，《改革与战略》2021年第3期。

程恩富、龚云：《大力发展多样化模式的集体经济和合作经济》，《中国集体经济》2012年第31期。

程恩富、张杨：《新形势下土地流转促进"第二次飞跃"的有效路径研究》，《当代经济研究》2017年第10期。

程恩富、张杨：《论新时代社会主义农业发展的若干问题——以马克思主义及其中国化理论为指引》，《内蒙古社会科学》（汉文版）2019年第5期。

程恩富、张杨：《坚持社会主义农村土地集体所有的大方向——评析土地私有化的四个错误观点》,《中国农村经济》2020 年第 2 期。

程渭山:《探索农村集体经济有效实现形式——浙江省农村集体产权股份合作制改革的实践与思考》,《中国合作经济》2016 年第 2 期。

崔超:《发展新型集体经济:全面推进乡村振兴的路径选择》,《马克思主义研究》2021 年第 2 期。

《村集体入股合作社引来"长流水"》,《共产党员》2018 年第 3 期。

戴双兴:《实施乡村振兴战略 壮大农村集体经济》,《思想理论教育导刊》2018 年第 8 期。

戴双兴、李建平:《我国农地产权制度改革与发展壮大集体经济》,《毛泽东邓小平理论研究》2018 年第 8 期。

董志勇、李成明:《新中国 70 年农业经营体制改革历程、基本经验与政策走向》,《改革》2019 年第 10 期。

杜奋根:《乡村振兴战略视域下"落实农地集体所有权"探析》,《学术研究》2018 年第 12 期。

冯道杰:《当前我国基于不同产权的主要农业经营方式分析》,《东岳论丛》2018 年第 7 期。

冯敬鸿:《壮大新时代集体经济的理论和实践研究》,《改革与战略》2018 年第 11 期。

高鸣、芦千文:《中国农村集体经济:70 年发展历程与启示》,《中国农村经济》2019 年第 10 期。

高鸣、魏佳朔、宋洪远:《新型农村集体经济创新发展的战略构想与政策优化》,《改革》2021 年第 9 期。

高强:《农村集体经济发展的历史方位、典型模式与路径辨析》,《经济纵横》2020 年第 7 期。

高强、孔祥智:《拓宽农村集体经济发展路径的探索与实践——基于四川彭州小鱼洞镇"联营联建"模式的案例分析》,《东岳论丛》2020 年第 9 期。

葛扬:《马克思所有制理论中国化的发展与创新》,《当代经济研究》2016 年第 10 期。

葛扬:《新时代中国社会主要矛盾转化后对基本经济制度的新认识》,

《经济纵横》2018年第1期。

葛扬、尹紫翔：《70年所有制改革：实践历程、理论基础与未来方向》，《经济纵横》2019年第10期。

耿羽：《壮大集体经济　助推乡村振兴——习近平关于农村集体经济重要论述研究》，《毛泽东邓小平理论研究》2019年第2期。

顾海良：《基本经济制度新概括与中国特色社会主义政治经济学新发展》，《毛泽东邓小平理论研究》2020年第1期。

关锐捷、赵亮、王慧敏：《探析农村土地集体所有的实现形式——基于天津、四川、江苏的基层调研》，《毛泽东邓小平理论研究》2014年第12期。

管洪彦、孔祥智：《"三权分置"下集体土地所有权的立法表达》，《西北农林科技大学学报》（社会科学版）2019年第2期。

《关于推行和完善乡镇企业股份合作制的通知》，《中国乡镇企业会计》1993年第4期。

郭晓鸣、王蔷：《农村集体经济股权分配制度变迁及绩效评价》，《华南农业大学学报》（社会科学版）2019年第1期。

《国家统计局国家工商行政管理局关于经济类型划分的暂行规定》，《财会通讯》1993年第7期。

《国务院办公厅关于引导农村产权流转交易市场健康发展的意见》，《中华人民共和国国务院公报》2015年第4号。

《国务院办公厅关于完善支持政策促进农民持续增收的若干意见》，《中华人民共和国国务院公报》2016年第35号。

韩长赋：《国务院关于农村集体产权制度改革情况的报告——2020年4月26日在第十三届全国人民代表大会常务委员会第十七次会议上》，《中华人民共和国全国人民代表大会常务委员会公报》2020年第2号。

郝亚光：《政府引导：农村集体经济有效实现形式的外部条件》，《东岳论丛》2015年第3期。

何军、朱成飞：《新结构经济学视角下新型农业经营主体发育与农村土地流转方式选择——以江苏省为例》，《东北师大学报》（哲学社会科学版）2020年第2期。

何自力：《社会主义基本经济制度是一个伟大创造》，《政治经济学评论》2020 年第 1 期。

贺雪峰：《乡村振兴与农村集体经济》，《武汉大学学报》（哲学社会科学版）2019 年第 4 期。

洪银兴：《实现要素市场化配置的改革》，《经济学家》2020 年第 2 期。

胡军虎、郭玉梅：《扶贫资金管理机制助力脱贫攻坚的探索》，《西部财会》2019 年第 7 期。

胡平江：《利益组合：集体经济有效实现形式的经济基础》，《东岳论丛》2015 年第 3 期。

黄季焜等：《农村集体经营性资产产权改革：现状、进程及影响》，《农村经济》2019 年第 12 期。

黄升余：《容县："开源节流"让村级集体经济旺起来》，《广西经济》2019 年第 7 期。

黄泰岩：《深化社会主义基本经济制度研究》，《理论导报》2020 年第 7 期。

黄延信：《发展农村集体经济的几个问题》，《农业经济问题》2015 年第 7 期。

黄延信、王刚：《关于农村集体产权制度改革几个重要问题的思考——赴四川省、广东省的调查报告》，《农业经济与管理》2016 年第 1 期。

黄振华：《能人带动：集体经济有效实现形式的重要条件》，《华中师范大学学报》（人文社会科学版）2015 年第 1 期。

黄祖辉：《农业农村优先发展的制度体系建构》，《中国农村经济》2020 年第 6 期。

简新华、李楠：《中国农业实现"第二个飞跃"的路径新探——贵州省塘约村新型集体经营方式的调查思考》，《社会科学战线》2017 年第 12 期。

简新华、聂长飞：《新中国 70 年农地制度、农业经营方式的演进和农村集体经济发展》，《经济研究参考》2019 年第 21 期。

简新华、王懂礼：《农地流转、农业规模经营和农村集体经济发展的创新》，《马克思主义研究》2020 年第 5 期。

姜红利、宋宗宇：《集体土地所有权归属主体的实践样态与规范解释》，

《中国农村观察》2017 年第 6 期。

姜楠：《集体土地所有权主体明晰化的法实现》，《求是学刊》2020 年第 3 期。

江宇：《"烟台经验"的普遍意义》，《开放时代》2020 年第 6 期。

蒋永穆、王运钊：《新中国成立 70 年来农村基本经营制度变迁及未来展望》，《福建论坛》（人文社会科学版）2019 年第 9 期。

柯炳生：《对"三变"改革的再思考》，《农村工作通讯》2020 年第 12 期。

孔祥智等：《农村集体成员资格界定的实践及法律问题》，《农村经营管理》2015 年第 3 期。

孔祥智、高强：《改革开放以来我国农村集体经济的变迁与当前亟需解决的问题》，《理论探索》2017 年第 1 期。

孔祥智：《产权制度改革与农村集体经济发展——基于"产权清晰＋制度激励"理论框架的研究》，《经济纵横》2020 年第 7 期。

李华胤：《管理引领：集体经济有效实现形式的运行基础》，《江汉学术》2017 年第 6 期。

李宁、汪险生：《"三权分置"改革下的农地集体所有权落实——基于集体经济组织治理案例的理论思考》，《经济学家》2018 年第 8 期。

李萍、田世野：《论马克思产权思想与我国农村产权改革的深化》，《马克思主义研究》2020 年第 6 期。

李韬等：《农村集体经济壮大的障碍、成因与建议——以陕西省为例》，《农业经济问题》2021 年第 2 期。

李天姿、王宏波：《农村新型集体经济：现实旨趣、核心特征与实践模式》，《马克思主义与现实》2019 年第 2 期。

刘凤义：《对社会主义基本经济制度新概括的理解》，《中国高校社会科学》2020 年第 2 期。

刘冠军、惠建国：《中国农村集体经济的实现形式与创新发展》，《甘肃社会科学》2021 年第 3 期。

刘金龙、许雯雯、王尚友：《创新集体内涵：东莞市农村集体经济的再出发》，《农业经济问题》2018 年第 2 期。

刘昆:《国务院关于财政农业农村资金分配和使用情况的报告——2020年 12 月 23 日在第十三届全国人民代表大会常务委员会第二十四次会议上》,《中华人民共和国全国人民代表大会常务委员会公报》2021 年第 1 号。

刘义圣、陈昌健、张梦玉:《我国农村集体经济未来发展的隐忧和改革路径》,《经济问题》2019 年第 11 期。

刘守英:《中国土地制度改革:上半程及下半程》,《国际经济评论》2017 年第 5 期。

刘守英、熊雪锋:《我国乡村振兴战略的实施与制度供给》,《政治经济学评论》2018 年第 4 期。

刘守英:《集体地权制度变迁与农业绩效——中国改革 40 年农地制度研究综述性评论》,《农业技术经济》2019 年第 1 期。

刘守英、熊雪锋、龙婷玉:《集体所有制下的农地权利分割与演变》,《中国人民大学学报》2019 年第 1 期。

刘守英、程果:《集体所有制的理论来源与实践演进》,《中国农村观察》2021 年第 5 期。

卢向虎:《重庆农业项目财政补助资金股权化改革的实践探索》,《当代农村财经》2018 年第 12 期。

陆雷、崔红志:《农村集体经济发展的现状、问题与政策建议》,《中国发展观察》2018 年第 11 期。

吕德文:《农村改革 40 年:社会主义制度实践及其启示》,《中国农业大学学报》(社会科学版)2018 年第 6 期。

马艳:《中国集体经济的理性分析》,《中国集体经济》2005 年第 1 期。

罗玉辉:《新中国成立 70 年农村土地制度改革的历史经验与未来思考》,《经济学家》2020 年第 2 期。

马翠萍、郇亮亮:《农村集体经济组织成员资格认定的理论与实践——以全国首批 29 个农村集体资产股份权能改革试点为例》,《中国农村观察》2019 年第 3 期。

马桂萍、崔超:《改革开放后党对农村集体经济认识轨迹及创新》,《理论学刊》2019 年第 2 期。

米运生、罗必良、徐俊丽：《坚持、落实、完善：中国农地集体所有权的变革逻辑——演变、现状与展望》，《经济学家》2020 年第 1 期。

牛丽华：《浅谈行政村集体经济发展现状与对策建议——以千阳县为例》，《西部财会》2018 年第 8 期。

农业部课题组：《推进农村集体经济组织产权制度改革》，《中国发展观察》2006 年第 12 期。

《农业农村部办公厅关于公布 2020 年中国美丽休闲乡村的通知》，《中华人民共和国农业农村部公报》2020 年第 10 期。

《农业农村部关于积极稳妥开展农村闲置宅基地和闲置住宅盘活利用工作的通知》，《中华人民共和国农业农村部公报》2019 年第 10 期。

《农业农村部关于印发〈农村集体经济组织示范章程（试行）〉的通知》，《中华人民共和国农业农村部公报》2020 年第 12 期。

《农业农村部关于印发〈全国乡村产业发展规划（2020—2025 年）〉的通知》，《中华人民共和国农业农村部公报》2020 年第 8 期。

《农业农村部　中国人民银行　国家市场监督管理总局关于开展农村集体经济组织登记赋码工作的通知》，《中华人民共和国农业农村部公报》2018 年第 6 期。

彭超、张琛：《农村集体经济组织"家底"基线调查及启示》，《农村金融研究》2019 年第 8 期。

邱海平、李民圣：《马克思的资本流通理论与政府经济职能》，《经济学家》2015 年第 1 期。

《上海市农村集体资产监督管理条例》，《上海农村经济》2017 年第 12 期。

《社区股份合作制：社区合作经济组织建设的有效途径》，《江汉论坛》1994 年第 9 期。

申始占：《公有制实现形式下农地权能分置理论的反思与重构》，《农业经济问题》2019 年第 9 期。

沈于、陈柳：《正外部性：理解农村集体经济的一个视角——以苏南地区为例》，《南京社会科学》2018 年第 3 期。

舒展、罗小燕：《新中国 70 年农村集体经济回顾与展望》，《当代经济研究》2019 年第 11 期。

宋宇、孙雪：《建国 70 年农村集体经济实现方式的阶段性发展与理论总结》，《人文杂志》2019 年第 11 期。

孙敏：《三个走向：农村集体经济组织的嬗变与分化——以深圳、苏州、宁海为样本的类型分析》，《农业经济问题》2018 年第 2 期。

孙宪忠：《从〈民法典〉看乡村治理中急需关注的十个法治问题》，《中州学刊》2021 年第 2 期。

谭秋成：《农村集体经济的特征、存在的问题及改革》，《北京大学学报》（哲学社会科学版）2018 年第 3 期。

唐仁健：《从讲政治的高度看"三农"抓"三农" 推动"十四五"农业农村工作开好局起好步——在全国农业农村厅局长会议上的讲话》，《农村工作通讯》2021 年第 7 期。

田世野、李萍：《新型农村集体经济发展的新规律：一个三维分析框架》，《社会科学研究》2021 年第 3 期。

仝志辉、陈淑龙：《改革开放 40 年来农村集体经济的变迁和未来发展》，《中国农业大学学报》（社会科学版）2018 年第 6 期。

王宾、杨霞：《贯彻乡村振兴促进法，推动农民农村共同富裕》，《中国发展观察》2021 第 Z2 期。

王刚：《一个"空壳村"产权改革观察》，《农村经营管理》2020 年第 4 期。

王海娟：《集体所有制视野下承包地退出制度及其改革困境研究》，《经济学家》2020 年第 7 期。

王立胜、张弛：《不断完善农村基本经营制度：乡村振兴战略的制度基础》，《理论学刊》2020 年第 2 期。

王娜、胡联：《新时代农村集体经济的内在价值思考》，《当代经济研究》2018 年第 10 期。

魏后凯、刘长全：《中国农村改革的基本脉络、经验与展望》，《中国农村经济》2019 年第 2 期。

魏旭：《马克思的产业升级思想及其对当代中国结构转型的指导意义》，《毛泽东邓小平理论研究》2018 年第 6 期。

温铁军、杨洲、张俊娜：《乡村振兴战略中产业兴旺的实现方式》，《行政管理改革》2018 年第 8 期。

温铁军等：《乡村振兴背景下生态资源价值实现形式的创新》，《中国软科学》2018 年第 12 期。

温铁军、罗士轩、马黎：《资源特征、财政杠杆与新型集体经济重构》，《西南大学学报》（社会科学版）2021 年第 1 期。

吴宣恭：《论公有制实现形式及其多样化》，《中国经济问题》1998 年第 2 期。

吴宣恭：《马克思主义所有制理论是政治经济学分析的基础》，《马克思主义研究》2013 年第 7 期。

吴宣恭：《破除"所有制中性论"的错误认知》，《当代经济研究》2020 年第 2 期。

吴宣恭、吴昊、李子秦：《马克思产业思想与中国产业结构转型》，《经济学家》2020 年第 4 期。

吴易风：《马克思的产权理论——纪念〈资本论〉第一卷出版 140 周年》，《福建论坛》（人文社会科学版）2008 年第 1 期。

吴昭军：《农村集体经济组织"代表集体行使所有权"的法权关系界定》，《农业经济问题》2019 年第 7 期。

习近平：《把乡村振兴战略作为新时代"三农"工作总抓手》，《求是》2019 年第 11 期。

夏英等：《我国农村集体产权制度改革试点：做法、成效及推进对策》，《农业经济问题》2018 年第 4 期。

夏英、张瑞涛：《农村集体产权制度改革：创新逻辑、行为特征及改革效能》，《经济纵横》2020 年第 7 期。

夏柱智：《农村集体经济发展与乡村振兴的重点》，《南京农业大学学报》（社会科学版）2021 年第 2 期。

解安、徐宏潇：《农地股份合作制绩效评价不能忽视劳动效率标准》，《马克思主义与现实》2016 年第 5 期。

谢地：《论社会主义公有制的存在形式、载体形式、实现形式》，《政治经济学评论》2015 年第 6 期。

谢地、李雪松：《新中国 70 年农村集体经济存在形式、载体形式、实现形式研究》,《当代经济研究》2019 年第 12 期。

谢地、李雪松:《重振集体经济与推进乡村振兴》,《政治经济学研究》2020 年第 2 期。

熊彩云:《政府扶持:集体经济有效实现形式的外部推力》,《华中师范大学学报》(人文社会科学版)2015 年第 1 期。

徐勇、赵德健:《创新集体:对集体经济有效实现形式的探索》,《华中师范大学学报》(人文社会科学版)2015 年第 1 期。

许经勇:《农村新旧体制裂变与新型集体经济重建》,《学习论坛》2017 年第 9 期。

许经勇:《习近平壮大农村集体经济思想研究》,《山西师大学报》(社会科学版)2020 年第 1 期。

《学者观点摘编》,《中国老区建设》2021 年第 2 期。

杨承训:《公有制实现形式的实践和理论创新》,《马克思主义研究》2021 年第 2 期。

杨帅、罗士轩、温铁军:《空间资源再定价与重构新型集体经济》,《中共中央党校(国家行政学院)学报》2020 年第 3 期。

杨洋:《农村集体经济振兴的蕴含价值、现实困境与实现路径》,《农村经济》2020 年第 9 期。

杨一介:《我们需要什么样的农村集体经济组织?》,《中国农村观察》2015 年第 5 期。

姚杰、杭超:《"飞地抱团":强村富民新通道——浙江嘉善县创新模式助推村集体经济发展》,《农村工作通讯》2020 年第 20 期。

叶翔凤、易国棚:《创新集体经济实现形式赋予农村双层经营体制以新内涵——70 年农村集体经济的发展探索与经验总结》,《决策与信息》2019 年第 11 期。

叶兴庆:《扩大农村集体产权结构开放性必须迈过三道坎》,《中国农村观察》2019 年第 3 期。

叶兴庆:《迈向 2035 年的中国乡村:愿景、挑战与策略》,《管理世界》2021 年第 4 期。

苑鹏、刘同山:《发展农村新型集体经济的路径和政策建议——基于我国部分村庄的调查》，《毛泽东邓小平理论研究》2016 年第 10 期。

臧之页、孙永军：《农村集体经济组织成员权的构建：基于"股东权"视角分析》，《南京农业大学学报》（社会科学版）2018 年第 3 期。

张斌：《新时代深化农村集体产权制度改革的思考》，《中州学刊》2019年第 9 期。

张弛：《中国特色农村新型集体经济的理论基础、新特征及发展策略》，《经济纵横》2020 年第 12 期。

张浩、冯淑怡、曲福田：《"权释"农村集体产权制度改革：理论逻辑和案例证据》，《管理世界》2021 年第 2 期。

张红宇：《积极探索农村集体经济的有效实现形式》，《农村经营管理》2015 年第 3 期。

张红宇、胡振通、胡凌啸：《农村集体产权制度改革的实践探索：基于 4省份 24 个村（社区）的调查》，《改革》2020 年第 8 期。

张晖：《城乡一体化背景下农村集体经济的演进与反思》，《中州学刊》2015 年第 5 期。

张晖、于金富：《新时代创新农村集体经济实现形式的理论探索和实践反思》，《毛泽东思想研究》2018 年第 6 期。

张慧鹏：《集体经济与精准扶贫：兼论塘约道路的启示》，《马克思主义研究》2017 年第 6 期。

张茜：《农村集体经济实现形式的现代转型——以山东省东平县土地股份合作社为例》，《东岳论丛》2015 年第 3 期。

张晓山：《我国农村集体所有制的理论探讨》，《中南大学学报》（社会科学版）2019 年第 1 期。

张旭、隋筱童：《我国农村集体经济发展的理论逻辑、历史脉络与改革方向》，《当代经济研究》2018 年第 2 期。

张义博：《农村混合所有制经济的实现路径》，《中国发展观察》2020 年第 Z5 期。

张应良、杨芳：《农村集体产权制度改革的实践例证与理论逻辑》，《改革》2017 年第 3 期。

张应良、徐亚东：《农村"三变"改革与集体经济增长：理论逻辑与实践启示》，《农业经济问题》2019 年第 5 期。

张云千：《积极发展和完善新型的农村合作制》，《农业经济问题》1985
　　年第 5 期。

章玉丽：《我国农业改革和发展的根本方向：大力发展集体经济——访中
　　国社会科学院马克思主义研究院研究员赵智奎》，《马克思主义研
　　究》2016 年第 8 期。

章玉丽：《对邓小平农业"两个飞跃"研究中几对概念关系的辨析》，
　　《毛泽东邓小平理论研究》2017 年第 4 期。

赵翠萍等：《传统农耕村的土地股份合作社实践——豫省 L 村案例》，
　　《农业经济问题》2018 年第 12 期。

赵德起、沈秋彤：《我国农村集体经济"产权－市场化－规模化－现代
　　化"发展机制及实现路径》，《经济学家》2021 年第 3 期。

赵景辉：《京郊社区股改之路》，《农村经营管理》2020 年第 6 期。

赵青：《绍兴：村庄蝶变》，《法人》2018 年第 12 期。

赵阳：《深入推进农村集体产权制度改革的若干问题》，《农村经营管理》
　　2020 年第 4 期。

赵意焕：《我国新时代发展农村集体经济的困惑与出路——基于我国西南
　　部某山区县的调研》，《毛泽东邓小平理论研究》2018 年第 1 期。

赵意焕：《中国农村集体经济 70 年的成就与经验》，《毛泽东邓小平理论
　　研究》2019 年第 7 期。

赵智奎等：《实施乡村振兴战略，壮大集体经济（笔谈）》，《河南社会科
　　学》2020 年第 5 期。

郑有贵：《中国农村公有制实现形式研究综述》，《当代中国史研究》
　　1999 年第 3 期。

郑有贵：《农业转型升级对政府强依赖的原因及其对策——兼论农业组织
　　化实现形式的优化和转型》，《农业经济问题》2016 年第 10 期。

钟桂荔、夏英：《农村集体资产股份权能改革的关键问题——基于 8 县
　　（市、区）试点的调研观察》，《农业经济问题》2017 年第 6 期。

《中共中央办公厅　国务院办公厅印发〈深化农村改革综合性实施方
　　案〉》，《中华人民共和国国务院公报》2015 年第 31 号。

《中共中央　国务院关于稳步推进农村集体产权制度改革的意见》，《中华人民共和国国务院公报》2017 年第 3 号。

《中共中央　国务院关于建立健全城乡融合发展体制机制和政策体系的意见》，《中华人民共和国国务院公报》2019 年第 14 号。

《中共中央　国务院关于全面推进乡村振兴加快农业农村现代化的意见》，《中华人民共和国国务院公报》2021 年第 7 号。

《中共中央　国务院关于实施乡村振兴战略的意见》，《中华人民共和国国务院公报》2018 年第 5 号。

《中共中央　国务院印发〈生态文明体制改革总体方案〉》，《中华人民共和国国务院公报》2015 年第 28 号。

《中华人民共和国土地管理法实施条例》，《中华人民共和国国务院公报》2021 年第 23 号。

《中央农村工作领导小组办公室　农业农村部关于进一步加强农村宅基地管理的通知》，《中华人民共和国农业农村部公报》2019 年第 10 期。

周娟：《农村集体经济组织在乡村产业振兴中的作用机制研究——以"企业 + 农村集体经济组织 + 农户"模式为例》，《农业经济问题》2020 年第 11 期。

周绍东等：《中国农村土地制度的第二次飞跃——基于马克思主义政治经济学的解读》，《西部论坛》2018 年第 4 期。

周立：《以资源资本化发展壮大乡村集体经济》，《国家治理》2019 年第 34 期。

周立：《乡村振兴的核心机制与产业融合研究》，《行政管理改革》2018 年第 8 期。

朱有志、肖卫：《发展农村集体经济要深化"五个认识"》，《毛泽东邓小平理论研究》2013 年第 2 期。

《2020 年中国财政政策执行情况报告》，《中国财政》2021 年第 6 期。

Alexandru Sin, "Aspects of Agricultural Reforms in China and Romania," *Scientific Papers-Series Management Economic Engineering in Agriculture and Rural Development* 16 (2016).

Asaf Ozalp, "Financial Analysis of Agricultural Development Cooperatives: A

Case of Western Mediterranean Region, Turkey," *New Medit* 8 (2019).

Asif Reza Anik, Sanzidur Rahman and Jaba Rani Sarker, "Agricultural Productivity Growth and the Role of Capital in South Asia (1980 – 2013)," *Sustainability* 9 (2017).

A. Sobolev et al. , "Cooperation in Rural Russia: Past, Present and Future," *Mir Rossii-Universe of Russia* 27 (2018).

Carla M. Schmidt et al. , "Collective Actions in Sustainable Rural Tourism: A Case Study of the Western Region of Parana," *Systems Research and Behavioral Science* 33 (2016).

Claire Cerdan et al. , "Agricultural Research, a Key Factor in Promoting Collective Dynamics in Rural Area: The 'Vales da Uva Goethe' Geographical Indication (IG) in Brazil," *Cahiers Agricultures* 27 (2018).

Daisuke Takahashi, Tsaiyu Chang and Mikitaro Shobayashi, "The Role of Formal and Informal Institutions in Farmland Consolidation: The Case of Shiga Prefecture, Japan," *International Journal of the Commons* 12 (2018).

Ingrid Hall, "From Collectivity to Community. Reflections on the Property Rights in Llanchu, Peru," *Revista de Antropologia Social* 2 (2017).

John E. Meador et al. , "Building Sustainable Smallholder Cooperatives in Emerging Market Economies: Findings from a Five-Year Project in Kenya," *Sustainability* 8 (2016).

Karita Kan, "The Transformation of the Village Collective in Urbanising China: A Historical Institutional Analysis," *Journal of Rural Studies* 47 (2016).

Krishna P. Pokharel and A. M. Featherstone, "Estimating Multiproduct and Product-Specific Scale Economies for Agricultural Cooperatives," *Agricultural Economics* 50 (2019).

Kyunghwan Kim and Jeongpyo Lee, "A Study on the Treatment of Property Rights of SPRs Constructed in Rural Land of China—Focused on Shenzhen and Beijing," *The Journal of Asian Studies* 20 (2017).

L. A. Ovchintseva, "Case-Study Method in the Studies of the Russian Rural

Cooperation," *Rudn Journal of Sociology-Vestnik Rossiiskogo Universiteta Druzhby Narodov Seriya Sotsiologiya* 20 (2020).

Maria Fonte and Ivan Cucco, "Cooperatives and Alternative Food Networks in Italy. The Long Road Towards a Social Economy in Agriculture," *Journal of Rural Studies* 53 (2017).

Matteo Zavalloni, Meri Raggi and Davide Viaggi, "Socio-Ecological Systems and the Distributional Effect of Collective Conditionality Constraints in Rural Policies: A Case Study in Emilia-Romagna," *International Journal of the Commons* 12 (2018).

Megersa Debela, Sisay Diriba and Hailemichael Bekele, "Impact of Cooperatives Membership on Economy in Eastern Oromia: The Case Haramaya Agricultural Farmers' Cooperative Union (HAFCU)," *Annals of Public and Cooperative Economics* 89 (2018).

Oleksandr Shpykuliak and Olena Sakovska, "Agricultural Cooperation as Aninnovation for Rural Development," *Baltic Journal of Economic Studies* 6 (2020).

Piotr Nowak, Anna Jastrzębiec-Witowska and Krzysztof Gorlach, "Cooperative Movements in Rural Areas in Contemporary Poland: A Brief Comparison of Farmers' Attitudes of Members and Non-Memebrs of Coooperatives," *Eastern European Countryside* 22 (2016).

Raquel Ajates, "An Integrated Conceptual Framework for The Study of Agricultural Cooperatives: From Repolitisation to Cooperative Sustainability," *Journal of Rural Studies* 78 (2020).

Sally Sargeson, "Grounds for Self-Government? Changes in Land Ownership and Democratic Participation in Chinese Communities," *Journal of Peasant Studies* 45 (2018).

Sarah Mutonyi, "The Effect of Collective Action on Smallholder Income and Asset Holdings in Kenya," *World Development Perspectives* 14 (2019).

Sikhulumile Sinyolo and Maxwell Mudhara, "Collective Action and Rural Poverty Reduction: Empirical Evidence from Kwazulu-Natal, South Africa,"

Agrekon 57（2018）.

Tafesse W. Gezahegn at al. ，"Big Is Efficient：Evidence from Agricultural Co-operatives in Ethiopia，" *Agricultural Economics* 50（2019）.

Veronique Lucas, Pierre Gasselin and Jan Douwe Van der Ploeg, "Local Inter-Farm Cooperation：A Hidden Potential for the Agroecological Transition in Northern Agricultures，" *Agroecology and Sustainable Food Systems* 43（2019）.

Ximena Pena at al. ，"Collective Property leads to Household Investments：Lessons from Land Titling in Afro-Colombian Communities，" *World Development* 97（2017）.

三 报纸及网络文献

习近平：《决胜全面建成小康社会 夺取新时代中国特色社会主义伟大胜利》，《人民日报》2017年10月28日，第1~5版。

习近平：《高举中国特色社会主义伟大旗帜 为全面建设社会主义现代化国家而团结奋斗》，《人民日报》2022年10月26日，第1~5版。

曹四发、张英洪、王丽红：《乡村振兴：充分激活集体经济组织》，《社会科学报》2021年4月8日，第3版。

《我区实行农资集中配供及其废弃物回收》，《姜堰日报》2019年1月11日，第3版。

《典型"空心村"变身旅游"精品村"》，《绍兴晚报》2018年12月5日，第2版。

《全国政协委员崔波：建立健全村集体经营性资产监管机制》，《人民政协报》2021年3月11日，第20版。

《整旧立新，一个村落的华丽转身》，《湖北日报》2018年6月15日，第3版。

《让闲置宅基地和农房"活"起来》，《湖北日报》2018年8月16日，第3版。

《东湾村：盐碱滩上趟出"致富路"》，《金昌日报》2021年4月26日，第2版。

《产业兴农：感恩奋进书写精彩答卷》，《郓都报》2021年2月5日，第3版。

《两千家庭农场,"姜堰模式"铸就农业高质量发展生力军》,《新华日报》2020年9月21日,第1版。

《"宅改",昆山"改"出了什么》,《新华日报》2020年8月31日,第5版。

《关于加快贫困村村级集体经济发展的意见》,《广西日报》2017年7月18日,第14版。

《关于为新时代加快完善社会主义市场经济体制提供司法服务和保障的意见》,《人民法院报》2020年7月23日,第2版。

郭晓鸣、骆希、王萍:《以"合作社+集体经济组织"模式巩固拓展脱贫攻坚成果》,《四川日报》2021年4月26日,第11版。

《吕家院子 川西林盘"再造" 林盘绿了 产业红了》,《郫都报》2021年4月9日,第8版。

《国土资源部、中央农村工作领导小组办公室、财政部、农业部关于农村集体土地确权登记发证的若干意见》,《中国国土资源报》2011年11月10日,第2版。

《蜀水别园:抓住乡村旅游风口 与最美乡村青杠树村同发展》,《郫都报》2021年3月30日,第8版。

贺州市平桂区委宣传部:《平桂区:众志成城摘"穷帽" 脱贫攻坚战犹酣》,《广西日报》2019年10月21日,第5版。

《黑龙江省农村集体经济组织条例》,《黑龙江日报》2020年9月3日,第7版。

《戈壁滩上好春光》,《金昌日报》2020年4月15日,第1版。

《刺梨园里的大变革》,《六盘水日报》2020年11月18日,第2版。

《宜城"宅改"三年,转移农民4万人》,《湖北日报》2018年8月12日,第2版。

蒋永穆、戴中亮:《深化农村集体产权改革 推动农户经济健康发展》,《中国社会科学报》2020年5月20日,第3版。

《宝丰镇:"羊"起致富的风帆》,《宁夏日报》2020年9月14日,第7版。

《庙庙湖村:产业处处兴 日子年年好》,《宁夏日报》2020年10月8

日，第 1 版。

《陶乐镇：用脱贫攻坚"高分答卷"兑现承诺》，《宁夏日报》2021 年 2 月 10 日，第 4 版。

《一路实践一路收获》，《六盘水日报》2021 年 2 月 5 日，第 3 版。

《阿荣旗白花花的蚕茧成了致富"银疙瘩"》，《内蒙古日报》（汉）2020 年 9 月 29 日，第 1 版。

《百万村民成股东 "三变"改革激活重庆乡村》，《重庆日报》2021 年 6 月 4 日，第 2 版。

《那坡力促贫困村集体经济"破零"》，《右江日报》2018 年 1 月 19 日，第 1 版。

《产业振兴铸就发展引擎 郫都跑出乡村振兴加速度》，《郫都报》2020 年 5 月 18 日，第 4 版。

《容县："开源节流"壮大村级集体经济》，《玉林日报》2019 年 8 月 27 日，第 A02 版。

《宜城莺河村：农旅结合走出特色致富路》，《襄阳日报》2020 年 8 月 26 日，第 2 版。

农业农村部政策与改革司：《用心用情用法做好"人"文章》，《农民日报》2020 年 8 月 20 日，第 6 版。

《集体经济年收入超 5 万元村达 4389 个》，《河北日报》2021 年 3 月 9 日，第 12 版。

《上海市奉贤区庄行镇：用好农村"三块地" 促进经济社会双发展》，《光明日报》2021 年 5 月 1 日，第 3 版。

《吴中高新区：聚力打造高品质城市核心区》，《新华日报》2020 年 12 月 28 日，第 T35 版。

《东莞农村集体资产的"理财经"》，《南方日报》2019 年 12 月 17 日，第 A06 版。

《四川省农村集体经济组织条例》，《四川日报》2021 年 8 月 5 日，第 7 版。

《李党村 1700 亩土地有了托管服务》，《大众日报》2020 年 3 月 11 日，第 14 版。

《老河口集体经济八仙过海》，《湖北日报》2017年9月25日，第9版。

《唤醒沉睡的农房》，《绍兴日报》2018年3月7日，第10版。

《推广典型模式　助力精准脱贫》，《陕西日报》2017年8月21日，第5版。

《闲置农房——能否靠共享"活"起来》，《安徽日报》2021年3月23日，第9版。

《石嘴山多路径驱动乡村"蝶变"》，《宁夏日报》2020年11月3日，第2版。

《苏州创新实践闲置土地更新利用，多个项目获评全省先进典型——存量空间资源这样盘活》，《苏州日报》2021年3月22日，第A02版。

王成利：《创新农村集体经济有效组织形式和运行机制》，《学习时报》2020年7月15日，第A7版。

《赤岸镇创新发展壮大集体经济》，《义乌商报》2019年6月26日，第2版。

王景新：《农村集体所有制有效实现形式：理论与现状》，《光明日报》2015年1月17日，第11版。

《村集体发力羊产业　养殖户发展喜洋洋》，《宁夏日报》2021年8月4日，第3版。

《高密市"土地托管"　打通为农服务"最后一公里"》，《潍坊日报》2020年5月18日，第3版。

《城口　生态优先作示范　绿色发展当标杆》，《重庆日报》2021年7月5日，第10版。

《"头雁领航"提质最大"强村群"》，《苏州日报》2021年1月30日，第A01版。

叶兴庆：《以产权制度改革提高资源配置效率》，《中国经济时报》2016年2月29日，第5版。

《创新驱动赋能集体经济　多元发展演绎经济传奇》，《东莞日报》2021年7月5日，第A07版。

《嘉善大云："飞地抱团"飞出强村富民"云空间"》，《浙江日报》2020年12月31日，第8版。

《和美乡村 "众创"成城 全面打造新时代乡村振兴的"义乌样板"》，《义乌商报》2019 年 12 月 20 日，第 4 版。

于宁锴：《发展壮大乡村新型集体经济》，《中国社会科学报》2020 年 8 月 5 日，第 11 版。

《江苏：发展新型农村集体经济 促进农民共同富裕》，《中国经济导报》2021 年 9 月 7 日，第 3 版。

《化土成金的"金手指"》，《金昌日报》2018 年 6 月 8 日，第 2 版。

《在土地里寻找乡村振兴突破口》，《大众日报》2019 年 6 月 16 日，第 5 版。

《安徽土地改革新模式：农民以土地入股 年收入增 2.4 万元》，《每日经济新闻》2015 年 1 月 20 日，第 6 版。

《坚持把依法维护农民权益作为出发点和落脚点 扎实推进第二轮土地承包到期后再延长 30 年工作 使农村基本经营制度始终充满活力》，《人民日报》2020 年 11 月 3 日，第 1 版。

《东莞信托：全力拓宽村组资金 投资重大项目建设渠道》，《东莞日报》2020 年 6 月 1 日，第 A08 版。

《新业态激发乡村新动能》，《苏州日报》2021 年 5 月 24 日，第 A01 版。

《城口"三招"促"三变"壮大集体经济》，《重庆日报》2021 年 1 月 24 日，第 12 版。

《中共中央关于全面深化改革若干重大问题的决定》，《人民日报》2013 年 11 月 16 日，第 1 版。

《中共中央关于制定国民经济和社会发展第十四个五年规划和二〇三五年远景目标的建议》，《人民日报》2020 年 11 月 4 日，第 1、3 ~ 4 版。

《中共中央国务院印发〈乡村振兴战略规划（2018—2022 年）〉》，《人民日报》2018 年 9 月 27 日，第 1、9 ~ 13 版。

《扮靓希望的田野》，《襄阳日报》2018 年 5 月 28 日，第 6 版。

《我州五种模式壮大村级集体经济》，《大理日报》2020 年 10 月 9 日，第 1 版。

《党建引领 激活乡村振兴"源头水"》，《长春日报》2018 年 1 月 10 日，第 10 版。

《巴中市农业农村局关于市人大四届四次会议第 032 号议案答复的函》，巴中市人民政府网站，http://www.cnbz.gov.cn/zmhd/ytabl/12955101.html，最后访问日期：2023 年 1 月 29 日。

《巴州区曾口镇秧田沟村扶贫动态》，巴中市巴州区人民政府网站，http://www.bzqzf.gov.cn/public/6597371/9623621.html，最后访问日期：2023 年 1 月 29 日。

《巴州区筑牢三道防线　引领创新扶贫》，四川在线巴中频道，https://bazhong.scol.com.cn/bzrj/201708/55981349.html，最后访问日期：2023 年 1 月 29 日。

《崇岗镇崇胜村 2020 年度薄弱村党组织整顿方案》，平罗县人民政府网站，http://www.pingluo.gov.cn/xxgk/zfxxgkml/zdgz/202006/t20200624_2145853.html，最后访问日期：2023 年 1 月 29 日。

《重庆市永川区人民政府办公室关于进一步做好农业项目财政补助资金股权化改革试点工作的通知》，重庆市永川区人民政府网站，http://www.cqyc.gov.cn/zwgk_204/zfxxgkmls/zcwj_147152/gfxxwj0410/202211/t20221109_11281524.html，最后访问日期：2023 年 1 月 29 日。

《东莞拟试点职业经理人打理集体经济》，中华人民共和国农业农村部网站，http://www.moa.gov.cn/xw/qg/201408/t20140811_4005259.htm，最后访问日期：2023 年 1 月 29 日。

《对十三届全国人大四次会议第 3646 号建议的答复》，中华人民共和国农业农村部网站，http://www.moa.gov.cn/govpublic/zcggs/202109/t20210923_6377456.htm，最后访问日期：2023 年 1 月 29 日。

《对十三届全国人大四次会议第 5751 号建议的答复》，中华人民共和国农业农村部网站，http://www.moa.gov.cn/govpublic/zcggs/202109/t20210929_6378651.htm，最后访问日期：2023 年 1 月 29 日。

《对市十六届人大四次会议第 0108 号建议的协办意见》，苏州市人民政府网站，http://www.suzhou.gov.cn/szsrmzf/nyncjqt/202005/4ef6ddfff1a744a197e7ce0ee870b9bd.shtml，最后访问日期：2023 年 1 月 29 日。

《对市十六届人大四次会议第 0045 号建议的协办意见》，苏州市人民政府网站，http://www.suzhou.gov.cn/szsrmzf/nyncjqt/202005/c3da608e81

5e4c378aca3707cadba233. shtml，最后访问日期：2023 年 1 月 29 日。

《对十三届全国人大四次会议第 4075 号建议的答复》，中华人民共和国农业农村部网站，http://www. moa. gov. cn/govpublic/zcggs/202109/t20210929_6378666. htm，最后访问日期：2023 年 1 月 29 日。

《"飞地抱团"破解村集体经济发展难题》，广西壮族自治区乡村振兴局网站，http://xczx. gxzf. gov. cn/gzzc/fpjy/t4391256. shtml，最后访问日期：2023 年 1 月 29 日。

《高水平"消薄"之路——镇街联建项目经典案例（三）》，义乌市人民政府网站，http://www. yw. gov. cn/art/2020/12/16/art_1229423186_5921 5044. html，最后访问日期：2023 年 1 月 29 日。

《关于本市贯彻实施〈上海市农村集体资产监督管理条例〉情况的报告》，上海人大网站，http://www. spcsc. sh. cn/n8347/n8407/n5708/u1ai185559. html，最后访问日期：2023 年 1 月 28 日。

《关于发展壮大新型农村集体经济 促进农民共同富裕的实施意见》，江苏省农业农村厅网站，http://nynct. jiangsu. gov. cn/art/2021/8/17/art_11977_9977578. html，最后访问日期：2023 年 1 月 29 日。

《关于印发〈推动新型农村集体经济高质量发展具体举措〉的通知》，安徽芜湖三山经济开发区网站，https://ssjkq. wuhu. gov. cn/openness/public/6604221/30792201. html，最后访问日期：2023 年 1 月 29 日。

《关于政协十三届全国委员会第三次会议第 2667 号（农业水利类 237 号）提案答复的函》，中华人民共和国农业农村部网站，http://www. moa. gov. cn/govpublic/XZQYJ/202009/t20200918_6352317. htm，最后访问日期：2023 年 1 月 29 日。

《广东省英德市石灰铺镇石灰村委会油栏洞村民小组、广东省英德市人民政府资源行政管理：土地行政管理（土地）再审审查与审判监督行政裁定书》，中国裁判文书网，https://wenshu. court. gov. cn/website/wenshu/181107ANFZ0BXSK4/index. html? docId = a6944523bcbb4a7c9475ac8100d12383，最后访问日期：2023 年 1 月 28 日。

《国土资源部 财政部 农业部关于加快推进农村集体土地确权登记发证工作的通知》，中华人民共和国自然资源部网站，http://f. mnr. gov.

cn/201702/t20170206_1436827. html，最后访问日期：2023 年 1 月 28 日。

《国务院关于印发全国主体功能区规划的通知》，中华人民共和国中央人民政府网站，http：//www. gov. cn/zhengce/content/2011 - 06/08/content_1441. htm，最后访问日期：2023 年 1 月 29 日。

《红河州圆满完成村级集体经济组织换届工作》，红河哈尼族彝族自治州人民政府网站，http：//www. hh. gov. cn/szhh/bmdt/202103/t20210312_507032. html，最后访问日期：2023 年 1 月 28 日。

《荒滩可利用 光热即资源 东湾千亩戈壁农业产业园稳步发展》，金川政务网，http：//www. jinchuan. gov. cn/zwyw/zwyw_6243/202006/t20200615_166768. html，最后访问日期：2023 年 1 月 29 日。

《江苏省农村集体资产管理条例》，江苏省人民代表大会常务委员会网站，http：//www. jsrd. gov. cn/qwfb/cwhgb/d_9506/201807/t20180724_5017 85. shtml，最后访问日期：2023 年 1 月 28 日。

《离婚媳妇不享有村集体经济组织成员权益？法院：可以享受》，浙江新闻网，https：//zj. zjol. com. cn/news. html？id = 1628411，最后访问日期：2023 年 1 月 28 日。

《辽宁省海城市马凤镇祝家村》，中华人民共和国农业农村部网站，http：//nmfsj. moa. gov. cn/rwcz/mlxc_25688/201908/t20190830_6327020. htm，最后访问日期：2023 年 1 月 29 日。

《流水镇探索"四型"集体经济发展模式》，宜城市人民政府网站，http：//yc. xiangyang. gov. cn/xwzx/xzdt/201905/t20190508_1685307. shtml，最后访问日期：2023 年 1 月 29 日。

《农村近 2500 万套住房空置，东部空置率最高》，新浪财经，http：//finance. sina. com. cn/roll/2019 - 04 - 29/doc - ihvhiqax5646577. shtml，最后访问日期：2023 年 1 月 29 日。

《农村乱占耕地建房典型案例通报》，中华人民共和国自然资源部网站，http：//www. mnr. gov. cn/dt/ywbb/202103/t20210316_2617246. html，最后访问日期：2023 年 1 月 28 日。

《农业部　财政部　国土资源部　水利部　国家林业局　教育部　文化

部　国家卫生计生委　体育总局关于全面开展农村集体资产清产核资工作的通知》，中华人民共和国农业农村部网站，http://www. hzjjs. moa. gov. cn/gzdt/201904/t20190418_6182298. htm，最后访问日期：2023 年 1 月 29 日。

《农业部就土地承包经营权确权登记颁证试点等情况举行发布会》，中华人民共和国中央人民政府网站，http://www. gov. cn/xinwen/2015 - 02/27/content_2822508. htm，最后访问日期：2023 年 1 月 29 日。

《农业农村部　国家市场监督管理总局关于印发〈农村土地经营权出租合同（示范文本）〉和〈农村土地经营权入股合同（示范文本）〉的通知》，中华人民共和国农业农村部网站，http://www. moa. gov. cn/govpublic/zcggs/202109/t20210928_6378541. htm，最后访问日期：2023 年 1 月 29 日。

《农业现代化辉煌五年系列宣传之十四：社会化服务助推农业现代化》，中华人民共和国农业农村部网站，http://www. ghs. moa. gov. cn/ghgl/202105/t20210527_6368581. htm，最后访问日期：2023 年 1 月 29 日。

《千阳县：五措并举壮大村集体经济　激活乡村振兴产业兴旺引擎》，千阳县人民政府网站，http://www. qianyang. gov. cn/art/2021/3/26/art_13728_1362303. html，最后访问日期：2023 年 1 月 29 日。

《青街发展租赁经济强村富民》，平阳县人民政府网站，http://www. zjpy. gov. cn/art/2021/1/12/art_1250937_58998831. html，最后访问日期：2023 年 1 月 29 日。

《［区县］城口县岚天乡岚溪村上演"空壳村"变形记》，搜狐网，https://www. sohu. com/a/359989705_120054908，最后访问日期：2023 年 1 月 29 日。

《"热力图"发布 288 小时》，苏州市人民政府网站，http://www. suzhou. gov. cn/szsrmzf/tpxw/202001/0725ee2d89cd4496abb6747e861dff69. shtml，最后访问日期：2023 年 1 月 29 日。

《陕西高院发布工作指引　统一全省农村集体经济组织成员土地补偿费用分配纠纷案件裁判标准（附工作指引全文）》，澎湃新闻网，https://www. thepaper. cn/newsDetail_forward_9199745，最后访问日期：2023

年 1 月 28 日。

《市人大建议、政协提案办理结果公开》，东莞市人民政府网站，http://www. dg. gov. cn/zwgk/jcgk/jytabljg/srdjyzxtabljggk/srdjybljggk/2020/content/post_3491375. html，最后访问日期：2023 年 1 月 29 日。

《宿迁宿城扬长避短　"飞"出产业扶贫新模式》，宿迁网，http://news. sq1996. com/sqyw/2020/0105/303556. shtml，最后访问日期：2023 年 1 月 29 日。

《苏州市委副书记陈振一调研龙西社区集体经济发展》，苏州市吴中区人民政府网站，http://www. szwz. gov. cn//szwz/jddt/201408/048431caa3 a84e7494b5225d05c7391d. shtml，最后访问日期：2023 年 1 月 29 日。

《探索新路径推动集体经济高质量发展》，北京市海淀区人民政府网站，http://www. bjhd. gov. cn/zfxxgk/auto4566_51861/auto4566_58424/auto4566/auto4566_58443/202001/t20200117_4382985. shtml，最后访问日期：2023 年 1 月 29 日。

《梯门镇西沟流村：樱桃树结出致富果　带动产业兴》，东平县人民政府网站，http://www. dongping. gov. cn/art/2020/6/2/art_47104_9175122. html，最后访问日期：2023 年 1 月 29 日。

《我市农村集体经济转型方向：投资型经济》，东莞市人民政府网站，http://www. dg. gov. cn/jjdz/dzyw/content/post_330511. html，最后访问日期：2023 年 1 月 29 日。

《我市在全国首创村集体经济收入保险》，淮安市人民政府网站，http://www. huaian. gov. cn/col/16657_173466/art/16250688/16258147764288eavkxyI. html，最后访问日期：2023 年 1 月 29 日。

《误入桃花源！巩义竟然有这么一个"宝藏"村子》，巩义市人民政府网站，http://www. gongyishi. gov. cn/portal/gyzx/ztzl/zxdq/webinfo/2020/12/1607445257143975. htm，最后访问日期：2023 年 1 月 29 日。

《乡村振兴丨5000 万消薄资金怎么用？方法在这里！》，义乌市人民政府网站，http://www. yw. gov. cn/art/2018/5/21/art_1229129978_54447648. html，最后访问日期：2023 年 1 月 29 日。

《以村级集体经济发展撬动乡村振兴》，芜湖市湾沚区人民政府网站，ht-

tps：//www. wanzhi. gov. cn/xwzx/xwdt/11522273. html，最后访问日期：
2023 年 1 月 29 日。

《以新时代眼光破解集体经济发展难题　北京探索"资本立镇"新模式》
千龙网·中国首都网，http：//beijing. qianlong. com/2020/0103/347
6076. shtml，最后访问日期：2023 年 1 月 29 日。

《云南保山发展壮大村级集体经济　总收入过亿》，中华人民共和国农业
农村部网站，http：//www. moa. gov. cn/xw/qg/202008/t20200804＿63
49789. htm，最后访问日期：2023 年 1 月 29 日。

《在嬗变中升华——解析我市村级集体经济转型发展之路》，张家港市人
民政府网站，http：//www. zjg. gov. cn/zjg/gcyw/201703/506e5c3958d
24dbfb37b7e67c7e1458b. shtml，最后访问日期：2023 年 1 月 29 日。

《赵建军：守护全村是我的使命》，苏州市人民政府网站，http：//www.
suzhou. gov. cn/dyyqzjz/tpxw/202011/d84d9fc8072946738db7ec630a12a
8a2. shtml，最后访问日期：2023 年 1 月 29 日。

《浙江嘉兴："飞地抱团"促增收　激活乡村振兴新动能》，人民网，
http：// finance. people. com. cn/n1/2021/0713/c1004 – 32156214. html，最
后访问日期：2023 年 1 月 29 日。

《振奋！凤凰街道莲花村上了新华社〈高管信息〉!》，鄂城区人民政府网
站，http：//www. echeng. gov. cn/zxzx/mtec/202008/t20200810＿348477.
html，最后访问日期：2023 年 1 月 29 日。

《对 143 起违规发放津补贴或福利问题的分析》，中央纪委国家监委网站，
http：// www. ccdi. gov. cn/toutiao/202102/t20210227＿236641. html，最
后访问日期：2023 年 1 月 28 日。

四　学位及会议论文

高建华：《新时代发展壮大农村集体经济研究》，硕士学位论文，辽宁大
学，2020。

李培序：《中国农村集体经济组织产权制度改革研究》，硕士学位论文，
吉林大学，2017。

李昕洋：《乡村振兴背景下中国农村村级集体经济发展研究》，硕士学位

论文，吉林大学，2019。

赵靖：《新农村集体经济机制分析和实践模式研究》，硕士学位论文，安
　　徽财经大学，2016。

钟桂荔：《我国农村集体产权制度改革研究——以大兴、闵行、南海等
　　12个改革试点县（市、区）为例》，博士学位论文，中国农业科学
　　院，2018。

左洋洋：《新时代我国新型农村集体经济发展研究》，硕士学位论文，大
　　连理工大学，2021。

〔日〕今村奈良臣：《中国农村经济发展战略的建议》，现代农业创新与
　　发展——中日现代农业创新论坛论文，威海，2008。

刘灿：《农村土地产权制度改革的理论逻辑与实践经验：新中国70年》，
　　全国高校社会主义经济理论与实践研讨会第33次年会会议论文，天
　　津，2019。

图书在版编目（CIP）数据

中国农村集体经济实现形式研究／卢洋，蒋永穆著
. -- 北京：社会科学文献出版社，2023.5
ISBN 978 - 7 - 5228 - 1648 - 7

Ⅰ.①中…　Ⅱ.①卢…②蒋…　Ⅲ.①农村经济 - 集
体经济 - 研究 - 中国　Ⅳ.①F321.32

中国国家版本馆 CIP 数据核字（2023）第 060685 号

中国农村集体经济实现形式研究

著　　者／卢　洋　蒋永穆

出 版 人／王利民
组稿编辑／恽　薇
责任编辑／冯咏梅
文稿编辑／卢　玥
责任印制／王京美

出　　版／社会科学文献出版社·经济与管理分社（010）59367226
　　　　　地址：北京市北三环中路甲 29 号院华龙大厦　邮编：100029
　　　　　网址：www.ssap.com.cn
发　　行／社会科学文献出版社（010）59367028
印　　装／三河市龙林印务有限公司

规　　格／开　本：787mm × 1092mm　1/16
　　　　　印　张：20.25　字　数：310 千字
版　　次／2023 年 5 月第 1 版　2023 年 5 月第 1 次印刷
书　　号／ISBN 978 - 7 - 5228 - 1648 - 7
定　　价／158.00 元

读者服务电话：4008918866